共建"一带一路"国家社会保障研究报告.2023

主　编◎汤兆云

中国出版集团

中译出版社

图书在版编目（CIP）数据

共建"一带一路"国家社会保障研究报告 . 2023 /
汤兆云主编 . -- 北京 : 中译出版社 , 2024.5
ISBN 978-7-5001-7861-3

Ⅰ.①共… Ⅱ.①汤… Ⅲ.①社会保障—研究报告—
世界— 2023 Ⅳ.① D57

中国国家版本馆 CIP 数据核字（2024）第 072510 号

共建"一带一路"国家社会保障研究报告 . 2023
GONGJIAN "YIDAIYILU" GUOJIA SHEHUI BAOZHANG YANJIU BAOGAO . 2023

出版发行： 中译出版社
地　　址： 北京市西城区新街口外大街 28 号普天德胜大厦主楼 4 层
电　　话： 010-68002876
邮　　编： 100088

责任编辑： 张　旭
印　　刷： 三河市龙大印装有限公司
经　　销： 新华书店

规　　格： 710 mm × 1000 mm　1/16
印　　张： 18.25
字　　数： 280 千字
版　　次： 2024 年 5 月第 1 版
印　　次： 2024 年 5 月第 1 次

ISBN 978-7-5001-7861-3　　　　　定价： 92.00 元

《共建"一带一路"国家社会保障研究报告》
学术委员会与编写委员会

共建"一带一路"国家社会保障研究报告（年度）

总　序

◇童　星

　　"一带一路"是"丝绸之路经济带"和"21世纪海上丝绸之路"的简称。共建"一带一路"是中国国家主席习近平基于建设美好世界、破解发展中国家可持续发展之困、探寻人类现代化发展道路等现实问题而提出的国际合作倡议。这一倡议的提出有助于破解全球发展失衡、贫富差距加大、生态问题凸显等问题。共建"一带一路"的发展目标是要建立一个包括欧亚非大陆在内的政治互信、经济融合、文化包容的利益共同体、命运共同体和责任共同体。共建"一带一路"倡议的核心内涵就是坚持共商、共建、共享原则，促进基础设施建设和互联互通，加强经济政策协调和发展战略对接，促进协调联动发展，实现共同繁荣，共同构建人类命运共同体。截至目前，这一倡议得到全球150多个国家和30多个国际组织积极响应与支持，联合国大会和安理会多次将其纳入相关决议，共建"一带一路"倡议逐渐从理念转化为行动，从愿景转变为现实，正在成为顺应经济全球化潮流的最广泛的国际合作平台，更好地造福各国人民。中国积极促进"一带一路"倡议国际合作，努力实现政策沟通、设施联通、贸易畅通、资金融通、民心相通，打造国际合作新平台，增添共同发展的新动力。

　　社会保障（Social Security）作为现代社会一项基本的社会经济制度和民生福利的基本制度保障，对于一个国家经济社会的良性健康发展和长治久安具有重要意义。国际劳工组织有一句名言："没有社会安定，就没有社会发展；没有社会保障，就没有社会安定。"共建"一带一路"国家间社会保障领域的学习、交流与合作是共建"一带一路"的应有之义。国际劳工组织和联合国亚洲及太平洋经济社会委员会发布的《亚太社会展望》报告指出，尽管亚太地区大多数国家的社会经济地位迅速上升，但社会保障体系仍较为薄弱，大约一半地区的人口没有被社会保障覆盖，只有少数国家拥有覆盖范围相对广泛的社会保障制度。再加上新冠疫情的冲击，扩大和完善社会保障以利于减少贫困和不平等，成为共建"一带一路"国家各成员国共同的选择。

在共建"一带一路"国家中，由于历史背景、文化传统、现实国情各不相同，因此各国社会保障的思想理念、模式选择与发展程度必然存在差别，但也面临共同的挑战和需要解决的问题。例如，各国都程度不同地出现人口老龄化、低生育率、家庭规模小型化和家庭结构核心化等社会结构性问题，以及贫富差距、城乡差距等利益结构性问题，因而完全可以也应当在养老、医疗、就业、住房、教育等社会保障政策和社会福利、慈善公益服务实务领域相互交流、相互学习、相互借鉴。还要看到，社会保障制度起源于最早进入工业化进程的欧洲发达国家，其历史背景、文化传统、现实国情同共建"一带一路"国家的差异甚大，共建"一带一路"国家如何结合本国国情使社会保障制度落地，助推本国的经济社会发展和民生福祉提升，也完全可以且应当相互交流、相互学习、相互借鉴。例如，面对人口达峰及老龄化问题对全球经济社会发展带来的诸多影响，变革养老保障体系、延长工作年限、适应灵活就业、推动产业升级等措施已成为多国政府的选择，当然也可以学习借鉴、取长补短。共建"一带一路"国家共同把社会保障制度建设好，一定有助于实现共同的社会安定，有助于实现共同的发展繁荣。应当看到，各国具有差别性的社会保障政策和实务没有优劣之分，仅有是否适合本国国情之别。差别性发展道路是一些国家社会保障制度发展道路的突出特征。各国社会保障模式的选择受到经济发展状况、社会结构状况、政治体制状况、文化传统等多种因素的影响。同一项社会保障政策的实施效果也会受到以上几种因素的影响。

本研究报告包含一个年度总报告和若干个专题报告外，专题报告着重从养老保障合作与融合发展、生育政策与家庭福利、公共卫生治理与合作、贫困治理与共同富裕、华侨华人参与共建"一带一路"等板块全面系统地反映了共建"一带一路"国家的社会保障发展状况及其最新成果。本研究报告重点突出，从各板块中精选了近期各国社会保障改革的重点、热点和难点问题进行深入探讨，具有较强的时代特征；比较共建"一带一路"国家社会保障建设的共同性与差别性，以期从学理上寻找社会保障制度建设发展的普遍规律；注重政策与实务相结合，既反映了社会保障制度政策的发展沿革，又分析了现实中存在的突出问题，并提出了具体的政策建议。

《共建"一带一路"国家社会保障研究报告》为年度连续出版，每年聚焦相关主题，愿该研究报告越办越好！

是为序。

童 星

2023 年 10 月

童星，南京大学社会风险和公共危机管理研究中心主任、江苏省社会风险研究基地主任，兼任国家哲学社会科学规划基金学科评议组成员、国家减灾委专家委员会委员、中国社会保障学会首届副会长和现任监事、中国社会学会社会发展与社会保障专业委员会顾问。

CONTENTS 目录

1

总 报 告

General Report

共建"一带一路"国家社会保障发展动态[*]

和　红　林嘉城　刘嘉文[**]

摘　要：本文旨在探讨共建"一带一路"国家社会保障问题，通过对全球经济增长概况和各国的人口及老龄化趋势等方面进行分析，深入剖析共建"一带一路"国家社会保障的发展动态。首先，文章介绍了全球经济增长的概况和展望，指出目前全球经济增长仍处于低迷状态，加之新冠疫情等因素的影响，给全球经济增长带来了巨大挑战。其次，文章分析了各国的人口及老龄化趋势，指出伴随人口老龄化的逐渐加剧，各国面临的养老保障问题已日益严峻。最后，本文详细分析了共建"一带一路"国家社会保障发展动态，面对全球经济下行压力和新冠疫情的冲击，共建"一带一路"国家采取了各种不同的政策方案以应对危机。这些方案因国家而异，包括但不限于货币和财政政策的调整、加强基础设施建设、提高国内消费、鼓励企业创新等。综上所述，本文对共建"一带一路"国家社会保障问题进行了深入研究和分析，为解决全球性的社会保障问题提供了重要思路和启示，对于共建"一带一路"倡议的落实和推进具有一定的借鉴意义和实践价值。

关键词："一带一路"；社会保障；社会保障支出；养老保障

2013 年，习近平主席提出了共建"一带一路"倡议。共建"一带一路"是中国提出的重大国际合作倡议，主要包括"丝绸之路经济带"和

---

　* 本文受到国家社科基金项目（20BZZ050）的资助。
　** 和红，华侨大学政治与公共管理学院副教授，主要从事社会保障研究；林嘉城，华侨大学政治与公共管理学院研究生，主要从事社会保障研究；刘嘉文，华侨大学政治与公共管理学院研究生，主要从事社会保障研究。

"21世纪海上丝绸之路"两个部分，旨在通过加强共建"一带一路"国家间的经济、文化和人文交流，促进共同发展繁荣。共建"一带一路"倡议坚持和平与发展理念，在实践过程中逐步形成了以"共商、共建、共享"的基本原则和"政策沟通、设施联通、贸易畅通、资金融通、民心相通"与"利益共同体、命运共同体、责任共同体"等为主要内容构成的基本框架。

随着共建"一带一路"倡议的不断推进，各共建国家的社会保障体系也在逐步完善和发展。虽然不同国家的社会保障制度和模式存在较大差异，但可以看到大部分成员国家的社会保障重点都在养老保障和医疗保障上。例如，印度、巴基斯坦、哈萨克斯坦等国家都在逐步推进养老保障制度的改革和完善，尼泊尔、孟加拉国等国家则在扩大医疗保障覆盖面和提高医疗服务水平方面做出了积极努力。需要注意的是，尽管共建国家在社会保障方面的发展表现不同，但共同的问题是社会保障支出持续增长和财政压力加大。因此，需要各国进一步加强国际合作和经验分享，共同探讨应对策略，构建可持续的社会保障体系，实现共同发展繁荣。

自共建"一带一路"倡议提出以来，共建"一带一路"国家的社会保障合作取得了显著的成就。首先，"一带一路"倡议推动了参与国家加强社会保障体系建设。许多国家在过去几年中制定了相应的社会保障政策和法规，并加大了对社会保障领域的投资力度。中国在此过程中发挥了极为重要的作用。据统计，截至2023年，中国已经与近50个共建"一带一路"国家签署了社保协议，其中包括20个BRI（the Belt and Road Initiative，"一带一路"倡议）重点国家。这些协议主要涉及养老、医疗、工伤、生育等领域。中国通过向共建"一带一路"国家提供技术支持、培训和援助等方式，帮助这些国家建立和完善社会保障体系。除此之外，中国还加入了国际劳工组织和国际社会保障协会，与更多国家分享经验、进行合作。其次，"一带一路"倡议推动了医疗保障合作的发展。例如，中国与东南亚国家之间建立了医疗保险互认制度，使得当地居民能够在两个国家之间享受医疗保障。此外，中国还向一些共建"一带一路"国家提供医疗援助和派医疗队到这些国家提供医疗服务。例如，在非洲，中国派遣的医疗队不仅提供医疗援助，还向当地医生提供培训和技术支持，以提高当地的医疗水平。再次，共建"一带一路"国家之间开展了许多社会福利服务合作项目，为当地居民提供了更加便捷、高效的社会福利服务。例如，中国与中亚国家合作开展了残疾人康复、儿童教育、养老服务等方面的项目。这些项目为当地居民提供了更好的福利服务，并有助于促进中亚地区的经济发展。共建"一带一路"国家之间还开展了许多教育培训合作项目，帮助当地居民提高就业技能和获得更好的职业机会。例如，中国在中亚和非洲等地开展了职业教育和技能培训项目，帮助当地居民提高技能和获得更好的就业机会。这些项目为当地居民提供了更多的就业机会，提高了他们的收入水平和生活质量，同时也有助于繁荣当地经济。最后，共建"一带一路"国家在应对重大疫情和自然灾害时展现了合作的力量。例如，在新冠疫情期间，中国与共建"一带一路"国家进行了医疗物资支援互助和经验分享，帮助彼此应对疫情。此外，在自然灾害发生时，共建"一带一路"国家之间也积极开展援助行动，以降低自然灾害带来的损失。

总体来说，共建"一带一路"国家社会保障合作取得了包括推动参与国家加强社会保障体系建设、促进医疗保障合作、开展社会福利服务项目、开展教育培训合作项目及应对重大疫情和灾害的合作行动等在内的重要成就。"一带一路"国家社会保障合作为居民提供了更好的社会福利保障和就业机会，同时也有助于促进当地的经济发展，增强国际社会合作。

一、全球经济增长概况与展望

根据三大国际组织对全球经济增长的预测，2023 年全球经济增长预计将有所回升（见表 1）。然而，全球范围内的疫情仍在持续，不同国家和地区的经济表现也呈现出明显的分化。下面将从亚太地区参与共建"一带一路"的国家、欧洲参与共建"一带一路"的国家和中东及其他地区参与共建"一带一路"的国家等方面进行分析。

表 1　三大国际组织对全球经济增长的预测

发布日期	发布机构	出版物	2023 年全球经济增长率预测值	2024 年全球经济增长率预测值
2022 年 5 月	联合国	《世界经济形势与展望》	2.9%	3.1%
2022 年 6 月	世界银行	《全球经济展望》	1.7%	2.7%
2023 年 1 月	国际货币基金组织	《世界经济展望》	2.7%	3.2%

（一）亚太地区参与共建"一带一路"的国家

亚太地区参与共建"一带一路"的国家是全球经济发展的重要动力，这些国家的经济增长对于全球经济增长的贡献越来越大。根据国际货币基金组织（IMF）的数据，在亚洲的共建"一带一路"国家中，中国是最大的经济体，其他国家，如印度、印度尼西亚、巴基斯坦、孟加拉国、菲律宾、越南等也是重要的经济体。

IMF 的数据显示，共建"一带一路"国家的经济增长率高于全球平均水平。然而，在 2020 年，由于新冠疫情的暴发和全球经济衰退，这些国家的经济增长遭受了严重的冲击。2021 年，亚洲共建"一带一路"国家的经济增长恢复并达到 7.6%，2022 年达到 5.9%，2023 年预计 5.4%，这些国家所在地成为全球经济增长最快的地区之一。中国经济的增长从 2021 年的 8.1%降至 2022 年的 4.4%，2023 年上半年上升至 5.2%。这主要得益于国内市场的强劲需求和外贸的持续复苏。印度是亚洲第三大经济体，也是共建"一带一路"框架下的重要国家之一。2021 年，印度的 GDP 增长率为 8.7%，但 2022 年和 2023 年上半年 GDP 增长率降低至 6.8%和 6.1%。印度的 GDP 增长放缓的主要原因仍是疫情。但在未来几年，伴随经济改革和数字化转型的持续推进，与共建"一带一路"国家贸易和投资合作的加强，印度将推动更多的基础设施建设和区域一体化，使经济有望快速回暖。印度尼西亚是东南亚最大的经济体，也是共建"一带一路"框架下的重要成员国之一。2021 年，印度尼西亚的 GDP 增长率为 3.7%，2022 年提升至 5.3%，2023 年上半年放缓到 5%。虽然增长率相对放缓，但若印度尼西亚能够与印度一样推进经济结构调整和贸易投资自由化，并加强基础设施建设和数字化转型，将能够推动其经济更加稳定和可持续发展。2021—2023 年亚太地区共建"一带一路"国家实际 GDP 增长率见图 1。

除此之外，IMF 报告中指出共建"一带一路"国家的数字化转型正在快速发展。随着数字经济的发展，这些国家将迎来巨大的机遇，包括促进创新、提高劳动生产率和拓展服务业等。然而，数字化转型也可能引发一些新的危机，例如数字鸿沟、网络安全和隐私保护等问题，这需要政策制定者采取适当的措施加以解决。其次，IMF 报告还给出建议，共建"一带一路"国家需要继续推动结构改革和创新，以提高生产率和经济效率。同时，这些国家还需要加强区域间的合作，促进贸易和投资自由化，以推动经济的共同繁荣。最后，IMF 还提到了一些挑战：共建"一带一路"国家在实现经济增长的同时面临着一些结构性问题，如不平等分配、金融风险、贸易保护主义等。这些问题可能会阻碍这些国家实现可持续和稳健的经济增长。

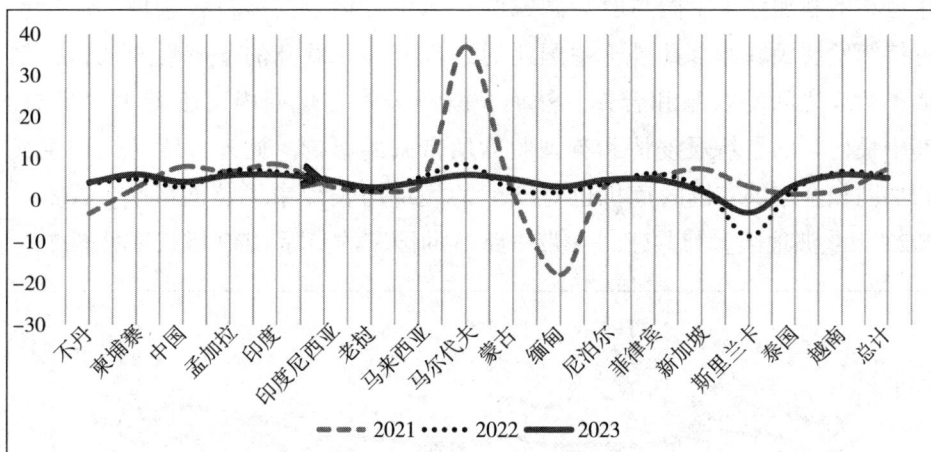

图 1　2021—2023 年亚太地区参与共建"一带一路"国家的实际 GDP 增长率

资料来源：国际货币基金组织，2023。

（二）欧洲地区参与共建"一带一路"的国家

欧洲地区参与共建"一带一路"的国家包括东欧国家、希腊、葡萄牙和西班牙等。2021 年，欧洲地区参与共建"一带一路"的国家经济增长率达到 3.8%，2022 年进一步提高至 3.9%，2023 年预计进一步提高至 5.4%。欧洲地区参与共建"一带一路"的国家面临着多种挑战，包括通货紧缩、政治不稳定、移民问题等。尤其是一些东欧国家的经济增长仍然相对缓慢，需要进一步推进结构性改革和减少不平衡。在过去的 3 年里，塞尔维亚的 GDP 增长率一直保持稳定上升的态势，2023 年的增长预期为 2.7%，这表明该国的经济正在逐步恢复发展。匈牙利的 GDP 增长率在过去 3 年中也保持了稳定上升的趋势，尤其是在 2022 年增长率达到 5.7%，2023 年预计增长1.8%，这表明该国的经济具有较好的增长潜力。尽管波兰的 GDP 增长率在过去 3 年中逐步下降，但该国在欧洲参与共建"一带一路"的国家中仍然保持着较高的增长率，预计 2023 年将达到 0.5%。这表明虽然波兰的经济增长动力有所减弱，但仍然具有较好的韧性。乌克兰的 GDP 增长率在过去 3 年中呈现出较大的波动，尤其是 2022 年和 2023 年，预期增长率分别为

-35%和未知。这表明乌克兰的经济受到了俄乌冲突的严重影响，需要进行更多地分析和解决。

在共建"一带一路"倡议的推动下，欧洲国家与中国的贸易和投资合作也在不断加强。中国与欧洲国家的合作主要集中在高科技领域、环保和可持续发展领域等。此外，中国还通过投资一些欧洲的基础设施项目，加强了两地之间的联系和合作。然而，欧洲经济在短期内面临着不少挑战，其中最显著的是新冠疫情和英国脱欧所带来的影响。此外，贸易保护主义的加剧和全球供应链的危机也对欧洲的经济增长带来了负面影响。2021—2023 年欧洲地区参与共建"一带一路"的国家的实际 GDP 增长率见图 2。

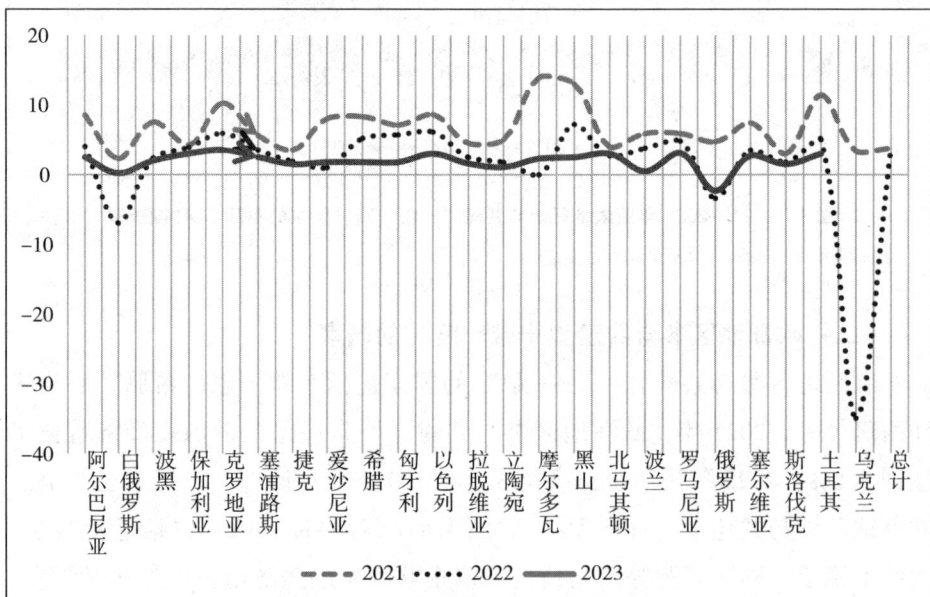

图 2　2021—2023 年欧洲地区参与共建"一带一路"国家的实际 GDP 增长率

资料来源：国际货币基金组织，2023。

（三）中东及其他地区参与共建"一带一路"的国家

中东及其他地区参与共建"一带一路"的国家包括阿联酋、沙特阿拉伯、伊朗等，预计该地区的经济增长将在 2023 年达到 3.7%。由于该地区受到地缘政治冲突的影响较大，经济的稳定性和可持续性仍面临较大挑战。伊朗的经济增长率在 2021 年和 2022 年分别为 4.7%和 3%，预计在 2023 年将进一步放缓至 2%。伊朗经济面临许多内部和外部的挑战，包括制裁、通货膨胀和新冠疫情等，经济增长将面临许多困难。伊拉克在 2021 年和 2022 年的经济增长率分别为 9.3% 和 7.7%，在 2023 年预计为 4%。尽管伊拉克的经济增长在近年来一直保持稳定，但该国的政治环境和安全形势仍然不稳定，未来几年的经济发展仍有可能出现较大波动。沙特阿拉伯在 2021 年的经济增长率为 3.2%，2022 年预计将上升至 7.6%，在 2023 年预计为 3.7%。尽管沙特阿拉伯的经济面临着一些困难，包括新冠疫情的影响和国际油价下跌等问题，但该国政府采取了许多措施来推动经济增长，如加大公共支出和推进经济多元化等，经济增长有望保持稳定。

总体来看，在共建"一带一路"倡议的推动下，中东及其他地区的一些国家已经开始大力发展基础设施建设和能源领域建设。例如中国与沙特阿拉伯在石油、天然气、核能等领域的合作取得了良好进展，此外中东及其他地区的一些国家也开始加强与中国的贸易和投资合作。尽管如此，中东及其他地区的经济发展仍然面临着不少挑战，包括地缘政治冲突、安全和稳定性等问题。这些问题不仅会对当地经济造成负面影响，还可能为全球经济带来一定的波动。2021—2023 年中东及其他地区参与共建"一带一路"的国家实际 GDP 增长率见图 3。

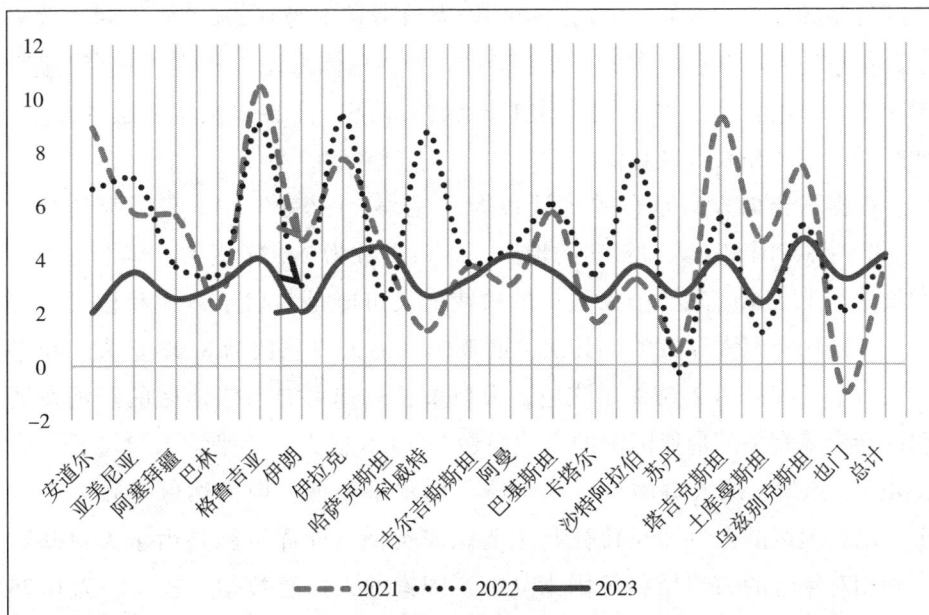

图 3　2021—2023 年中东及其他地区参与共建"一带一路"国家的实际 GDP 增长率

资料来源：国际货币基金组织，2023。

对以上数据进行综合分析，可以看出，尽管预测全球经济增长在 2023 年将有所回升，但不同地区和国家的经济表现存在差异。同时，新冠疫情和其他一系列不确定性因素也对全球经济增长带来了一定影响。未来，各国需要进一步加强国际合作，推动经济全球化进程，为实现全球经济可持续发展贡献力量。

二、各国的人口及老龄化趋势

随着全球化的发展，共建"一带一路"国家在经济、贸易、文化和社会等领域的交流与合作越来越紧密。共建"一带一路"国家的人口总数庞大，能够对世界人口和经济发展产生重大影响。了解共建"一带一路"国家的人口与老龄化趋势，有助于更好地理解其经济和社会发展存在的社会保障问题，为未来迎接更多挑战和把握更多机遇做好准备。

根据国际贸易基金组织的数据，到 2022 年底，共建"一带一路"国家的人口总量将达到 50.92 亿人。其中，中国、印度和印度尼西亚的人口数量最多，分别为 14.6 亿人、13.4 亿人和 2.7 亿人。其他一些小型国家和地区的人口总量相对较少。在年平均人口增长率方面，共建"一带一路"国家之间的差异较大。例如，中国的年平均人口增长率为 0.5%，而伊朗和俄罗斯的年平均人口增长率则为 0.9% 和 -0.2%。总体来说，共建"一带一路"国家的人口增长率逐渐放缓的主要原因是经济、社会和文化因素的影响，如生育率下降和人口老龄化。

根据联合国人口基金的统计数据（见表 2），首先，东盟国家是共建"一带一路"国家中人口最多的地区，人口总数为 24.37 亿人，年平均人口增长率为 1.25%。东盟国家人口的快速增长可能是人口基数大和相对年轻的人口结构等因素导致的。其次，西亚国家的人口总数为 3.92 亿人，年平均人口增长率高达 2.05%。该地区人口增长迅速可能与该地区的经济发展和社会变革有关。南亚国家的人口总数为 18.6 亿人，年平均人口增长率为 1.40%。该地区的人口增长率比全球平均水平稍低，但仍然保持较高的水平。南亚地区的人口增长特征与东盟国家类似，同样可能是由于人口基数大和相对年轻的人口结构等因素。中亚国家的人口总数相对较少，为 0.75 亿人，年平均人口增长率为 1.08%。该地区的人口增长率比较稳定也与该地区的政治和经济状况有关。独联体国家的人口总数为 2.2 亿人，年平均人口增长率为-0.08%。这表明该地区受人口老龄化、生育率下降等因素影响，人口增长率已经开始下降。中东欧国家的人口总数为1.13亿人，年平均人口增长率为-0.18%，人口增长率已经开始逐步下降，除人口老龄化与生育率下降的因素外，移民流出也可能是一大重要原因。

表2　共建"一带一路"国家2022年人口数及年平均人口增长率

地　区	人口	人口变化
	总人口/亿人	年平均人口增长率/%
	2022年	2016—2021年
东盟国家（12国）	24.37	1.25
西亚国家（18国）	3.92	2.05
南亚国家（8国）	18.6	1.40
中亚国家（5国）	0.75	1.08
独联体国家（7国）	2.2	-0.08
中东欧国家（16国）	1.13	-0.18
世界总体	78.2	1.5

资料来源：联合国人口基金，2023。

根据联合国人口基金的统计数据（见表3），非洲是全球0~14岁年龄段人口比例最高的大洲，这意味着非洲具有巨大的潜在劳动力和消费力。然而，这也意味着非洲需要在教育、医疗和基础设施等方面投入更多资源以满足未来发展的需求。此外，由于近年来非洲的生育率开始下降，加上医疗技术的进步，老龄化问题可能会逐渐显现。欧洲60岁以上人口的比例最高，其老年人口比例超过了30%，这表明欧洲面临着较为严重的人口老龄化问题，将给欧洲地区的社会保障体系带来压力，并可能影响到劳动力市场和经济增长。因此，欧洲各国纷纷采取了一系列措施应对老龄化问题，如推出延迟退休、加强医疗保健等政策。亚洲和拉丁美洲与加勒比地区的人口分布较为均衡。其中亚洲人口年龄分布呈现年轻化和中年化的趋势，但老年人口比例也在逐渐上升。特别是日本、韩国、中国等国家，老龄化问题尤为严重。尽管如此，随着全球人口老龄化趋势的加速，这些地区也需要密切关注老龄化问题，以应对未来的挑战。北美洲和大洋洲的人口分布相对较为均衡，但 60 岁以上人口的比例较高。北美洲的老龄化问题比较严重，加拿大、美国等国家的老年人口比例都超过了 25%。这一趋势在未来还可能会继续加剧。巴西、墨西哥等国家的老龄化问题相对较轻，但也在逐渐加剧，其老年人口比例已超过 10%。大洋洲的老龄化问题相对较轻，但在澳大利亚等国家，老龄人口比例已超过了 20%。

表3　2022 年全球各地区的人口年龄分布

单位：%

地　区	人口年龄分布情况			
	0~14 岁	15~24 岁	24~59 岁	60 岁以上
亚洲	25.8	16.2	45.2	12.8
非洲	40.5	19.5	33.7	6.3
北美洲	18.9	13.5	39.8	27.8
拉丁美洲与加勒比地区	24.9	17.3	41.7	16.1
欧洲	15.6	11.3	42.7	30.4
大洋洲	19.4	13.9	41.2	25.5

资料来源：联合国人口基金，2023。

在解决老龄化问题方面，各国都有不同的做法。日本是世界上老龄化程度最高的国家之一，其老年人口比例已超过了 28%。为了应对老龄化问题，日本政府推出了一系列措施，包括加强医疗保健、提高养老金、推广智慧城市等。在欧洲，各国政府也推出了延迟退休、加强医疗保健、鼓励家庭护理等一系列应对老龄化的政策法规。美国也采取了一系列措施应对老龄化问题，例如，加强社会保障制度，提高养老金、医保等福利待遇，推出退休金计划，鼓励人们延迟退休等。此外，美国也在加强老年人社交、文化、娱乐等方面的服务，提供更多的老年人福利设施和活动，帮助老年人保持健康、积极、快乐的生活。我国也面临着严重的老龄化问题，老年人口比例已超过了 12%。

总的来说，老龄化问题是各国必须面对的挑战。为了应对这一挑战，各国需要采取全面、多方位的措施，包括加强医疗保健、提高福利待遇、加强老年人服务等。只有通过综合治理，才能有效地解决老龄化问题，保障老年人的生活质量，同时也确保国家的可持续发展。

三、部分共建"一带一路"国家社会保障支出概况

随着全球化和经济一体化的发展，各国之间的联系越来越紧密，越来越多的国家加入畅通互联的共建"一带一路"倡议中。本文对国际货币基金组织 IMF 所披露的部分共建"一带一路"国家 2019—2021 年社会保障支出占 GDP 的比率进行了整理，见表 4。

表 4　部分共建"一带一路"国家 2019—2021 年社会保障支出占 GDP 的比率

单位：%

国家	2019 年	2020 年	2021 年
巴基斯坦	0.4	0.5	0.6
孟加拉国	0.3	0.3	0.3
吉尔吉斯斯坦	2.5	2.8	3.0
黎巴嫩	5.6	5.6	5.6
塔吉克斯坦	5.8	6.2	6.5
乌兹别克斯坦	6.9	6.9	6.8
蒙古	8.8	9.1	9.4
南苏丹	9.9	10.2	10.4
突尼斯	9.9	10.0	10.1
斯里兰卡	9.2	9.5	9.8
肯尼亚	9.6	10.1	10.6
马里	10.4	11.4	12.4
赞比亚	12.3	13.2	14.5
加纳	11.5	11.8	12.5
马来西亚	14.6	15.0	15.1
埃塞俄比亚	13.8	14.1	14.9
菲律宾	13.1	13.6	14.0
埃及	10.8	10.9	11.0
拉脱维亚	12.5	12.5	12.5

续表

国家	2019 年	2020 年	2021 年
坦桑尼亚	13.4	14.1	14.6
约旦	11.6	12.0	12.6
委内瑞拉	3.1	2.9	3.1
印度尼西亚	5.5	5.7	5.8
尼泊尔	4.4	4.7	4.7
喀麦隆	7.4	7.3	7.2
阿尔及利亚	9.9	9.6	9.3
塞内加尔	10.6	10.6	10.6
津巴布韦	6.7	6.1	6.3
阿富汗	12.6	12.6	12.6
科特迪瓦	11.0	12.2	12.4
哥伦比亚	11.5	11.5	11.5
中国	6.2	6.7	7.0
马来西亚	6.7	6.9	7.0
泰国	4.4	3.8	3.9
哈萨克斯坦	8.7	8.3	8.3
俄罗斯	14.9	14.5	12.6
巴基斯坦	1.1	1.0	1.1
印度尼西亚	2.3	2.2	2.3
土耳其	11.4	10.8	10.7
尼日利亚	0.8	0.7	0.7
阿联酋	0.5	0.4	0.4

数据来源：国际货币基金组织，2023。

  表 4 中的数据显示，2019 年中国的社会保障支出占 GDP 的比率为 6.2%，2020 年提升至 6.7%，2021 年则达到了 7.0%。这是由于中国政府加强了医疗和退休保险制度的建设，为民众提供了更好的医疗保障和福利待

遇。与此同时，中国还推动了就业扶贫、健康扶贫等政策，加强了对困难群众的帮扶。总体来看，中国的社会保障支出位于共建"一带一路"国家的中上游，但仍低于俄罗斯、土耳其等国家。马来西亚的社会保障支出占GDP的比率也呈逐年提升的趋势，从2019年的14.6%提升至2021年的15.1%。马来西亚政府通过实施社会保障大包公计划等政策，改善了医疗、教育、住房等领域的社会保障，并为居民提供了更多福利待遇。此外，马来西亚还开展了养老银行服务、免费公交等公共福利项目，提高了民生保障水平。泰国的社会保障支出占GDP的比率相较于前两个国家略微低一些，但也发生了变化。数据显示，2019年泰国的社会保障支出占GDP的比率为4.4%，2021年为3.9%。泰国政府通过全面卫生保险计划、免费基本医疗保险计划等项目，改善了国家的医疗保障和公共卫生工作，并加强了对贫困群体的扶助。哈萨克斯坦的社会保障支出占GDP的比率相对于其他国家较高，但比率较为稳定。数据显示，2021年哈萨克斯坦的社会保障支出占GDP的比率为8.3%。哈萨克斯坦政府通过提高基础养老金、提高失业保险金等措施，多渠道扩大社会保障领域。俄罗斯的社会保障支出占GDP的比率在3年间略微有所降低，但仍较高，2021年比率为12.6%。俄罗斯政府通过养老金、医疗保障等政策改善了民生保障，并加强了对农民和其他弱势群体的扶助。巴基斯坦、印度尼西亚、土耳其、尼日利亚和阿联酋在社会保障领域的比率相对较低，但在不同程度上采取了措施以加强民生保障。巴基斯坦、印度尼西亚、土耳其政府实施了养老金、失业保险等政策，解决了一部分弱势群体的问题。尼日利亚和阿联酋则分别通过增加医疗保障、免费教育等措施，为民众提供了更多的福利保障。吉尔吉斯斯坦的社会保障支出占GDP的比率不高，分别为2.5%、2.8%、3.0%。该国政府设立了退休金、医疗保险等社会保障制度，但依然面临社会保障基金的不可持续等挑战。黎巴嫩的社会保障支出占GDP的比率较高，该国有完善的退休金和医疗保险等社会保障体系，但目前面临财政危机和政治动荡等的挑战。塔吉克斯坦的社会保障支出占GDP的比率相对较高，对社会保障的投入也越来越大，分别为5.8%、6.2%、6.5%，且社会保障体系的发展水平较高，涵盖面广。但该国的社会保障制度仍存在退休金制度的不完善和社保基金的不稳定等问题。乌兹别克斯坦的社会保障支出占GDP的比率相对较高，分别为6.9%、6.9%、6.8%。该国在近几年加大了对社会保障的投入，完善了医保和养老金系统，并将城乡居民基本医疗保险和养老保险并为一体。蒙古国的社会保障支出占 GDP 的比率较高，分别为 8.8%、9.1%、9.4%。该国政府实现了全民覆盖的社保制度，包括社保基金、医保和养老金等，但仍存在一些问题，如社保基金短期内可能不可持续的问题。突尼斯的社会保障支出占 GDP 的比率较高，分别为 9.9%、10.0%、10.1%。该国实现了全民覆盖的社保制度，包括公共医疗保险、退休金和失业保险等，但政治动荡和财政压力等影响了社保体系的稳定性。斯里兰卡的社会保障支出占 GDP 的比率相对较高，分别为 9.2%、9.5%、9.8%。该国政府推出了一系列社会保障计划，如医疗保险和养老金等，但仍存在不平等和财政压力等问题。

以上是共建"一带一路"国家社会保障的概况，考虑到文章篇幅问题，在此不再一一详述。虽然各国间存在差异，但总的来说，共建"一带一路"大多数国家的社会保障支出占 GDP 的比率较低，需要进一步加强社保体系的建设和完善，为经济发展提供强有力的保障。

四、共建"一带一路"国家社会保障发展动态

（一）俄罗斯医疗保险制度改革

1. 提出背景

俄罗斯作为一个大国，一直以来都面临着医疗保险制度的诸多挑战。过去的医疗保险制度不但分散管理，各地区和各部门之间缺乏协同，而且运营成本高、服务质量低、效率低下。针对这些问题，俄罗斯政府在 2021 年启动了医疗保险制度改革，旨在建立一个更加高效、透明、公平的国家医疗保险系统，提高医疗服务的质量和效率，为俄罗斯人民提供更好的医疗保障。

2. 主要内容

俄罗斯医疗保险制度改革的主要内容包括：

（1）统一的国家医疗保险系统。俄罗斯政府计划建立一个统一的国家医疗保险系统，取代目前各地区和部门各自管理的医疗保险制度。根据俄罗斯国家统计委员会的数据，截至 2021 年底，俄罗斯的医疗保险制度覆盖了近 1.5 亿人口，覆盖率达到了 98.7%。

（2）医疗保险支付制度改革。俄罗斯政府计划对医疗保险支付制度进行

改革，通过引入先进的技术手段，建立一个更加高效、透明、公平的医疗保险支付系统。据俄罗斯卫生部统计，截至 2021 年底，俄罗斯已有超过 90%的医疗机构开始使用电子支付系统，实现了医疗保险支付的数字化和信息化。

（3）推进医疗服务数字化和信息化。俄罗斯政府计划推进医疗服务的数字化和信息化，以提高医疗保险制度的运作效率和服务水平，降低医疗保险制度的运营成本。根据俄罗斯国家统计委员会的数据，截至 2021 年底，俄罗斯已有超过 70%的医疗机构开始使用电子病历系统，实现了医疗服务的数字化和信息化。

（4）建立公共卫生基础设施。俄罗斯政府计划建立一套完善的公共卫生基础设施体系，加强疫情预防和控制，提高公共卫生服务水平。根据俄罗斯卫生部的数据，截至 2021 年底，俄罗斯已经在全国范围内建立了超过 4000 个公共卫生机构，为全国范围内的居民提供了便捷的公共卫生服务。

3. 面临挑战

俄罗斯医疗保险制度改革面临的主要挑战包括：

（1）资金来源问题。俄罗斯医疗保险制度改革需要大量的资金投入，而目前俄罗斯经济增长缓慢，政府财政压力较大，如何确保资金充足、来源稳定是一个重要的问题。

（2）医疗资源不均衡问题。俄罗斯医疗保险制度改革需要解决医疗资源不均衡的问题，加强医疗服务的均衡化和普及化，以确保医疗服务的公平性和可及性。

（3）技术设备和人才缺乏问题。俄罗斯医疗保险制度改革需要大量的技术设备和高素质的医疗人才，但目前俄罗斯的技术设备和医疗人才缺乏，如何加强技术设备与人才的引进和培养是一个重要的问题。

4. 未来趋势

俄罗斯医疗保险制度改革的未来趋势如下：

（1）引入先进的技术手段。俄罗斯政府将继续引入先进的技术手段，如人工智能、大数据等，推动医疗服务的数字化和信息化，提高医疗保险制度的运作效率和服务水平。

（2）加强医疗资源的均衡化和普及化。俄罗斯政府将加强医疗资源的均衡化和普及化，扩大医疗服务的覆盖面并提高服务质量，提高医疗保险制度的公平性和可及性。

（3）推进公共卫生服务的发展。俄罗斯政府将推进公共卫生服务的发展，加强公共卫生基础设施建设，提高公共卫生服务水平，加强疫情预防和控制能力，保障人民身体健康。

（4）推进医疗服务国际化。俄罗斯政府将推进医疗服务国际化，加强与国际医疗机构的合作和交流，引进国际先进的医疗技术和管理经验，提高医疗保险制度的国际竞争力和影响力。

综上所述，俄罗斯医疗保险制度改革是俄罗斯政府推进医疗服务现代化和人民健康保障的重要举措，主要包括建立全民医疗保险制度、加强医疗设施建设、加强医疗人才培养等方面。尽管俄罗斯医疗保险制度改革面临一些挑战，但俄罗斯政府已经采取了一系列措施，加强医疗服务的均衡化和普及化、推进医疗服务的国际化等，未来俄罗斯医疗保险制度改革将会取得更为显著的进展。

（二）巴基斯坦"Ehsaas"计划

巴基斯坦"Ehsaas"计划是由总理伊姆兰·汗于 2019 年提出的一项综合性社会保障和减贫计划。该计划旨在通过提供经济援助、医疗保障、教育支持等一系列措施，解决贫困问题，提高贫困人口的生活水平和生活质量。尽管该计划在实施过程中遇到了一些挑战，如资源紧张、执行困难等，但政府通过采取加大投入、提高执行效率、跨部门协同等措施，使"Ehsaas"计划在减贫和民生保障方面取得了积极成果。

1. 背景与目标

巴基斯坦作为一个发展中国家，面临着严重的贫困和社会不平等问题。在过去的一些社会保障措施取得有限效果的前提下，巴基斯坦政府提出了"Ehsaas"计划，旨在通过综合性的社会保障和减贫措施，提高贫困人口的生活水平和生活质量，改善弱势群体的生活状况。

2. 主要内容与措施

（1）经济援助。向低收入家庭、残疾人、老年人、孤儿和鳏寡提供经济援助，以减轻他们的生活负担。

（2）贫困救助。通过扶贫项目，如技能培训、创业支持和小额信贷，帮助贫困人口脱贫致富。

（3）医疗保障。提供针对贫困人口的医疗援助和保障，确保他们能够获得基本的医疗服务。

（4）教育支持。推广教育，确保贫困家庭的儿童能够接受基本教育，从而打破贫困循环。

（5）基础设施建设。通过提高基础设施水平，如住房、水电供应等，改善贫困人口的生活条件。

（6）金融包容性。通过推广数字金融服务和提供金融产品，增加贫困人口的金融知识和服务覆盖范围。

（7）社会保障制度改革。推进社会保障制度改革，以实现更公平、更可持续的福利分配。

3. 取得的成果

自"Ehsaas"计划启动以来，巴基斯坦已在减贫和民生保障方面取得了一定的成果。许多贫困家庭受益于经济援助、医疗保障和教育支持等措施，贫困程度有所降低。此外，基础设施建设和金融包容性项目也在一定程度上改善了贫困人口的生活条件。

4. 遇到的困难与应对措施

（1）资金短缺。由于政府预算有限，为"Ehsaas"计划筹集足够的资金可能会成为挑战。政府可以考虑向国际组织或私人投资者寻求资金支持，或者探索一些新的融资模式，如社会借贷或众筹等。

（2）技术基础设施不足。为了实现计划目标，需要高效的技术基础设施来管理和监测项目的进展。政府可以考虑与私营部门合作，引入最新的技术解决方案，如人工智能和区块链等，以提高计划的效率和透明度。

（3）缺乏参与度。在某些社区中，可能存在缺乏参与度的情况，这可能会导致计划无法实现。政府可以与当地社区建立联系，鼓励他们参与计划的设计和实施过程。政府可以利用社交媒体等渠道来增加计划的宣传力度，以吸引更多的参与者。

（4）行政不足。在计划实施的过程中，可能会遇到行政方面的问题，如缺乏有效的监督和评估机制、缺乏协调机制。政府可以考虑建立一个专门的机构来管理计划的实施，该机构应该有充足的资源和人力来确保计划的顺利进行。

总的来说，巴基斯坦的"Ehsaas"计划作为一项综合性社会保障和减贫措施，在实施过程中虽然遇到了一些困难，但通过政府的积极应对，取得了积极的成果。然而，在未来的发展过程中，仍需加大投入、优化政策和完善监测评估机制，以使更多贫困人口受益，进一步提高民生保障水平。

（三）2022年越南实施新《社会保障法》

社会保障是指政府为保障民众基本生活和福利而实施的一系列社会保险、社会救助和社会福利等政策措施。越南是一个经济快速发展的发展中国家，为了更好地保障人民的基本权益，越南政府近年来不断加强社会保障体系建设，取得了一些成效。下面就越南社会保障的发展动态进行分析和总结。

1. 越南社会保障体系的建设和发展

随着经济的不断发展和社会需求的不断提高，越南政府已经开始重视社会保障体系的建设和发展。2014年，越南政府启动了新的《社会保障法》起草工作，旨在扩大社会保障覆盖面和提高保障水平，经过多次修改和完善，该法案最终于2019年6月14日由越南国会通过，并于2022年1月1日正式实施。

新的《社会保障法》主要包括以下措施：

（1）提高企业职工基本养老保险金缴费基数。该项措施旨在提高养老金支付水平，保障老年人的基本生活。

（2）提高失业保险金支付标准。该项措施旨在更好地支持失业职工，帮助他们渡过难关。

（3）延长妇女产假保障期。该项措施旨在更好地保护女性劳动者的权益，帮助她们更好地照顾孩子。

（4）扩大社会保障覆盖面。该项措施旨在提供更广泛的社会保障，包括医疗保险、养老保险、失业保险、工伤保险、生育保险等，以满足不同人群的需求。

新的《社会保障法》的实施，使得越南的社会保障覆盖面得以扩大。截至2022年底，越南社会保障覆盖人口已经达到了55%。此外，通过提高企业职工基本养老保险金缴费基数，使越南的养老金支付水平得到了提高，目前，越南的养老金支付水平已经达到了每月180万越南盾（约合78美元）。同时，失业保险金的支付标准也得到了提高，越南失业人员每月可以领取500万~1200万越南盾（约合22~52美元）的失业保险金。

此外，越南政府还加强了对儿童、老年人、残疾人等特殊群体的社会保障投资,为他们提供更好的医疗、养老、保护和教育等服务。例如,在 2021 年底,越南政府宣布将向儿童家庭提供每月 30 万越南盾(约合 13 美元)的生活补助金,帮助他们改善生活条件和未来发展。

2. 越南社会保障发展的挑战和展望

尽管越南社会保障体系取得了一定的进展,但仍然存在一些问题和挑战。首先,社会保障覆盖面仍然不够广泛。尤其是在一些边远地区和农村地区,社会保障覆盖面相对较低。政府需要进一步加大投入力度,通过各种方式扩大社会保障覆盖面,保障更多人的基本权益。其次,社会保障基金的稳健运行是社会保障体系建设的重要保障。然而,一些企业反映社会保障费用负担较重,政府需要进一步加强监管和管理,确保社会保障基金的稳健运行。最后,越南社会保障体系建设的成效还需要时间的检验。越南社会保障体系建设是一个长期的过程,政府需要进一步加强监测和评估,及时发现和解决问题,以确保越南社会保障体系不断向着更加完善的方向发展。

总的来说,越南社会保障体系的建设和发展面临着一些挑战,但是越南政府已经采取了一系列措施加以应对。未来,越南政府需要进一步加强投入和管理,不断完善和提升社会保障体系的建设水平,为越南人民提供更好的社会保障服务。

参考文献

[1] International Monetary Fund. World Economic Outlook,April 2022:Aging and Growth [R]. International Monetary Fund,2022.

[2] United Nations,Department of Economic and Social Affairs,Population Division. World Population Prospects 2021:Highlights [R]. United Nations,2021.

[3] China Briefing. China's Social Security System and the Belt and Road Initiative [R]. China Briefing,2021.

[4] Rasiah, R. Social protection systems and policies in developing Asia [R]. Asian Development Bank,2018.

[5] United Nations Development Programme. Social Protection in the Belt and

Road Countries: Opportunities for South – South Cooperation [R]. United Nations Development Programme, 2019.

[6] International Labour Organization. Social Protection in Asia and the Pacific: Trends and Developments 2021 [R]. International Labour Organization, 2021.

[7] United Nations. Social Protection Systems and Their Coverage in Asia and the Pacific: A Study of 16 Countries [R]. United Nations Economic and Social Commission for Asia and the Pacific, 2021.

[8] World Bank. Aging in the Twenty-First Century: A Celebration and a Challenge [R]. World Bank, 2012.

专题报告

Special Reports

韩国和新加坡的养老保险模式研究

汤兆云　秦永芳*

摘　要：一段时期以来，人口老龄化业已并将继续成为全球性人口问题，对一个国家和地区的人口构成产生了重要影响。养老保险作为人们为保障因年老丧失劳动能力而退出劳动岗位后的基本生活而建立的一种社会保险制度，对于一个国家社会经济的稳定和发展具有重要意义。本研究报告以韩国与新加坡两个国家的养老保险模式为分析对象，论述了韩国与新加坡养老方式的相似性和差异性。同时，结合国外的一些案例，总结出一些有益的做法，为我国养老体系的发展提供一些借鉴和参考。

关键词："一带一路"；养老保障；养老保险；韩国、新加坡养老

年老是每个人生命中无法避免的自然规律，特别是在人类步入近代社会之后，伴随社会经济的快速发展及人们生活水平的不断提升，人们的平均寿命也在持续增长，越来越多的国家进入老年型社会，而人口老龄化及它持续加速的发展趋势，给每个国家和社会都带来了越来越严峻的挑战。随着老龄化风险的普遍化、社会化程度的不断提高，养老已成为当今世界各国普遍关注的重大社会问题。养老保险作为一项重要的社会保障，其建

---

* 汤兆云，华侨大学政治与公共管理学院教授、博士生导师，主要研究方向：社会保障、公共政策；秦永芳，华侨大学政治与公共管理学院硕士研究生，主要研究方向：社会保障。

设和发展备受世界各国的重视。一般认为，养老保险是指国家和社会根据一定的法律和法规，为解决劳动者在达到国家规定的解除劳动义务的劳动年龄界限，或因年老丧失劳动能力而退出劳动岗位后的基本生活而建立的一种社会保险制度。[①] 其内涵包括三个方面：一是养老保险制度是针对已达法定退休年限的老人；二是退休人员退休后能够满足其基本的生存需求，使其能够安享晚年；三是以社会保险为工具，实现社会保障。

作为一项社会制度安排的养老保险源远流长。在传统农耕社会中，主要是由家庭为其成员提供养老保险。只有进入工业社会后，由于生产方式与生活方式的社会化，原来纯粹属于个人或家庭问题的养老问题才日益演变成社会问题，社会化的养老保险则成为解决这一社会问题的必然选择；随着人口老龄化进程的加快和家庭保障功能的持续弱化，养老保险更是成为必需的社会制度安排，并迅速在各国社会保障体系中占据了极为重要的地位。一个国家或地区社会保障制度的成败，在很大程度上取决于养老保险制度的成功与否。

根据不同国家在养老保险金缴费方式、养老金待遇给付方式实施方面的异同，世界各国社会养老保险制度可以分为以下三种模式。（1）传统型社会养老保险制度。该制度规定养老金的领取权利与缴费义务密切相连，缴费是领取的先决条件，同时养老金给付水平与个人收入水平息息相关。基本养老金的计算方式是雇员退休前历年指数化月平均工资与不同档次的替代率之和，主要代表性国家和地区有韩国、美国、德国与中国台湾地区。（2）国家统筹型社会养老保险制度。该制度的特点是采用"现收现付"模式，以"固定给付制"为依据，统一确定养老金标准。养老保险的资金全部来源于本国政府的财政收支，无须个人缴费。主要代表性国家有瑞典、挪威、澳大利亚、加拿大等。[②]（3）强制储蓄型社会养老保险制度。该制度的最大的特点是注重自身保障，设立个人公积金账户，由雇员在工作期间

---

① 中华人民共和国人力资源和社会保障部 . 养老保险含义［EB/OL］.［2023-03-10］ht-tp：//www. mohrss. gov. cn/.

② 国家统筹型的另一种类型是由苏联创设的，其理论基础为列宁的国家保险理论，后为东欧各国、蒙古国、朝鲜及我国改革以前采用。该模式与福利国家的养老保险制度一样，都是由国家来包揽养老保险活动和筹集资金，实行统一的保险待遇水平，劳动者个人无须缴费，退休后可享受退休金。但与国家统筹型现收现付模式不同的是，其适用的对象并非全体社会成员，而是在职劳动者，养老金也只有一个层次，未建立多层次的养老保险，一般也不定期调整养老金水平。随着苏联和东欧国家的解体及我国经济体制改革的进行，采用这种模式的国家也越来越少。

与雇主按照一定比例共同缴纳养老保险费，劳动者退休后，能够在个人账户中领取养老金，而国家则不再以其他方式提供养老金。主要代表性国家有新加坡①、智利②等。

本研究报告以韩国与新加坡两个国家的养老保险模式为分析对象，在对其演进过程、主要内容和特征进行分析的基础上，比较其相同及不同之处，并总结值得普遍性养老保险可以借鉴的方面。

一、韩国与新加坡养老保险模式框架

（一）韩国养老保险模式框架

韩国的养老制度经过数十年的发展和完善，形成了自身的特点，并结合本国国情制定了一种适合本国国情的养老制度。韩国统计厅最新公布的《2022 年出生·死亡统计初步结果》和《2022 年 12 月人口动向》显示，韩国 2022 年总和生育率③从 2021 年的 0.81 下降至 0.78，减少了 0.03，这是自 1970 年开展有关统计工作以来的最低水平。相关报告预测数据显示，到 2044 年韩国的老龄人口将达到 36.7%，超过了日本的 36.5%，跃居全球首位；65 岁及以上的老人在全国的比重将会增加至 17.5%，而 2070 年则会增

---

① 新加坡模式是一种公积金模式。该模式的主要特点是强调自我保障，建立个人公积金账户，由劳动者于在职期间与其雇主共同缴纳养老保险费，劳动者在退休后完全从个人账户领取养老金，国家不再以任何形式支付养老金。个人账户的基金在劳动者退休后可以一次性连本带息领取，也可以分期分批领取。国家对个人账户的基金通过中央公积金局统一进行管理和运营投资。除新加坡外，东南亚、非洲等一些发展中国家也采取了该模式。

② 智利模式作为另一种强制储蓄类型，也强调自我保障，同样采取了个人账户模式，但与新加坡模式不同的是，其个人账户的管理完全实行私有化，即将个人账户交由自负盈亏的私营养老保险公司，并规定了最大化回报率，同时实行养老金最低保险制度。该模式于 20 世纪 80 年代在智利推出后，也被拉美一些国家所效仿。强制储蓄型养老保险模式最大的特点是强调效率，但忽视公平，难以体现社会保险的保障功能。

③ 总和生育率（total fertility rate）是衡量生育水平最常用的指标之一，指的是假设妇女按照某一年的年龄别生育率度过育龄期，平均每个妇女在育龄期生育的孩子数。总和生育率将特定时点上全体妇女的生育率综合起来，以一个数字来表示。实际上，它就是假设一个妇女在整个育龄期都按照某一年的年龄别生育率生育，她所生育孩子的总数。总和生育率的更替水平是一个十分重要的指标数值。更替水平是指同一批妇女生育女儿的数量恰好能替代她们本身。由于在出生时，男孩数量会略大于女孩，且有一部分女孩可能会在育龄前死亡，故总和生育率的更替水平肯定会大于 2.0。一般认为，总和生育率在 2.1 左右称为生育率的更替水平，表明人口数量会维持现状；如果总和生育率低于 2.1，则人口数量经过一段时间后就会减少；如果总和生育率高于 2.1，则人口数量经过一段时间后就会增长。经验数值表明，发达国家达到更替水平的总和生育率为 2.1，而发展中国家达到更替水平的总和生育率要高于这一数值。例如，受出生性别比失衡等因素影响，中国此前达到更替水平的总和生育率为 2.26，但正在大幅度下降。

至 46.4%。在人口老龄化的大背景下，韩国政府对其社会保障体系的构建给予了高度重视，并在此基础上发展出了独具特色的养老保险模式。

公共养老金制度和民间养老金制度两大部分构成了韩国的养老保险制度。其中，韩国的公共养老金制度以国民养老金制度（National Pension System，NPS）为核心，而作为辅助的民间养老金制度分为退休养老金计划（the Retirement Pension Scheme，RPS）和个人养老金计划（the Private Pension Scheme，PPS）两大部分。韩国养老保障制度体系由国民养老金制度（NPS）、退休养老金计划（RPS）和个人养老金计划（PPS）三者构成。在2007 年，韩国政府正式以基本养老金计划（the Basic Old-Age Pension Scheme，BOAPS）作为国民养老金制度（NPS）的补充开始运营，同年 7 月，住宅养老制度（the Housing Pension System，HPS）也已开始运营。因此，下面介绍以上五种养老保险制度。

1. 公共养老金制度

韩国公共养老金制度由国家建立并管理运营，其目的是为因年老、残疾、家人身故而失去保障的人支付养老金，以保障他们基本生活的社会保险制度。其主要分为国民养老金制度和基本养老金制度两大类。

国民养老金制度是韩国公共养老金制度的核心部分，由国民年金公团负责管理，虽然其成立时间不长，但发展很快。该制度肇始于 1988 年，最初仅适用于雇员 10 人及以上的企业，后逐渐扩展到 5 人以上的小型企业、个体雇佣人与农场主。截至 1999 年 4 月，国民养老金几乎覆盖了所有社会阶层，实现了"全民皆年金"的目标。韩国《国民养老金法》规定，18～59 岁的公民都要加入全国养老保险体系。外籍在韩工人同样享有国民养老金待遇，但依照有关法律和其他单独的养老金管理制度（即专为特殊群体设立的养老金管理制度），军人、行政公职人员及私立学校教职人员不包括在内。韩国国民养老金制度在成立之初就已进行了整合，在统筹各地区赡养关系方面起到了极大的作用，为职工跨地域的赡养问题创造了条件。

基本养老金制度。基于可能由养老保险制度改革而带来的中低收入水平家庭收入稳定性破坏的顾虑，韩国在 2007 年启动国民养老金计划改革运动时，将基本养老金计划作为补充方案导入该项目中。该项目自 2008 年 1 月正式启动，和国民养老金制度不同，该项目对领取养老金者没有必须缴费的先决条件。其资金来源于中央政府和地方政府的一般财政预算，从这种意义上说，基本养老金可被归为一种公共养老金的补充方案。

2. 民间养老金制度

退休养老金计划，可以增加职工在退休后的总体收入水平。

在共同缴纳退休金的传统制度要求下，将员工全年收入的 1/12 进行集中整合，以便根据合约规定的方式在退休后支付退休金。传统的退休金制度有两个主要缺陷：一是集中积累的预留资金的管理者是企业经营者本身，并非更规范的外部金融机构，一旦企业破产，职工的退休金将无法得到保障。二是在公司对积累资金的调控能力低下和退休金领取者超过预期寿命的情况下，退休金难以实现统一支付。在此基础上，2005 年 12 月韩国进行了退休金制度改革。在新的制度下，预留资金由企业经营者承担，仅允许企业员工参与，将个体工商业者排除在外。与旧的养老金制度不同，现行的养老金制度为避免由企业破产而带来的各类风险，将选择银行、证券和保险等外部金融机构共同实施管理。

为解决公民工作流动性的问题，建立了个人退休金账户（the Individual Retirement Account，IRA）制度，这是改革后的退休养老金方案的另一个重要特征。以前，员工要在某个行业工作 10 年以上才可以领取退休金。现在，韩国人对待工作场所的态度和以前有了极大的差别，只要员工愿意，便随时可以调换工作。个人退休账户制度规定，员工在过去工作期间所累积的退休金都将被转入他们的私人退休金账户，并把它与员工未来工作所得的退休金挂钩。

个人养老金计划，18 岁以上的韩国国民都能参加个人养老金计划，并提供税收激励。作为国民养老金制度的一项辅助举措，基于自主原则，由私人与金融机构之间订立金融服务协定，以提高退休后的收入稳定性。国家通过税收优惠激励国民参加个人养老金计划。参加者每月按照一定金额缴纳保险费，参保时间满 10 年后，在年龄超过 55 周岁时就能领取个人养老金。根据合同规定，领取时间可为 60 岁或 65 岁。个人养老金发放金额与个人收入水平之间并无关联，仅需按照合同约定每月支付保险费即可。而养老金的金额则是根据股市的利率和养老金的投资效益来确定。

住宅养老金计划，2007 年 7 月在韩国正式实施，也称"反向按揭"（Reverse Mortgage）。由名为韩国住宅金融公司（Korea Housing Finance Corporation，KHFC）的公共机构负责实施该制度。这一制度规定，65 岁以上的老人以自身住宅为抵押，由韩国的住宅金融公司通过向老人支付一定数额的养老金作为生活费。在该制度下，没有任何财政收入的老人可以在他们去世之前获得稳定的生活和居住条件。

（二）新加坡养老保险模式框架

2021 年 6 月新加坡发布的人口普查结果显示，新加坡老年人的人数从 2010 年的 33.8 万人增加到 2020 年的 61.4 万人。过去 10 年的增长主要是由于 2010 年 55～64 岁年龄组居民的老龄化，到 2020 年其年龄为 65～74 岁（见图 1）。新加坡是老龄化严重的国家之一，截至 2020 年，新加坡总人口 568.58 万人，65 岁以上的居民占总人口的 15.2%，比 2010 年的 9.0% 有所增长，相当于每 100 个劳动人口要"照顾"23.4 名老年人。新加坡针对老龄化问题所做出的应对措施和经验尤为值得关注。

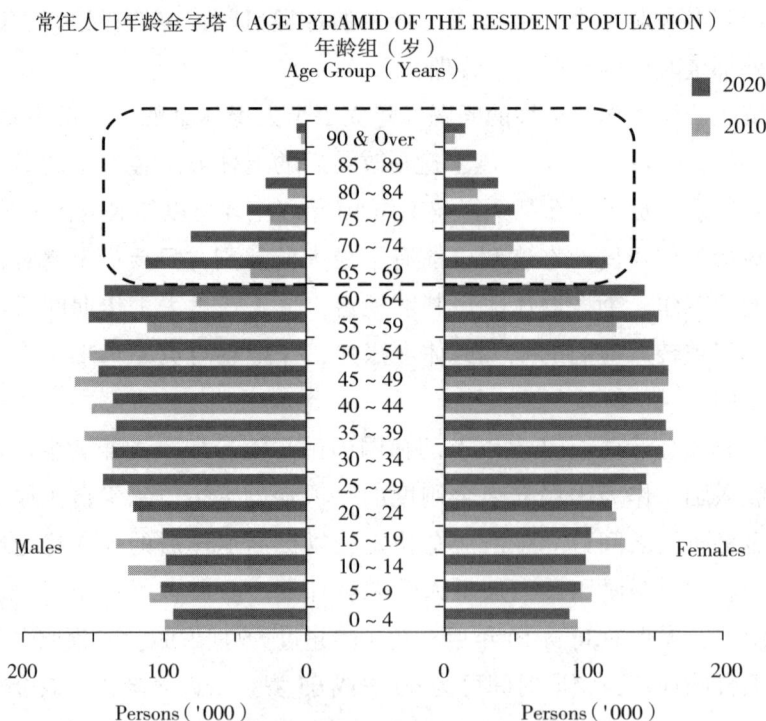

常住人口年龄金字塔（AGE PYRAMID OF THE RESIDENT POPULATION）

图 1　新加坡居民人口年龄金字塔

资料来源：新加坡人口统计局编《新加坡老年人人口概况》，2022 年。

新加坡养老保险采用的是中央公积金制度。1955 年，新加坡正式实行中央公积金制度（Central Provident Fund，CPF），这是一种完全累计型的强制性养老储蓄计划，并设立中央公积金局来进行管理和运作。中央公积金局是一个独立性强、在财务和行政方面均享有高度自主权，并实施着统一的企业化管理模式的公共组织。其开支费用来源于公积金积累额的利息，并非中央财政。相应地，新加坡政府对公积金款项无使用权，只能通过中央公积金局的投资计划有偿借用政府债券且要如期归还。此外，新加坡政府在公积金价值的担保、公积金贬值的偿付等方面负有义务。

在中央公积金制度下，由劳动者和企业按照雇员的工资比例缴纳公积金，并由中央公积金局进行集中统一管理。中央公积金共设四大账户：普通账户、专门账户、医疗储蓄账户和退休账户。其中，普通账户的公积金可用于购置政府组合房屋、人寿保险、子女教育支出、信托股票投资等；专门账户用于老年及与退休相关的金融产品投资；医疗储蓄账户为公积金成员及其直系亲属用于支付住院、门诊医疗服务、缴纳疾病保险费等；退休账户的资金来源于专门账户，在成员年满55周岁时自动建立，年满62周岁时开始支付养老金。

养老金作为老年人晚年生活的保障，是否安全关系到老年人生活的幸福程度。因此，加强对中央公积金的监督具有极其重要的意义。对新加坡公积金的监督主要分为两个方面：一是监督应缴费者是否按时缴费；二是监督是否缴足应缴费用。新加坡《中央公积金法》明确规定，雇主在雇用雇员时必须到新加坡中央公积金局进行注册，以便中央公积金局对其进行管理和监督。超过7天宽限期仍未缴费的雇主，将会受到相应的法律惩罚：一是罚金全部由雇主缴纳；二是按迟缴天数对雇主每天罚以1.5%的滞纳金。倘若雇主私自扣留了雇员的工资却未帮其缴纳中央公积金，将会被罚款1万新元或被判处2年有期徒刑。针对无钱缴纳罚款的雇主，可以申请查封其资产。对于没有为雇员缴足公积金的雇主，中央公积金局有权对其进行严格的调查。雇主除了补齐少缴的公积金外，还会受到相应的处罚。阳光是最好的防腐剂，为了便于参加中央公积金计划的职工掌握和观察自己的公积金缴纳状况，中央公积金局为每个参加中央公积金计划的员工都设置了一个账号，员工们可以随时随地查看自身的公积金缴纳状况。为了提升服务质量，中央公积金局积极听取民众建议，不断改善服务。

中央公积金制度的优势十分明显。在该制度下的新加坡政府养老负担几乎为零，并非纯粹靠个人积累的方案不会加剧年轻人的被剥夺感，所有账户收益情况公开透明，保证了制度的连贯性和可持续性。

新加坡的养老保险体系除了中央公积金制度外，还有职业养老金和个人养老金，但其养老体系以中央公积金制度为绝对主导，第二、第三类养老金模式发展相对缓慢，基本特征就是在维持原有制度不变的情况下，对整体进行再补充。

二、韩国与新加坡养老保险模式的主要内容

前面介绍了韩国与新加坡的养老保险框架，下面将针对韩国、新加坡两国养老保险模式中比较重要的几个方面进行比较研究。

（一）韩国与新加坡养老保险的覆盖范围

1. 韩国养老保险的覆盖范围

韩国养老保险模式由公共养老金制度和民间养老金制度两大部分组成。韩国的国民养老金制度覆盖了全体公民。特别值得指出的是，韩国的国民养老金参保的最低年龄为 18 周岁，而公务员和军人都不在此列。国民养老金没有覆盖的部分是由特殊的养老保险提供的。针对公务员、军人、私立中学教师等非国民养老金对象，韩国特别为其设置了专属养老金。通过这种方式，韩国的养老保险模式也实现了全员覆盖。而民间养老金制度同样也是由公民自愿参加、为满足退休后的更高需求而存在的。值得一提的是，住宅养老保险制度的覆盖范围扩大至 65 岁以上人群。由养老保险的定义理解，住宅养老保险并不算真正意义上的养老保险，最多可以算作按揭房贷，即以自己的固定财产交换养老，但是住宅养老的存在丰富了公民养老的选择。

2. 新加坡养老保险的覆盖范围

就养老保险的覆盖范围而言，新加坡的覆盖范围小于韩国。在新加坡，养老保险制度是整个中央公积金制度的一个重要部分，月收入在 50 新元以上的公私部门员工及个体户为其保险的对象，将一些脱离劳动市场的人剔除在外，这也意味着新加坡并未实现养老保险全民覆盖。

从韩国、新加坡两个国家的养老保险覆盖面来看，首先覆盖的是公司职工，两者的养老保险制度都是以保障公司职工退休后的生活为目的而逐渐发展起来的。这是因为这些群体对养老保险的需求较高，从而有助于其组织与执行。

（二）韩国与新加坡养老保险基金管理模式

在人口老龄化的影响下，"现收现付"的养老保险制度受到了严峻的挑战，各个国家都开始了养老保险制度的改革，大部分国家从养老保障基金预先积累机制的建立展开改革。在建立基金制的背景下，实现养老保险基金的管理运营及投资增值是一个现实难题。因此，对养老保险基金的管理已越来越成为保障养老金体系健康发展的必要前提。对于养老保险基金的管理，目前世界上还没有一个统一的标准。当前，国际上对养老保险基金的管理模式主要有三种：第一种，公共管理，是指各国根据立法，确定养老保险基金管理的主体是政府，同时成立一个专门的部门，负责对养老保险基金进行全面统筹与管理。第二种，私营管理，是指国家指派或委托非公共组织对养老保险基金进行监督管理工作，而不干涉其运作。第三种，混合经营，即公共管理和私营管理相结合，主要表现为某些主要的养老保险基金是由政府管理，其余部分则由私人经营，并受政府监督。

1. 韩国养老保险基金管理模式

韩国目前的养老保险模式包括公共养老金制度和民间养老金制度两大部分。在公共养老金制度中，养老保险基金由政府进行管理，而民间养老金制度则由各种金融机构负责。其中，国民养老金的管理包括两个方面：一是由保健福祉部年金保险局负责行政立法和监督工作；二是实行全国统一管理，经办工作则由下属的国民年金管理公团负责。

2. 新加坡养老保险基金管理模式

新加坡养老保险基金的筹集由雇主与员工共同负担，政府并不介入其中，但是由国家劳工部下属的中央公积金局负责其基金的运作与管理。中央公积金局是一个依法独立操作的半官方组织，其他所有机关均不得对其加以干涉。劳工部仅负责制定有关政策，并对其加以监督。中央公积金局采用的则是在董事长领导下的总经理责任制，由总经理主管企业的日常工作。由政府代表、雇主代表、雇员代表、社会保障专家四方组成董事会，董事会主席和总经理由劳工部委任，任期为3年。董事会每2个月开会1次，对重大问题进行决策。集多项职责于一身的中央公积金局，不仅制定与个人账户相关的政策，还要具体实施执行与个人账户相关的业务，如收取费用、保管登记、支付退休金及对基金的保值和增值负责。

从总体上讲，韩国、新加坡两国养老保险基金的运行基本都由政府主导。尤其是基础养老金部分，国家掌握着绝对的管理权。此外，虽然不是所有公共养老保险都是由国家直接介入，但其也由行政机关或者半官方组织负责运行。韩国还有民间养老金制度，虽然是由私营部门组织管理，但其要受到政府的高度监督。基于此，除了新加坡因其只有一种养老保险模式，由政府统一进行管理以外，韩国和其他大部分国家的养老保险基金运行都不是单一的管理模式，均是以政府管理为主、私营管理为辅的混合管理模式。

（三）韩国与新加坡养老保险的给付方式

1. 韩国养老保险的给付方式

韩国养老保险的给付方式与参保人收入息息相关，即退休时参保人所领取的养老金与其在工作期间的收入水平密切相关，是其和雇主共同缴纳保险费用的累积，以及保险费的利息收益。韩国国民年金给付的计算标准如下：

$$国民年金金额 = 基本年金 + 附加年金$$

$$基本年金 = 系数 \times （A+B） \times （1+0.05n/12）$$

其中，系数是指当缴费年限到 20 年时，收入中位者年金收入替代率为 30% 时的常数，在考虑年金收支平衡的基础上，每次改革都会一定程度的降低收入替代率和系数，以确保年金制度的稳健运行。A 为取得年金前三年内所有参与者的月平均收入，该数值每年均由韩国保健福利部进行公布。B 为年金参与者在缴费阶段的月平均收入，这一数值是基于参与者的实际收入水平与所选择的缴费额度，按照一定的比例计算得出的。为确保数值的公正性与时效性，B 值会参考保健福利部每年发布的月平均收入调整率，将参保者在缴费期间所申报的收入总额折算为当前市场价值，并结合其缴费的总月份数，计算出平均值。这一计算方式旨在确保年金制度的公平性与可持续性，同时反映出参保者的实际经济能力与缴费贡献。n 代表缴费年限超过 20 年的月数，当缴费年限超过 20 年时，每增加 1 年，基本年金将增加 5%，这一增加额度以 0.05n 表示。

附加年金则是按照参保人所需赡养的人口数量来确定的，包括配偶、未满 18 岁或 2 等以上残废的子女、60 周岁以上或 2 等以上残废的夫妻双方的父母。实际上，也可以将其看作是一种家庭补助。养老金的给付方式分为长期支付或一次性支付，由参保人自主选择。目前韩国在养老保险给付中采取了减额支付的措施。而这项措施的主要实施对象是超过法定退休年龄 60 周岁之后，仍有参加工作但同时又领取养老金的人。

　　2. 新加坡养老保险的给付方式

　　新加坡的退休金给付方式与韩国类似，均与员工个人薪资挂钩，但其特点更为突出。根据中央公积金局的规定，在退休前，公民应按照规定定期投保，在达到退休年龄后，在退休账户内保留一笔最低 8 万新元的存款，就可以一次性领取扣除最低存款后的所有储蓄基金作为养老金。在工作期间，企业和员工共同缴纳的保险费及另加至少 2.5% 的复利构成了这一部分养老金。另外，在是否具备提前支付养老保险金资格方面，中央公积金局也做出了相关规定，只要符合要求便可以提前领取。根据规定，退休后仍选择参加工作的公民，必须继续缴纳公积金，但缴费标准有所降低，60～65 岁的缴费率为月工资 15%，超过这个年龄的人的缴费率为 10%。

　　在养老金的给付上，韩国和新加坡均对领取资格、方式等有严格的规定，而养老金金额的计算标准各不相同。

　　在领取资格的规定上，韩国有相关的退休检验制度，即通过考察养老保险金的领取者是否真正退出了工作岗位的方式来审核领取资格。但新加坡只规定了退休后仍然愿意参加工作的公民要继续缴纳公积金。

　　在领取方式上，韩国、新加坡的退休金都是以工资为基础的，所以退休金是一种一次性的退休金。韩国的办法比较灵活，可以按照自己的意愿，按时缴纳保险费。在领取金额上，韩国有一个基数，在基数上叠加。而新加坡则不同，其特殊之处是在一次领取退休金时，法定最低限度的储蓄必须保留一部分，而不能将其完全提取出来。

三、韩国与新加坡养老保险模式的主要特征

　　通过以上几个方面的对比，可以看出韩国、新加坡两个国家的养老保险模式存在很多共同之处。首先，韩国、新加坡都受到儒家传统思想的影响，核心部分的养老保险制度是以家族为主体、以家庭保障为核心。尽管韩国在工业化进程中遭受了巨大的冲击，但养老保障的主要形式依旧以家庭保障为主。其次，两个国家的养老保障模式均呈现出以国家为中心的特点。即都是由政府主导、自上而下实施。具体表现为，最初在政府领导下，在文职人员中实施，再逐渐推广到各个社会阶层。最后，养老保险模式的

管理运行都是混合型的，既包括公共部门，也包括私营部门。从总体上看，公共养老是养老保险模式的主要组成部分，并能基本上覆盖到全部社会公民，而非公共养老部分则是为了满足公民多样化、个性化的养老需求发展起来的。

韩国与新加坡的养老保险模式的借鉴之处有：第一，完善养老保险的相关法律。不论是韩国的《国民年金法》，还是新加坡的《中央公积金法》，都是在其养老保险制度的制定和实施过程中以立法的形式来保证制度的运行、管理和改革。基于此，我国在养老保险制度的法制保障方面，要不断完善，形成由基本法律、行政法规、管理条例组成的养老保险法律体系，使我国养老保险制度的发展尽快走上法制化和规范化的轨道。此外，应加强对其监管力度，遏制各类不法行为，保障养老保险制度的平稳运行。第二，满足特殊人群的养老保险需求。针对特殊群体的养老保险，韩国也给了我们很好的启示。因此，为使我国养老保险制度得到切实发展，就需要针对不同的人群实行相应的政策，不可一概而论，忽视其特殊性。第三，建立多支柱、多层次的养老保险模式。韩国的养老保险模式是以国家为主导，以各种商业型、个人型养老保险为辅，切实保障公民退休后的晚年生活，提高了在职员工对退休生活的良好预期。同时，多支柱的养老保险模式既减轻了政府的财政负担，也在整体上改善了国民的养老保障水平，还满足了有意愿、有财力的职工或居民更高的养老需求。因此，我国可以借鉴韩国建立以政府为主导的多支柱、多层次养老保险模式，让国家和社会都成为养老保险的责任主体，鼓励并规范商业养老保险的发展。同时，除政府外，鼓励更多主体参与养老保险的供给体系。

参考文献

[1] 吕学静. 社会保障国际比较 [M]. 北京：首都经济贸易大学出版社，2007.

[2] 郑功成. 新加坡社会保障制度 [M]. 北京：中国劳动社会保障出版社，2017.

[3] 金辰洙，叶克林. 韩国老龄化与养老保障制度 [J]. 学海，2008 (4).

[4] 丁英顺. 韩国公共养老金制度的现状及课题 [J]. 东北亚学刊，2021 (2).

［5］朱凤梅．新加坡养老保障体系：制度安排、政府角色及启示［J］．社会政策研究，2018（1）．

［6］中华人民共和国人力资源和社会保障部．养老保险含义［EB/OL］．［2023-03-10］http：//www. mohrss. gov. cn/

［7］新加坡统计局．新加坡老年人人口概况［EB/OL］．［2023-03-12］https：//www. singstat. gov. sg/．

［8］韩国保健与福祉部．韩国人口概况［EB/OL］．［2023-03-12］https：//kosis. kr/index/．

生育政策与家庭福利篇

新加坡和韩国儿童福利政策的变迁研究[*]

梁发超　范　睿^{**}

摘　要：儿童福利政策是重要的研究领域，对儿童的生活和未来有重大影响。在过去的几十年间，新加坡和韩国保护儿童权利的方式已经发生了变化，且儿童福利政策更加健全且多元化。首先，本报告以新加坡和韩国两个亚洲国家为研究对象，概述了新加坡和韩国儿童福利政策的变迁，发现两国儿童福利政策变迁过程都由"补缺型"儿童福利政策发展为"普惠型"儿童福利政策。其次，探讨了两国儿童福利政策的异同：两国儿童福利政策的相同点包括明确儿童福利的责任、健全的儿童福利法律体系、对儿童福利持续性的考虑；差异体现在政策覆盖人群和政策重点的不同，如新加坡政策覆盖人群是贫困家庭，而韩国政策覆盖人群是国家全体儿童。最后，总结两个国家在儿童福利政策领域可借鉴的经验，为"一带一路"国家儿童福利政策的未来发展提供经验支持。

关键词："一带一路"倡议；儿童福利政策；变迁发展；经验建议

---

　　* 本报告受到华侨大学高层次人才科研启动项目（18SKBS202）的资助。

　　** 梁发超，华侨大学政治与公共管理学院教授，主要从事公共政策与土地管理、土地社会保障研究；范睿，华侨大学政治与公共管理学院硕士研究生，主要从事公共政策研究。

一、导言

随着共建"一带一路"倡议的提出，我国与共建"一带一路"国家在各个领域的合作也日益密切。联合国的《儿童权利公约》明确了儿童福利的四项基本内容，即生存权、发展权、受保护权和参与权。此公约要求所有缔约国能够采取一切适当的立法、行政等措施保护儿童远离暴力、虐待等，并且要保证儿童的全面发展，该公约也为世界各国儿童的福利政策提供了国际参考。[①] 由此可见，推进儿童福利政策的改革对儿童的成长及与儿童业缘有关的行业起着重要的作用，从而推进人类命运共同体的建立。

南非前总统曼德拉曾经说过："一个社会灵魂的显现，就在于它对待儿童的方式与方法。孩子们的幸福康乐应该成为衡量我们成功的基准，他们在任何社会中都是最敏感脆弱的族群，同时也是这个社会最大的财富。"一直以来，由于新加坡和韩国两国的地理位置及自然资源的缺乏，两国将人作为重要的社会资源，将儿童福利政策和儿童福利系统置于重要的位置，重视儿童的发展和成长。根据社会和文化的变化，两国的儿童福利政策包括旨在保护儿童和促进儿童发展的各种支助服务与方案，它们为来自本国不同需求的家庭提供不同的服务。尽管两国的儿童福利政策和制度存在一定的差异，但两种不同的儿童福利政策在设计和实施方面都有一些相似之处，这些相似之处对于共建"一带一路"国家制定自身的儿童福利政策有一定的借鉴之处。值得注意的是，新加坡和韩国儿童福利政策的历史发展会对如何发展不同的且适合本国国情的儿童福利政策所面临的具体挑战提供有价值的经验。

二、新加坡和韩国儿童福利政策的变迁发展

（一）新加坡的儿童福利政策变迁发展

截至 2023 年 1 月 6 日，中国已同 151 个国家和 32 个国际组织签署了 200 余份共建"一带一路"的合作文件。[②] 共建"一带一路"国家在东南亚

---

① 马岩，韦婉，张鸿巍. 新加坡儿童监护的司法干预机制初探——兼谈对我国儿童监护司法干预机制构建的启示 [J]. 山东警察学院学报，2013，25（6）：95-100.
② 已同中国签订共建"一带一路"合作文件的国家一览，https://www.yidaiyilu.gov.cn/xwzx/roll/77298.htm。

地区包括新加坡、印度尼西亚、菲律宾、缅甸等国家。自新加坡 1965 年成为独立共和国以来，已经从一个自然资源稀缺且大部分人民文化水平较低的国家转变成为一个生活水平高度发达的国家。曾经被誉为"亚洲四小龙"之一的新加坡，在东南亚国家中的经济实力最为雄厚，儿童福利政策和儿童权益保护体系最为健全。根据新加坡社会和家庭发展部（the Ministry of Social and Family Development，MSF）的倡议：新加坡是一个没有自然资源的国家，唯一的资源是人民。新加坡必须充分发挥人民的潜力，而一个人发展的关键阶段就是其童年期和青年期。因此，新加坡政府在儿童福利政策方面采取了一系列行动，以保证新加坡儿童能够享受到良好的生活。得益于良好的儿童福利政策，根据 Rahman 等人的研究，他们使用标准化的 Z-分数，研究发现新加坡儿童幸福指数（CWI）在东南亚地区名列第一，数值为 1.71。[①] 从新加坡社会发展历程来看，新加坡儿童福利政策的发展可以分为以下几个阶段：

1. "补缺"型儿童福利政策的建立（20 世纪 30—60 年代）

新加坡 1927 年颁布的《儿童保护法令》（*Children's Ordinance*）标志着儿童福利与儿童保护制度的成立[②]，是一部正式涉及儿童保护的法律法规。1934 年，新加坡颁布的《婴儿监护法》（*the Guardianship of Infants Act*）明确指明对婴儿的抚养权、监护权或对家庭纠纷产生的任何财产的疑问，法院在裁决时，应当以婴儿的福利为首要考虑因素。[③] "二战"后（1946 年 6 月），新加坡社会福利署成立，并制定了不同领域的社会保障政策，奠定了 1949 年颁布的更为综合的《儿童与青年条例》的基础，是新加坡《儿童和青少年法》（*Children and Young Person Act*，CYPA）立法的先驱。[④] 在新加坡，儿童法律框架植根于《儿童和青少年法》，该法案概述了父母和新加坡地方政府为儿童提供照顾和保护的权利和责任。该法律规定年龄在 14 岁以下的儿童称为"child"，14～16 岁的未成年人称为"young person"，因此，

---

① Bin Aedy Rahman H N, Yuda T K. Unpacking the complexities of child well-being in Southeast Asia: Insights for social policy [J]. Asian Social Work and Policy Review, 2022, 16 (1): 4-21.

② 马岩，韦婉，张鸿巍. 新加坡儿童监护的司法干预机制初探——兼谈对我国儿童监护司法干预机制构建的启示 [J]. 山东警察学院学报，2013，25 (6): 95-100.

③ 马岩，韦婉，张鸿巍. 新加坡儿童监护的司法干预机制初探——兼谈对我国儿童监护司法干预机制构建的启示 [J]. 山东警察学院学报，2013，25 (6): 95-100.

④ 李珊. 新加坡保护儿童的程序及启示 [J]. 广西青年干部学院学报，2014 (1): 13-15.

该法对"child"和"young person"的利益进行保护，并处置未成年人犯罪的问题。新加坡政府于"二战"后颁布的《妇女宪章》(*Women's Charter*)用"minor"一词来指"未成年人"，是指21岁以下的未婚者、鳏夫或寡妇。① 该法通过强制规定离婚、已婚人士的权利和义务——保护家庭、赡养妻子、丧失行为能力的丈夫和子女，以及惩罚侵害妇女和儿童罪行来保护妇女及儿童的权利。新加坡对于收养儿童权利的保护始于1939年颁布的《收养儿童条例》(*Adoption of Children Ordinance*)，随着新加坡社会和法律的发展，逐渐形成了《收养儿童法》(*Adoption of Children Act*)，该法案详细说明了儿童在被收养时，收养者应当满足的条件及被收养者享受的权益。这一时期新加坡儿童福利政策和法律的发展将注意力更多地置于对于本国的儿童福利政策和法律空白的填补，即"补缺型"儿童福利政策和法律发展。

2. 国家和社会支援儿童服务的出现（20世纪60—90年代）

1965年，新加坡成为一个独立国家。有关的儿童福利政策也在独立之后开始发展，为此新加坡还推行了"规划您的家庭"的理念，旨在为儿童提供一个良好的成长环境。这一时期，新加坡颁布了《儿童发展方案》，要求采用多学科和基于团队的方法，鼓励家族与专业团体、消费者团体、学校、慈善机构和志愿福利组织、家长团体和协会建立伙伴关系。卫生部与社区发展、青年与体育部（the Ministry of Community Development, Youth and Sports, MCYS），以及全国社会服务理事会下属的社会和社区支持方案要与教育部下属的教育方案建立联系并整合其服务②，这些机构旨在对新加坡儿童成长进行保护，图1展示的是新加坡跨机构儿童福利管理模式。20世纪80年代中期，儿童发育筛查计划在新加坡的妇幼保健诊所开始实施。1988年残疾人问题咨询委员会的报告是建立更好协调的伙伴关系以提高新加坡为特殊需要人口提供的方案和服务质量的转折点。政府成为国家社会服务理事会的平等合作伙伴，为特殊教育提供资金和管理。

---

① 马岩，韦婉，张鸿巍. 新加坡儿童监护的司法干预机制初探——兼谈对我国儿童监护司法干预机制构建的启示 [J]. 山东警察学院学报，2013, 25 (6)：95-100.

② Ho L Y. Child development programme in Singapore 1988 to 2007 [J]. Annals Academy of Medicine Singapore, 2007, 36 (11)：898.

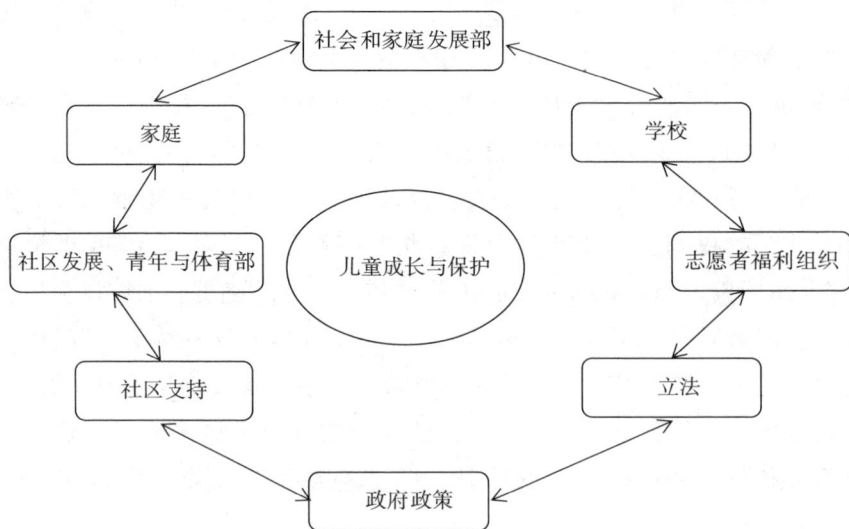

图1 新加坡跨机构儿童福利管理

资料来源：根据新加坡社会和家庭发展部网站资料整理。

在其他方面，1966 年新加坡政府颁布了《托儿所机构法案》(the Creche Establishments Act)，该法案对新加坡的托儿所提出了要求。1988 年颁布的《儿童保育中心法》(Child Care Centres Act) 对《托儿所机构法案》做了进一步的法律补充。该法案强制规定："如果托儿所没有许可证或未按照其许可证的条款和条件使用，则经营或参与管理托儿中心的任何人均属犯罪。一经定罪，可处以不超过 5000 美元的罚款或不超过两年的监禁，或两者并处。"旨在为儿童的健康成长提供一个安全且有保障的环境。

这一时期的儿童福利政策变得更加健全，参与儿童福利的主体变得更多，政府不仅仅制定法律，还鼓励更多社会团体参与进来，为之后新加坡"普惠型"儿童福利政策的发展奠定了基础。

3. "普惠型"儿童福利政策发展阶段（1995 年至今）

1995 年，新加坡正式加入联合国《儿童权利公约》。该公约要求缔约国应采取一切适当的立法、行政、社会和教育措施保护儿童远离身体与心理的暴力、伤害、虐待、疏忽监护及剥削；同时采用各种保护举措确认、报告、调查及处置虐待儿童的案件，且在适当时候，可以要求司法介入。这一公约为新加坡儿童法规的制定和修正提供了国际标准。

1997 年，新加坡建立了有关管理儿童虐待的跨部门工作组来监控、检查和改进保护儿童的跨部门程序，以确定的行动来弥补政策与实际的差距。1998年9月，儿童虐待登记处成立，以促进儿童虐待案件管理机构进行调查。[①] 2001年，《儿童和青少年法》进行了一次大范围的修订，这次修订在关注儿童受虐待的基础上，还明确新加坡儿童的成长应该多方面共同努力，以儿童为中心，将儿童的最大利益放在首位。例如，"删去'负责人'的定义，更多关注儿童的'发展'，发展是指身体、智力、情感、社交或行为的发展"。[②]《儿童和青少年法》明确规定社区发展、青年与体育部是新加坡国家级的儿童权益保护机构。《儿童和青少年法》赋予法院权力，将儿童置于法定监督之下，并命令父母或监护人为儿童提供适当的照顾和监护。如果父母被评估认定不适合照顾孩子，《儿童和青少年法》授权法院将孩子移交给合适的人或转移到安全的地方。与此同时，社会和家庭发展部则是儿童权益保护案件的管理机构，提供了一系列方案来支持有需要的家庭和儿童，包括向低收入家庭提供教育援助和捐赠。社会和家庭发展部的儿童保护服务（CPS）与其他机构合作，如医疗机构、基于社区的志愿社会工作机构、学校、警察、法院和总检察长办公室。新加坡的法治思想深受西欧国家影响，因此，其儿童福利政策与这些国家较相似，有着以下共同点：以育儿补贴为核心的现金补贴与税收减免政策，以延长孕妇产假为内核的育儿休假制度，以幼儿照料为主的社会公共服务体系。

新加坡"普惠型"儿童福利政策尤其体现在为儿童的成长提供直接的经济补助，2001年新加坡通过实施《儿童发展共同储蓄法》(Children Development Co-Savings Act 2001) 旨在鼓励新加坡已婚者生育更多子女，并且直接提供现金补助和为子女发展提供财政补贴。《儿童发展共同储蓄法》通过共同储蓄计划为出生在新加坡的子女的发展提供财政援助，政府将向符合条件的儿童银行账户提供款项，并且该法案还规定父母双方离婚或法定分居后，将父母之间分割的婚姻财产转入儿童的银行账户。在任何婴幼儿护理中心注册的新加坡公民子女都可以参与新加坡政府的《儿童保育津贴》《婴儿保育津贴》《幼稚园学费资助计划》，这些津贴帮助父母支付孩子的学前教育费用，使所有人都能负担得起和获得学前教育。津贴包括基础津贴（基本津贴费率按申请人的就业状况及所参加的课程类别确定）和额外津贴

---

① 李珊. 新加坡保护儿童的程序及启示 [J]. 广西青年干部学院学报, 2014 (1)：13-15.
② 李珊. 新加坡保护儿童的程序及启示 [J]. 广西青年干部学院学报, 2014 (1)：13-15.

（额外津贴是经经济情况调查评估核定的较低收入家庭可获得的较多津贴），并且所有申请该项津贴的父母都可以获得比在职父母更多的补贴，要求在职父母的家庭月总收入不得超过 1.2 万新元或人均收入在 3000 新元以下的新加坡公民的子女可以申请该补贴，补贴金额详见表 1。

表 1   新加坡政府对婴儿和儿童保育的补贴

单位：新元

补贴类型	无工作的申请人		有工作的申请人	
	基础补贴	额外补贴	基础补贴	额外补贴
婴儿补贴 （2~18 个月）	600	≤710	150	N/A
儿童补贴 （18 个月~6 周岁）	300	≤467	150	N/A

资料来源：根据新加坡社会和家庭发展部网站资料整理。

新加坡政府通过《婴儿奖金计划》(the Baby Bonus Scheme) 鼓励已婚公民生育更多的子女，包括现金奖励和儿童发展账户（Child Development Account，CDA）。这份计划提到在 2023 年 2 月 14 日后出生的新加坡新生儿将会获得更好的福利。现金奖励将补贴父母抚养小孩的费用，每半年发放一次，发到孩子满六周岁半①，现金奖励详见表 2。

表 2   新加坡政府对于新生儿的现金奖励

单位：新元

孩子出生顺序	2015 年 1 月 1 日后出生的 孩子（每个孩子）	2023 年 2 月 14 日后出生的 孩子（每个孩子）
第 1 个和第 2 个小孩	8000	11000
第 3 个小孩及更多	10000	13000

资料来源：根据新加坡社会和家庭发展部网站资料整理。

另一种补贴方式是由父母为孩子开设儿童发展账户（CDA），这个账户是新加坡儿童的特别储蓄账户，可以帮助孩子建立储蓄。当 CDA 开通后，孩子将获得 CDA 福利，包括 CDA 开放后自动计入的 CDA 第一笔补助金，

---

① MSF. Baby Bonus Scheme. https：//www.msf.gov.sg/assistance/Pages/Baby-Bonus-Scheme.aspx

以及父母在 CDA 中每存入一美元的政府共同匹配，最高可达表 3 中的共同匹配上限。CDA 一直开放到孩子满 12 周岁。CDA 中的资金对于所有家庭的儿童都适用，可用于支付经教育部（the Ministry of Education）和社区发展和体育部（the Ministry of Community Development and Sports）注册的托幼中心及特殊学校中的费用。① 此外，2009 年，政府还出台了《新加坡儿童及家庭服务经济增强计划》，旨在帮助儿童家庭更好地获得经济支持，发挥他们的社会潜力。自 2010 年起，政府还实施了《全民教育局儿童抚养津贴计划》，以确保家庭在抚养儿童方面能够得到经济支持。

表 3　新加坡政府对于新生儿的现金奖励

单位：美元

孩子出生顺序	2023 年 2 月 14 日或之后出生的符合条件的新加坡儿童的 CDA 组成		CDA 基金总额
	标准	父母存入金额政府补贴（不超过）	
第 1 个孩子	5000	4000	9000
第 2 个孩子		7000	12000
第 3 个和第 4 个孩子		9000	14000
第 5 个孩子及更多		15000	20000

资料来源：根据新加坡社会和家庭发展部网站资料整理。②

（二）韩国儿童福利政策变迁发展

韩国现代儿童福利思想由西方传教士引入。③ 天主教和新教传教士及他们在社会关怀方面的非营利活动对韩国儿童福利政策的形成和发展产生了巨大影响，因此韩国较早推行了现代儿童福利政策。韩国现代社会因为核心家庭化、已婚女性就业增加、家庭解体导致家庭功能恶化等原因，儿童的养育及保护没能在家庭内部得到解决，家庭化程度减弱。低生育率的问题也困扰着韩国社会，而儿童作为会对国家发展作出贡献的潜在人力使韩国政府意识到儿童福利政策的重要性，因此当代韩国儿童福利政策已从选

---

① 贾丙新. 国家、家庭与儿童发展 [D]. 无锡：江南大学，2017.

② MSF. Baby Bonus Scheme. https：//www.msf.gov.sg/assistance/Pages/Baby-Bonus-Scheme.aspx

③ 易谨. 韩国儿童福利法律制度的历史发展与特色 [J]. 青年探索，2012（4）：83-88.

择性的、以需要保护儿童为中心的儿童福利转变为普遍的、以所有儿童为对象的儿童福利，目前已形成了较为完善的儿童福利政策。儿童福利政策的发展可以分为以下几个阶段：

1. 依赖海外援助的阶段（成为独立国家至20世纪60年代）

1948年，韩国成为独立的国家，这一时期韩国处于社会和政治动荡中，全国国民处于贫困之中。以宗教团体为中心的西方援助团体是20世纪50年代韩国儿童福利不可或缺的服务提供者。这一时期是儿童福利发展最活跃的时期，没有政府层面的福利，而是私人层面，即通过外国民间团体的支持实现儿童福利。这一时期的儿童福利政策注重物质资源的分配，主要的举措是通过依赖海外援助和鼓励私人参与进行援助以满足儿童基本的生存需要。1945年，韩国有42所孤儿院，收纳的儿童为1819人，而到了1955年孤儿院增至484所，收纳人数增至50417人，可以看出，当时的儿童福利政策侧重于通过收容设施保护儿童的基本生存。因此，这一阶段的儿童福利政策特点是：第一，儿童福利是一个以救助为主的项目，主要举措是依靠海外的儿童服务工作团体和私人援助；第二，由于政治和战争原因，没有完善的福利政策和行政制度，儿童福利政策处于发展的初期，没有实行任何制度。

2. 儿童福利政策的形成（20世纪60—80年代）

20世纪60—80年代的韩国在总统朴正熙的带领下了开展了"新乡村运动"和"韩国五年计划"，国民经济实现了飞速增长。这一时期也被视作韩国现代福利开始的时期，韩国现代儿童福利制度开始形成，儿童法律和儿童福利政策也逐步发展与完善。

1961年12月30日，韩国颁布了《儿童福利法》，成为韩国儿童的基本法，确保儿童得到健全和幸福的抚养，保障了儿童的基本权利。该法的颁布也标志着韩国现代意义的儿童福利政策的开端。[①] 这一时期颁布的儿童法律还包括1961年的《孤儿收养特例法》、1963年的《儿童福利法实施条例》、1967年的《孤儿收养特例法实施令》。尽管制定了《儿童福利法》，但20世纪60年代的韩国儿童福利依然依靠民间的慈善家或外国援助机构的

---

① 韩国政府法律网站，https://law.go.kr/。

支援，60 年代末韩国的收容所增加到约 570 所，收纳儿童约 7 万人。①

20 世纪 70 年代的韩国经济增长使绝对贫困的孤儿、饥饿儿童、走失儿童的数量减少，因此为保护儿童作出重大贡献的外国民间援助组织也随着国民收入的增加而撤离。这一时期的儿童福利更多由国家干预解决，除了制定《儿童福利法》外，政府还颁布了各种与儿童有关的法令。例如，1973 年颁布的《妇幼保健法》旨在为孕妇和婴儿的精神和身体健康分配医疗福利；1977 年颁布的《特殊教育法》为残疾儿童提供了教育机会，保障了他们的基本权利。这些法律的颁布，使得韩国儿童福利政策开始向国家中心体制转变。根据韩国《卫生和社会白皮书》，20 世纪 70 年代的儿童福利政策所面向的对象依然是需要保护的儿童（如在战争中受伤、失去双亲的儿童），是有选择性的。这个时期开展的儿童福利项目和目标儿童见表 4。

表 4　韩国《卫生和社会白皮书》（各年度）

项目	目标儿童
设施保护项目（通过外部审计增加政府支持）	受保护儿童（战争孤儿和处境不利的儿童）
寄养和收养（1962 年起推进援助寄养儿童，1976 年起推进国家寄养）	受保护的儿童
儿童咨询项目	受保护的儿童
保姆业务	贫困家庭的儿童

资料来源：根据韩国卫生与公众服务部资料整理。②

3. 儿童福利政策面向所有儿童阶段（20 世纪 80—90 年代中期）

20 世纪 80 年代，韩国"先增长再分配"的先行主义停滞，导致韩国社会两极分化较大，国民也要求政府更加注重社会整体的公平。因此，政府更加关注社会整体的发展，韩国的福利政策也随着社会的变化而变化，如第六共和国时期实行的三大社会福利制度指出（医疗保险、国民养恤金、最低工资制度）受福利对象包括全体韩国公民。

在儿童福利方面，韩国政府于 1981 年对《儿童福利法》进行了第一次全面修改，并开始实施福利政策，以满足儿童的非物质和心理需要。《儿童

---

① 李奉柱，尹丽花. 韩国儿童福利的历史、现状与挑战 [J]. 社会保障评论，2020，4（3）：107-119.

② 韩国卫生与公众服务部网站，http：//www. mohw. go. kr/eng/index. jsp。

福利法》规定,国家、社会和父母有责任确保所有儿童及受保护儿童的福利,以便儿童健康的出生、成长。1988 年,韩国卫生与公众服务部发布的《卫生和社会白皮书》中提出的福利原则之一为:国家有责任为儿童家庭提供必要的支持,继续坚持家庭保护的原则,在政府层面将儿童福利受惠对象拓展为韩国全部儿童。20 世纪 90 年代,韩国经济飞速发展,在儿童福利方面,为使韩国儿童福利的内容符合国际标准,1991 年韩国加入了联合国《儿童权利公约》,旨在保护儿童的基本权利。[①] 这一时期也是儿童福利领域和内容多样化、细致化的时期。1991 年 1 月 14 日,韩国政府通过了《婴幼儿保育法》,该法案的制定尽管旨在促进女性就业,但在内容上阐明了韩国政府对未满 6 岁儿童的保育责任,进一步细分儿童的概念,实施具体的福利政策。青少年咨询项目从 20 世纪 90 年代开始逐渐扩大,这意味着儿童的心理和情感需求得到满足,是儿童的基本权利。政府一级对儿童福利的发展比公益事业更积极。

4. "普惠型"儿童福利政策的发展(1994 年至今)

韩国第六个经济发展计划加强了福利理念,提出"最大限度地促进家庭和社区的福利职能""最大限度地调动民间福利资源"的福利私有化和家庭优先主义,一种"自下而上"的全民福利制度开始出现。随着 1994 年的生命权宪法诉讼和 1995 年的《社会保障基本法》的制定,韩国社会展开了保障国民最低基本福利的运动。1999 年,韩国通过了《国民基本生活保障法》,标志着包括儿童福利政策在内的国家福利体制的确立。

这一时期韩国儿童福利政策发展的重点之一是儿童保护、福利与全面发展。2000 年 1 月 12 日,韩国政府对《儿童福利法》进行了第二次全面修改,该法案的目的是"应当保障儿童健康出生以及快乐、安全成长的权利",标志着"普惠型"儿童福利政策在韩国正式确立。与前几个阶段不同的是,这次对《儿童福利法》全面修改所面向的对象不再是需要保护的儿童,而是面向所有儿童成长的各个方面。主要体现在:首先,儿童福利设施增至 9 类,即儿童保育设施、儿童日间保护设施、儿童保护治疗设施、儿童职业培训设施、自力更生支助设施、儿童短期保护设施、儿童咨询处、儿童专用设施、儿童福利馆,具体功能见表 5。其次,增加儿童基本理念,

---

① 李奉柱,尹丽花 . 韩国儿童福利的历史,现状与挑战 [J]. 社会保障评论,2020,4(3):107-119.

修改后的法案规定"儿童成长时，不得因自身或父母的性别、年龄、宗教、社会地位、财产、残疾、出生地等而受到任何歧视，在涉及儿童的所有活动中，应优先考虑儿童的利益"。最后，增加了对儿童虐待保护的条款，如第24条规定"国家、各市应当设立儿童保护专门机构，负责发现、保护和治疗受虐待儿童，防止虐待儿童。但是，在总统令规定的范围内，可以指定儿童咨询所、儿童福利设施、防止虐待儿童协会等非营利法人为儿童保护的专门机构。"

表5 韩国儿童福利设施[①]

种类	功能
儿童保育设施	旨在照顾、保护和抚养需要保护的儿童
儿童日间保护设施	旨在保护需要保护的儿童，并制定未来对儿童的养育措施和保护措施
儿童保护治疗设施	有不良行为的儿童，没有监护人或监护人申请进入的儿童，或由地区法院少年部支助的儿童，目的是引导他们成为健康的社会成员
儿童职业培训设施	旨在使15岁以上的儿童和生活困难家庭的儿童获得自立所需的知识和功能
自力更生支助设施	旨在通过保护从儿童福利机构离开的人的就业准备期或就业后一段时间来支持被保护者自力更生的设施
儿童短期保护设施	在一般家庭有保护儿童的临时需求时，短期保护儿童，并采取必要的支助措施为家庭福利提供支助
儿童咨询处	用于咨询、治疗、预防和研究儿童及其家庭问题的设施
儿童专用设施	如儿童公园、儿童游乐区、电影、科学实验展览设施等，旨在为儿童提供健康娱乐等各种便利，为身心健康、增进福祉提供必要服务的设施
儿童福利馆	旨在为社区儿童的健康提供维持身心健康和增进福利所需服务的设施

资料来源：根据韩国《儿童福利法》整理。

这一时期韩国儿童福利政策发展的重点之二是儿童福利行政机构的设立。2004年1月29日，韩国对《儿童福利法》进行了部分修改，其中较为引人注意的是修改后的第4条，即设立儿童政策协调委员会，负责制定促进儿童权利和健康出生、成长的综合儿童政策，协调有关部门的意见，并监

① 韩国政府法律网站，https：//law.go.kr/。

督和评估政策执行情况。儿童福利设施种类在这次的修改后也增加到 11 类，增加的 2 类分别是共同生活的家庭——旨在向需要保护的儿童提供住房条件和保护设施及社区儿童中心——旨在为儿童的健康发展提供全面的儿童福利服务设施，包括保护社区儿童的教育、提供健全的游戏和娱乐以及保持与监护人和社区的联系。

这一时期韩国儿童福利政策发展的重点之三是儿童福利立法和政策的完善。2000 年 2 月 3 日，韩国通过了《青少年性保护法》，强制规定韩国公民不得对青少年实施性暴力并且不得从事青少年性交易。2004 年 2 月 9 日，韩国通过了《青少年福利支援法》，在保护青少年的权利、提高青少年福利、加强青少年心理和身体健康，以及给予青少年特别支持等方面做出了详细规定。2005 年 7 月 13 日，韩国对《儿童福利法》进行了部分修改，增加了儿童委托寄养服务，旨在将一定时期的儿童委托交给部分家庭，并对家庭的责任进行了规定。2011 年 7 月 14 日，《儿童贫困法》为贫困儿童在福利、教育、文化等领域不被边缘化和歧视，并作为一个社会成员健康成长奠定了制度基础。2018 年 3 月 27 日，为增进儿童福利，韩国政府通过了《儿童津贴法》，旨在减轻抚养儿童的经济负担和创造健康的成长环境，定期向儿童发放津贴。

三、新加坡与韩国儿童福利政策的比较

新加坡和韩国在亚洲属于发达国家，尽管这两个国家的国情、人口构成等有所不同，但是两国都是重视儿童福利制度的发展和儿童权益保护的国家。本报告的前面部分介绍了新加坡和韩国儿童福利政策的历史发展与变革，下面对新加坡和韩国的儿童福利政策进行对比，以发现两国儿童福利政策之间的共同点与差异。

（一）新加坡和韩国儿童福利政策的共同点

1. 明确了儿童福利的责任

儿童福利既可以来源于家庭，也可以来源于家庭以外政府的政策正式供应。同样地，社区、学校及市场也可以为儿童服务提供收费或免费的非正式供应。与经济落后的国家相比，新加坡和韩国两国的儿童成长已经摆脱了传统型的家庭成员照顾或依赖非正式供应来帮助儿童的健康成长的模式，两国儿童福利政策的发展已经能够将帮助儿童健康成长的主体或机构

结合起来，在早期的教育、医疗、教师培训、年轻父母培训、"科学养育儿童"讲座等领域，为儿童健康成长保驾护航。

新加坡的《儿童和青少年法》明确规定社区发展、青年与体育部是国家级的儿童权益保护机构，社会和家庭发展部的儿童保护服务（CPS）与专业的儿童成长的相关部门，如国家、地方政府、社会、家庭合作，他们共同处理儿童成长过程中难以解决的事项。新加坡有许多"支持家庭"的政策，例如，"学前儿童家长教育计划"旨在将育儿计划、资源及经验传授给低龄儿童的父母，让他们从家庭出发给予后代更好的教育；"发展支援计划"旨在为经医生诊断患有轻度发育状况（如学习困难、言语和语言发育迟缓及行为问题）的儿童提供早期干预，目的是帮助这些儿童克服其轻度发育状况，并顺利地过渡到主流小学教育；2013 年 10 月 10 日，"家庭生活教育计划"颁布，新加坡将在未来 3 年培训 150 名志愿者，以帮助学校和社区共同促进"家庭生活教育计划"。上述计划看似是"支持家庭"，实则需要多部门协同合作完成。

韩国的《儿童福利法》《青年基本法》和《青年保护法》明确规定了国家、地方政府、社会、家庭培育儿童的责任。[①] 2023 年 3 月 14 日，通过的《儿童福利法》第四条规定：国家和地方政府应当制定政策，支持儿童及其监护人和家庭促进儿童的安全、健康和福祉；国家和地方应当制定政策，促进受保护儿童和受抚养儿童的权益；国家和地方政府应采取必要的措施，确保儿童不因其本人或父母的性别、年龄、宗教、社会地位、财产、残疾、出生地或种族等原因受到任何形式的歧视。不论是法律或者是关乎儿童成长的计划都明确规定国家、地方政府、社会、家庭培育儿童的责任，而且还给予弱势主体一定的支持。

2. 健全的儿童福利法律体系

经过长时间的发展，新加坡和韩国都有核心儿童法律制度（即新加坡的《儿童和青少年法》和韩国的《儿童福利法》）为其他儿童福利政策或法律制度做框架。以这两部法律为核心的法律覆盖了儿童福利、保护、教育、家庭等多方面、全方位的儿童政策。母婴权益保护方面的法律包括新加坡的《妇女宪章》和韩国的《婴幼儿保育法》《学校保健法》；在帮助家庭扶

---

① 易谨. 韩国儿童福利法律制度的历史发展与特色 [J]. 青年探索, 2012 (4)：83-88.

持儿童成长方面的法律包括新加坡的《儿童保育津贴》《婴儿保育津贴》和韩国的《儿童津贴法》《青少年援助法》《经济教育支援法》；儿童教育的法律包括新加坡的《教育法》《幼儿发展中心法》《教育捐赠和储蓄计划法》等和韩国的《幼儿教育法》《中小学教育法》《托儿法》等；对于儿童保护方面的法律包括新加坡的《幼儿监护法》《家庭司法法》《弱势成年法案》等和韩国的《青少年保护法》《防止家庭暴力和保护被害人法》《青少年保护法》等。新加坡和韩国的儿童福利政策已经从"补缺型"福利制度过渡到"普惠型"福利制度，这得益于两国完善的儿童福利法律。这样的结果也符合国际标准即《儿童权利公约》的要求。

3. 对儿童福利持续性的考虑

新加坡和韩国的儿童福利政策考虑到了同水平层次（如家庭、社区、志愿者服务）的相互照应，也考虑到垂直层次（如国家、地方政府）的直接服务提供或政策优惠，并且这两种方式是持续性的。例如，新加坡政府对儿童的医疗保健源于妇女的怀孕期，他们鼓励新加坡的怀孕妇女去公立或私人诊所进行高质量且负担得起的产前检查，以保证未出生婴儿的健康发育。新加坡卫生部还要求在新加坡出生的儿童必须在出生时或处于童年不同的时期接受强制性疫苗接种，以预防可能存在危险的传染病，如腮腺炎、麻疹、风疹、破伤风和脊髓灰质炎等疾病。在儿童上学期间，学童牙科服务为儿童及青少年提供免费的牙科检查及护理。[①] 相应地，韩国政府在儿童的婴幼儿期有保育政策、儿童保护政策及婴幼儿身体和精神健康领域的政策；在儿童期，有《儿童津贴法》为贫困家庭的儿童健康成长提供帮助。儿童期作为儿童成长的关键时期，韩国相关的政策体现在儿童犯罪、防止儿童受家庭暴力、保护儿童不受虐待、防止儿童网络成瘾等，这一时期的政策干预会比婴幼儿时期完善；青少年时期的政策倾向对青少年犯罪、青少年性保护、青少年危急支援等治疗性政策，同时增加了对弱势青少年学业经济援助的服务。

（二）新加坡和韩国儿童福利政策的差异

新加坡和韩国都致力于提高儿童的生活质量、促进儿童健康和发展、保护儿童权益等。但是儿童福利政策存在一些不同，主要体现在以下几个

---

① Pathy P, Yuxuan Cai S, How Ong S, et al. Child protection and children's rights in Singapore [J]. Adolescent Psychiatry, 2014, 4 (4)：242-250.

方面：

1. 政策覆盖的人群不同。由新加坡保育津贴针对不同的父母和家庭所给予的补贴可以看出其儿童福利政策主要针对低收入家庭和特殊需求儿童，而韩国则有更广泛的儿童福利政策，包括儿童医疗保健、教育、文化和体育活动等。

2. 政策重点不同。新加坡的儿童福利政策重点是提供直接的经济援助和社会保障，例如通过儿童发展基金会和新加坡低收入家庭援助计划来提供资金，支持服务家庭解决住房问题，提供家庭暴力帮助、额外的房屋津贴、儿童津贴、学费津贴等。而韩国的儿童福利政策更注重提供全面的发展机会和资源，例如通过提供免费的幼儿园和中小学教育、免费的儿童保健服务等来促进儿童全面发展。

3. 政策执行方式不同。新加坡的儿童福利政策主要由政府机构直接管理和执行，例如社会和家庭发展部门和儿童发展基金会。而韩国的儿童福利政策更注重社区和地方政府的参与与贡献，例如韩国设有儿童发展中心和社区儿童中心等地方机构，为儿童提供各种支持和服务。

4. 政策融入国家发展战略的程度不同。新加坡的儿童福利政策更紧密地融入了国家的发展战略和经济政策，例如通过投资教育和人力资源发展来提高国家竞争力。而韩国的儿童福利政策更注重人民幸福和社会公正的实现，例如通过推进家庭友好政策和发展社区资源来提高民众的生活质量。

虽然新加坡和韩国在儿童福利政策上存在一些不同，但都是以促进儿童全面发展和提高家庭生活质量为出发点的，这也表明了不同国家在政策制定时需要考虑和权衡的因素。

四、总结与建议

（一）总结

自 19 世纪 80 年代德国成为第一个福利国家后，福利成为决定现代国家性质的主要因素。近年来，由于出生率上升和有 18 岁以下儿童的家庭数量增加，共建"一带一路"国家对儿童福利服务的需求也在增加。这些国家的政府还面临提供足够资源以满足日益增长的服务需求的挑战，这就要求建立新的政府机构和项目来提供必要的服务，以满足这些家庭的需求。因此，现有的政府机构需要扩大其服务范围，尤其是儿童福利政策领域。然而，有许多共建"一带一路"国家还没有认识到制定和实施儿童福利政策的重要性，尽管他们制定出许多面向儿童福利的法律和政策，但是这些政策未曾考虑国家的儿童现实的发展情况，更多的是对本国的儿童福利政策进行补缺。

儿童是一个国家与民族的未来，是一个国家未来重要的人力资源。新加坡和韩国儿童福利政策的变迁发展体现了儿童福利法律的重要性，因为法律规范能明确儿童福利的责任主体。新加坡的房屋津贴、儿童津贴、学费津贴，以及韩国的免费幼儿园服务都减轻了家庭的负担。两国儿童的福利源自社会组织和社会团体的力量援助较多，体现出两国一直以来对儿童福利的实践与重视。新加坡和韩国的儿童福利政策通常以多种战略为基础，例如通过以社区为基础的组织向有儿童的家庭提供援助，建立以儿童法律为框架核心的儿童福利法律和制度体系，设立相应的服务机构为儿童提供福利、为儿童成长的家庭提供帮助、为儿童成长提供保护，以及制订鼓励儿童健康发展的教育方案。

（二）建议

本文对共建"一带一路"国家儿童福利政策的发展建议如下：

1. 健全儿童福利保障的法律规范

许多共建"一带一路"国家有关儿童的法律缺乏全面的、有针对性地明确儿童权利和将儿童作为发展主体的儿童福利制度与政策，甚至在宪法中鲜有涉及未成年人权益的特殊规定。尽管有的共建"一带一路"国家制定了针对儿童福利的法律，但是大多抽象笼统，且是应对性和防御性的一般性法规或意见，规定过于原则化，有些法律属于命令性规范，缺乏指导儿童福利工作所需的立法和规范。① 根据前文的介绍，新加坡和韩国儿童福利保障的法律非常多元化且健全，其中规定了与儿童成长有关主体（如家庭、社区、地方政府等）的责任，同样，这些法律的颁布使得有关儿童福利机构有法可依，保障了有关儿童福利工作者操作的科学性和有效性。

2. 健全儿童福利自助、互助、共助的形式

新加坡和韩国儿童福利参与的主体除了家庭以外，还有其他不可忽视的主体，调动社会力量、推进国家和地方政府参与到儿童福利政策的制定

---

① 邓元媛．日本儿童福利法律制度及其对我国的启示［J］．青年探索，2012（3）：80-84.

中来，可确保儿童福利服务提供的多元化。

根据前文的介绍，新加坡儿童福利政策由社会和家庭发展部直接负责，并与其他机构合作，如卫生保健机构、以社区为基础的志愿社会工作机构、学校、警察、法院和总检察长办公室；"二战"和朝鲜战争后的韩国儿童福利服务由海外儿童福利团体提供，这部分的社会援助可以使得社会力量参与儿童福利提供，也有利于缓解国家财政危机。社区及地区政府的自治行为发挥了很大的作用，同时不可忽视社会组织所发挥的作用，建立以政府政策为引导，家庭、社会组织、社区等共同参与的儿童福利保障体系。

在健全儿童福利自助、互助、共助的形式时，可以对相应的项目进行实验，以便共建"一带一路"国家可以制定符合国情的形式。具体方法是：采用混合方法，包括定量和定性方法，为项目制订评估计划研究；协调管理项目实施，根据需要向社区组织提供技术援助；获得支持项目实施的资金，支持社区组织的努力；考虑到所服务社区的人口多样性；评估项目并做出必要的调整以确保项目成功。①

3. 推动儿童福利政策向"普惠型"体系发展

新加坡和韩国是亚洲的发达国家，这两个国家的儿童福利机构在推动儿童福利政策时也更加容易得到来自政府的资源支持。但是，这并非意味着经济贫困的国家或发展中国家不能推进儿童福利政策。相反，对于经济贫困的国家或发展中国家来说，儿童福利更是应该被优先考虑的政策之一，因为儿童代表一个国家的未来。

根据前文的介绍，我们发现新加坡和韩国在儿童福利政策方面的坚持和深耕。新加坡和韩国在儿童福利政策上的成就不是一蹴而就的，他们都是在长期的实践中逐渐积累经验，才取得很好的成果。因此，对于儿童福利政策的推动，需要长期坚持不懈的努力。同时，政策制定者也需要不断地进行实践和探索，以适应不断变化的社会环境和需求。

在未来，我们希望看到更多的共建"一带一路"国家可以像新加坡和韩国一样，将儿童福利政策作为一个重要的议题，并在不断地实践中取得更好的成果。我们相信，只有让更多的孩子享有更好的福利和保障，才能让整个社会更加和谐、稳定和繁荣。

---

① Centers for Disease Control and Prevention. The social - ecological model: A framework for prevention [J]. 2015.

参考文献

[1] 马岩，韦婉，张鸿巍．新加坡儿童监护的司法干预机制初探——兼谈对我国儿童监护司法干预机制构建的启示［J］．山东警察学院学报，2013，25（6）：95-100．

[2] 李珊．新加坡保护儿童的程序及启示［J］．广西青年干部学院学报，2014（1）：13-15．

[3] 贾丙新．国家、家庭与儿童发展［D］．无锡：江南大学，2017．

[4] 易谨．韩国儿童福利法律制度的历史发展与特色［J］．青年探索，2012（4）：83-88．

[5] 李奉柱，尹丽花．韩国儿童福利的历史、现状与挑战［J］．社会保障评论，2020，4（3）：107-119．

[6] 邓元媛．日本儿童福利法律制度及其对我国的启示［J］．青年探索，2012（3）：80-84．

[7] Ho L Y. Child development programme in Singapore 1988 to 2007［J］. Annals Academy of Medicine Singapore，2007，36（11）：898.

[8] Bin Aedy Rahman H N, Yuda T K. Unpacking the complexities of child well-being in Southeast Asia：Insights for social policy［J］. Asian Social Work and Policy Review，2022，16（1）：4-21.

[9] Pathy P, Yuxuan Cai S, How Ong S, et al. Child protection and children's rights in Singapore［J］. Adolescent Psychiatry，2014，4（4）：242-250.

共建"一带一路"国家
生育激励政策比较与启示[*]

贾志科　牛靖男　高　洋　刘　慧[**]

摘　要：目前，在 150 多个共建"一带一路"国家中，有 57 个国家的总和生育率已经降到了人口世代更替水平之下。为应对生育率过低的问题，很多国家采取了激励型的生育政策来提高生育水平。中国也正面临严峻的生育问题挑战。本文以共建"一带一路"成员国为研究对象，总结和归纳了各大洲的生育政策内容及政策效果，并通过对各国现行的生育激励政策进行比较，为我国生育支持政策体系的构建和完善提供参考借鉴，主要包括：注重经济支持，关注家庭需要；宣传生育文化，关注个人需求；保护女性权益，营造友好的生育环境；加强基础设施建设，扩大公共托育服务范围。

关键词："一带一路"国家；生育激励政策；人口政策

近年来，为提升我国育龄妇女的生育水平，党和政府不断调整计划生育政策，2013 年实行"单独二孩"政策，2015 年放开"全面二孩"政策，2021 年开始实施"三孩"政策。生育政策的接连调整产生了一定的效果，但仍然无法从根本上解决出生率不断走低而带来的一系列社会问题。根据 2020 年中国第七次人口普查数据，2010—2021 年我国 0~14 岁的儿童青少

---

　* 本报告受到国家社科基金重点项目"家庭养育成本及其对生育决策的影响研究"（21ARK006）的资助。

　** 贾志科，河北大学哲学与社会学学院教授、博士生导师，河北省科协智库省情研究基地首席专家，主要从事人口社会学、青年社会学和社会调查研究方法等领域的研究；牛靖男，河北大学哲学与社会学学院 2020 级社会工作专业硕士研究生；高洋，河北大学哲学与社会学学院 2020 级社会学专业硕士研究生；刘慧，河北大学哲学与社会学学院 2022 级社会工作专业硕士研究生。

年比重上升了 1.35%，而 60 岁及以上的老年人口比重则上升了 5.44%。2013 年以后生育政策的调整使得儿童青少年所占比重虽有所提升，但其增长速度远低于老年人口所占比重，人口年龄结构越来越呈现出失衡的态势。

造成我国生育率下降的影响因素很多，其中包括：城市化的发展，生育成本的提升；"养儿防老"等传统生育观念的影响力下降；以医疗卫生、妇幼保健和儿童托育服务为核心的公共服务支持体系与社会保障制度不够健全；家庭规模日益小型化导致传统的代际照料模式趋于弱化；女性社会地位的提高与女性权益保障之间的冲突；等等。这都会直接或间接地影响我国的生育率水平。① 值得注意的是，生育成本包括家庭成本和社会成本，虽然生育成本的分担主体包括家庭、国家和用人单位三方，但是家庭付出的生育成本占比较大，国家和用人单位的分担不足，生育保障制度不够完善，导致适龄青年的生育意愿比较低。② 本文主要以共建"一带一路"国家为例深度分析和对比共建"一带一路"国家的生育政策在影响国民生育中起到的作用，并结合我国国情提出相应的建议。

一、共建"一带一路"国家生育政策基本现状

目前共建"一带一路"国家遍布亚洲、欧洲、美洲、非洲和大洋洲，非洲国家占比最大。其中有 51 个国家的生育率均处于或低于生育更替水平。

（一）亚洲国家生育政策现状

亚洲地域辽阔，将近 30% 的共建"一带一路"国家地处亚洲，各国的国情、经济基础、文化背景等方面也有较大差异，这就造成了亚洲各国的生育政策种类繁多的实际情况。

首先是以韩国为代表的发达国家，目前面临着超低生育率与重度人口老龄化的人口危机。为应对人口结构失衡所带来的问题，韩国一改之前的中立态度，转而实行激励型生育政策。依照其国内实际情况从结婚、生育、养育和工作与家庭平衡四个方面入手建立完整的政策体系。国家加强青年就业和新婚家庭的对接式居住支援来使适龄青年的婚姻关系更加稳定；通

---

① 张孝栋，张雅璐，贾国平，等．中国低生育率研究进展：一个文献综述［J］．人口与发展，2021（6）：9-21.

② 宋健，周宇香．全面两孩政策执行中生育成本的分担——基于国家、家庭和用人单位三方视角［J］．中国人民大学学报，2016（6）：107-117.

过扩大对怀孕及生育的医疗支援和提高包容性家庭的认知度来从物质和精神两个方面提升适龄青年的生育意愿；采用对接式保育及儿童照顾服务和可以增强家庭幸福度的教育改革来营造良好的养育环境，促进有子女夫妻的再生育行为；通过实现男女平等和改善中小企业及非正式员工的养育环境来削弱因生育而产生的负面影响，减少适龄青年的生育顾虑。[①]

其次是以越南为代表的正在由计划生育政策转变为生育激励政策的发展中国家。1975 年，越南南北统一之后，人口问题第一次被写进越共全国大会的决议当中，越南开始实施"奖罚结合"的计划生育政策。生两胎或两胎以下的家庭会受到奖励，生两胎以上的家庭会受到相应的惩罚。越南部分地区随着时间的推移也开始面临生育率低的问题。2020 年，越南政府总理阮春福签署批准了《符合地区生活水平调整计划》，其主要内容是在生育率高的地区坚持原有的生育政策不改变，在生育率低的地区转变为鼓励生育的政策，最终达到每个家庭都生育两个孩子并减少第三个孩子出生的目的，旨在解决经济社会条件发展较好的大城市中人们无子或少子而经济社会条件恶劣地区出生率偏高的问题。[②]

再次是新加坡，其与越南和韩国都有相似之处。在经历了近十年的计划生育政策之后，新加坡的总和生育率降到了更替水平之下，与越南类似的是，新加坡一开始也采取的是有条件的鼓励生育政策。1984—2000 年，政府将目光放在生育意愿偏低的高学历女性身上，实行鼓励精英群体多生育子女的优生政策，但是效果不佳。所以从 2000 年开始实行与韩国类似的全面生育激励政策。与韩国不同的是，新加坡没有采取直接的婚姻政策，而是借助提升购房优惠等措施对青年的婚姻进行物质帮助；在生育方面不断扩充产假和陪产假来保障女性的生育权益，育龄女性可以享受 16 周的产假，其丈夫可以同时享受 2 周陪产假；在养育方面通过现金补助的方式实行"婴儿红利计划"、父母税收返还和新生儿保健储蓄补助等措施来减轻育儿家庭的经济压力；在教育方面拥有较高教育程度的夫妇生育 3 个及以上的孩子可以享受优先接受教育的权利。

---

① 韩松花，孙浩男. 韩国鼓励生育政策体系改革及启示［J］. 延边大学学报（社会科学版），2020（1）：15-23，139.

② 第 588/QD-TTg 号决定：关于调整适合各区域和受试者的生育水平的方案［EB/OL］. (2020-4-28)［2022-01-07］https://luatvietnam.vn/y-te/quyet-dinh-588-qd-ttg-chuong-trinh-dieu-chinh-muc-sinh-phu-hop-cac-vung-183021-d1.html.

伊朗激励生育政策与宗教信仰相结合是其主要特色。在伊朗的历史上有两个时期实行过激励生育政策:一是1979—1987年,该阶段政策的主要特点是强制性较强,自由度较弱。其内容包括宣布堕胎流产是违法行为,同时降低男女结婚年龄,允许怀孕妇女享有产假,妇女每天在工作时间可以用一小时给孩子喂奶等。二是2021年伊朗的人口政策出现重大转向,包括颁布《人口与安排家庭法》,撤回以前控制人口增长措施的资金,同时从文化层面借助宗教信仰号召人民回归到多子女家庭的传统中,鼓励他们建立更大的家庭。

(二) 非洲国家生育政策现状

非洲是共建"一带一路"国家最多的大洲,是"一带一路"的重要组成部分。非洲属于人口转变进程较迟缓的地区,尤其是南非大部分地区还处于死亡率下降、生育率长期居高不下的阶段,是21世纪世界人口增长较快的主要地区。但是为了避免人口红利转变为人口负债,多数非洲国家都开始实行计划生育政策。

一方面是由于生育率较高、人口过多,基础设施跟不上庞大的人口数量而进行的计划生育政策,以北非国家埃及为代表。埃及政府于1985年1月设立"人口和家庭生育计划最高理事会",主要负责制订和支持家庭生育计划。2014年以来,埃及政府加大了计划生育工作的力度,掀起了具有全国规模的计划生育运动并提出"一对夫妇只生两个孩子"的口号。除此之外,在民间普及教育、改善妇幼保障条件、提升妇女社会地位等相关措施在近几年取得很大成效。[①]

另一方面由于死亡率下降,生育率居高不下而使一部分南非国家难以由人口红利窗口期转变为人口红利期,因此很多南非国家选择采用计划生育政策来降低生育率。20世纪70年代,南非、津巴布韦、肯尼亚和加纳等少数几个国家启动了计划生育方案,但只有南非在2010—2015年将总和生育率降到了2.6,其他3个国家虽没有南非的效果显著,但也将生育率降到了4左右。[②]

(三) 欧洲国家生育政策现状

欧洲国家的生育率下降是一个极为漫长的过程。早在1920年,超过半

---

① 车效梅,张亚云.开罗都市进程中的人口问题 [J].西亚非洲,2009 (5):51-58,80.
② 梁益坚,王锦.撒哈拉以南非洲人口红利及国家政策取向 [J].西亚非洲,2018 (6):44-68.

数的欧洲国家总和生育率已经低于更替水平。虽然 20 世纪 40 年代中期受"二战"的影响，大部分欧洲国家的生育率有所上升，但是到 1960 年后，欧洲各国的生育率开始再次下滑。① 因此欧洲国家多实行的是生育激励政策，主要是从经济刺激、颁布平衡家庭和工作的措施、营造良好的生育环境三个方面来制定政策内容。

俄罗斯在经济方面设立了孕妇月津贴、居家照顾津贴、每月育婴假津贴等 6 种津贴，同时设立母亲基金用于改善住房条件、子女教育支出、母亲的养老储蓄金积累及残疾子女的医疗康复支出抵偿等。在育儿服务方面，俄罗斯建立了大学教育之外其他阶段教育皆为免费教育的教育体系和公私相辅相成的多层次托育体系。在工作—家庭平衡方面，多次延长产假时间。在文化宣传上，通过设定光荣母亲勋章的方式强调人口在家庭和社会中的重要性，并向多子女家庭授予"光荣父母勋章"以提升生育多孩育龄女性的社会地位。在生育环境方面，在为单身妈妈提供良好经济支持的基础上，鼓励女性独自抚养子女，建立了单亲友好型的良好社会环境。

波兰于 2021 年 6 月颁布《2040 人口战略》草案来帮助波兰走出低生育率困境。在经济刺激方面，提出根据家庭子女数量进行住房贷款减免等经济措施，这些经济措施也是对现有政策如"家庭 500+计划"的补助措施。在平衡家庭与工作方面，政策提出为孕妇和 4 岁以下儿童的父母提供弹性工作和减少工作时间的保障，规定雇主不得因工作时长而歧视雇员或剥夺雇员的特权，将与 40 岁以下的人员签订固定期限雇佣合同的限制调整为最多 2 份合同且总期限不超过 15 个月，保护父母双方不被解雇等具体措施。在营造良好的生育环境方面，创建一个解决生殖健康问题的示范中心。该中心为不孕不育的夫妇、流过产的妇女、待产的妇女及产后的家庭进行全面、高度专业化的护理，提高医务人员及患者在此方面的教育并提供日后开展科学研究活动的可能性。②

随着时代的发展，匈牙利实行的生育政策在不断变化。20 世纪 50 年代，政府首次推出限制堕胎和避孕的政策措施，但由于公众的反对，这些

① 茅倬彦，申小菊，张闻雷. 人口惯性和生育政策选择：国际比较及启示 [J]. 南方人口，2018（2）：15-28.

② 波兰《2040 人口战略》的基本内容与可能性效应 [EB/OL].（2020-07-22）[2022-01-07]. https://mp.weixin.qq.com/s/4dKJgMVR6HSMwRB2zg_ frw.

措施很快被放松，在一定程度上导致了堕胎数量在短时间内激增，出生率下滑，直到 60 年代初这种情况才有所缓解。1967 年，政府推出了产妇津贴，这种带薪产假可以保证母亲照顾幼儿直至其 3 岁并获得经济保障。1973 年，开始实行家庭津贴，年轻夫妇可通过廉租房和无息住房贷款获得福利以改善他们的住房条件。1985 年，政府通过了新的人口政策，以解决生育率下降和人口负增长的问题。这些措施包括调整育儿假工资、对大家庭进行税收减免及将家庭津贴的发放范围扩大到失业父母等。匈牙利社会主义终结后，历届政府继续实施家庭政策，支持家庭提高生育率，尽管优先事项和支持程度发生了变化（Spéder，2015）。① 匈牙利现政府依旧非常重视人口问题，2016 年推出了一项"创造家园"计划用以支持现有或计划有 3 个孩子的夫妇。从 2018 年开始，有 3 个或 3 个以上孩子且房屋有抵押贷款的家庭可以扣除债务。第 3 个孩子出生后扣除 100 万匈牙利福林，以后每个孩子出生后再扣除 100 万福林。2020 年 1 月 1 日，为抚养 4 个或 4 个以上子女的母亲引入了一项新的免税额，且适用于任何其他免税额之前。2020 年初，匈牙利政府还宣布将在国营诊所为育龄夫妇提供免费的体外受精治疗。

欧洲国家多为发达国家，经济实力雄厚，因此其生育激励政策主要体现在各种经济刺激和家庭—工作平衡方面。在营造良好的生育环境方面也是采用减免孕妇怀孕所产生的费用、提供免费的生育指导、较低廉的托育服务等福利措施。

（四）大洋洲国家生育政策现状

大洋洲国家在制定生育激励政策时与欧洲国家具有许多类似之处。

以新西兰为例，从 20 世纪 70 年代至今，其人口生育率一直处于升降不断交替的状态，其中有两个时间段总和生育率处于不断上升的状态：一是从 1983 年的 1.92% 上升到 1990 年的 2.18%；二是从 2002 年的 1.89% 上升到 2007 年的 2.18%，而 2020 年人口总和生育率又降为 1.61%。新西兰由于地理位置、社会发展等因素导致其人口数量较少，政府一直实行生育激励政策。首先是优越的带薪产假制度，新西兰政府在 2020 年将产假延长到了 26 周，并且规定不只是孕妇可以享有产假，孕妇的伴侣和领养婴儿的父母都可以根据实际情况享受不同规格的产假。其次是丰厚的育儿福利，儿童

---

① 崔晶. Jon S. T. Quah. 新加坡公共住房和人口控制政策 [J]. 东南亚纵横，2011（1）：44-48.

可以享受免费接种疫苗的医疗服务和免费的中小学教育服务等，这些为父母养育子女提供了良好的社会条件。最后是经济刺激，家庭补贴、育儿补贴等各种补贴措施在一定程度上也可以提升适龄青年的生育意愿，这些生育激励措施保障了新西兰近几年的总和生育率能够维持在 2% 左右，但是其总和生育率水平并没有显著增加，生育政策陷入瓶颈，无法产生显著的效果。

（五）美洲国家生育政策现状

拉丁美洲的国家在 20 世纪 70 年代中期之前一直对控制生育持反对态度，所以在这之前实行的是不干预的生育政策，直至 1974 年召开布加勒斯特世界人口会议以后，多数拉丁美洲国家才开始支持家庭生育计划活动。现如今计划生育带来的人口问题促使多数拉丁美洲国家不得不继续进行生育政策的转变。

在拉丁美洲，一类是以古巴为代表的经济发展水平较好的国家。与中国相似，古巴在进行了社会主义革命之后，女性的地位得到显著提升，人民的受教育水平有所提高，人民的基本生活得以保障。但由于生活压力的影响，古巴青年在良好的社会福利条件下依旧缺乏足够的生育热情，古巴的总和生育率由 1950 年的 4.15% 降到了 2020 年的 1.62%。目前古巴是拉丁美洲人口老龄化最严重的国家，同时也面临着制定何种生育政策才能提高生育率的问题。

另一类是以委内瑞拉为代表的经济水平比较落后的国家。委内瑞拉整体发展比较落后，医疗水平低下，人民的生活质量得不到改善，加之受计划生育政策的影响促使人民缺乏生育的积极性。委内瑞拉的总和生育率由 1950 年的 6.46% 降到了 2020 年的 2.28%。国家发展缓慢又导致大量青壮年外迁，这就加剧了其劳动人口的下降。为了保证发展，提高生育水平是委内瑞拉政府亟待解决的问题。据《卫报》2020 年 3 月 6 日报道，委内瑞拉总统马杜罗敦促国内育龄妇女"为了国家的利益"每人生育 6 个孩子。可见委内瑞拉的生育政策逐渐向生育激励方向发展，但还未找到正确的道路。

二、共建"一带一路"国家生育激励政策成效对比

由于各国的经济水平、文化环境、激励政策等方面存在差异性，政策成效也各有不同。本文根据联合国公布的 1990—2020 年共计 70 年的总和生

育率数据，为新西兰、古巴、伊朗、俄罗斯、韩国等 6 个实行激励生育政策的共建"一带一路"国家绘制总和生育率曲线，并以曲线为主要依据分析其生育激励政策的实施成效。

（一）生育政策成效对比及阻力分析

国家实行积极的生育政策主要是因为其生育率长期处于较低水平而影响了社会经济的发展。造成生育率无法提升的原因主要有两类：一类是未经政策干预而自然形成的生育率低下的态势，这是因为国内自然环境不适宜生存或国家经济水平发展到一定高度而导致其生育率水平低迷而难以提升，其总和生育率曲线表现为长期处于较低水平且波动较小，主要包括俄罗斯、波兰、葡萄牙及新西兰等国；另一类是经过国家政策干预后总和生育率受到极大影响而急剧下降到较低水平，其总和生育率曲线表现为从高生育率水平快速下降到更替水平左右，主要包括实行过计划生育政策的亚洲国家和拉丁美洲国家。

20 世纪 80 年代，一些主要的低生育率国家开始在国内实行积极的生育政策，在实行政策后，总和生育率曲线的变动幅度可分为效果明显、效果较差和效果有限三种类型。

效果较为明显的国家有伊朗、匈牙利等，其中伊朗的生育政策见效较快。2012 年，伊朗开始制定鼓励生育政策，到 2020 年其总和生育率从 1.91% 上升到 2.15%，增长了 0.24%。匈牙利鼓励生育的历史比较悠久，在不同时期尝试过不同形式的生育激励政策。目前实行的是以帮助父母重返劳动力市场为主要目的的政策。2000—2005 年是匈牙利总和生育率最低的 5 年，只有 1.3%，在此之后其总和生育率不断上升并有加速的趋势，2015—2020 年是其生育率快速增长的 5 年，相较前 5 年，生育率增长了 0.16%，总和生育率增长到 1.49%。详见图 1 。

效果较差的国家数量较多，如韩国、新加坡、古巴、葡萄牙和新西兰等，政策效果都不够明显，具体体现在以下三个方面：一是政策实行之后并没有达到提升总和生育率的目的，只是降低了其总和生育率下降的速度。譬如，葡萄牙在实行了生育激励政策之后，其总和生育率水平也未得到显著改善。二是生育激励政策的可持续性比较弱。譬如，新加坡在刚推出新的生育政策后有过缓慢增长的阶段，1985—1995 年间其总和生育率增长了 0.14%，但是在 1995 年之后则一直呈现下降趋势。三是在推出积极的生育

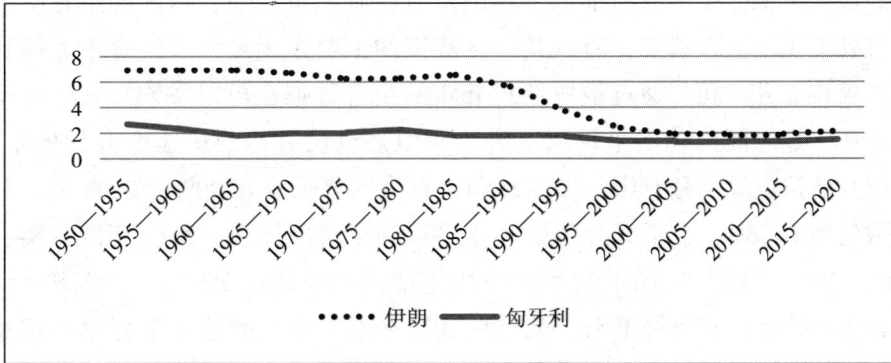

图 1　伊朗和匈牙利总和生育率曲线

资料来源：联合国世界人口展望（World Population Prospects）（2019）。

政策之后，其总和生育率曲线只有小幅度波动，新的生育政策有一定的维稳效果但缺乏改变现状的功能，也就是说虽然其生育政策未能实现拉高生育水平的效果，但是将生育率稳定在一定的范围之内，且未在短时期内表现出再次下降的趋势，如古巴、新西兰等国，详见图2。

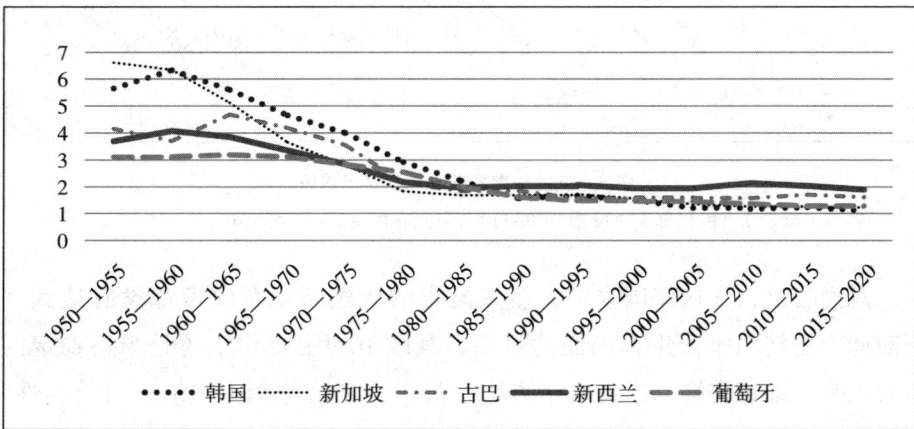

图 2　五国总和生育率曲线

资料来源：联合国世界人口展望（World Population Prospects）（2019）。

效果有限的国家，以俄罗斯和波兰为例。俄罗斯在经历了20世纪90年代的人口危机后，在2007年才开始实行"母亲基金"政策，大力鼓励生育。而在1950—2020这70年间俄罗斯总和生育率的变化有一定的周期性，分别经历了两次缓慢下降、两次缓慢上升，上升节点分别为1970年和2000

年。这就是说，在俄罗斯推出具体的生育激励政策之前，国内的生育水平
一直处于缓慢上升状态，所以其生育政策的主要作用是维持生育率上扬趋
势，延长上升时间。通过俄罗斯近几年的生育数据也可以发现，其生育率
水平在一定时间内确实呈现出上升势头但是也没有达到快速上升的效果，
所以其政策效果十分有限。波兰总和生育率的最低点在 2000—2005 年，具
体数值为 1.26%。此后几年生育率水平得到了缓慢提升，2016 年波兰实行
"家庭 500+计划"试图推动生育率快速增长，但是在 2007 年生育率达到
1.45%之后就开始缓慢下滑。就目前状况来看，波兰的总和生育率很难在
2026 年达到 1.6%的目标，详见图 3。

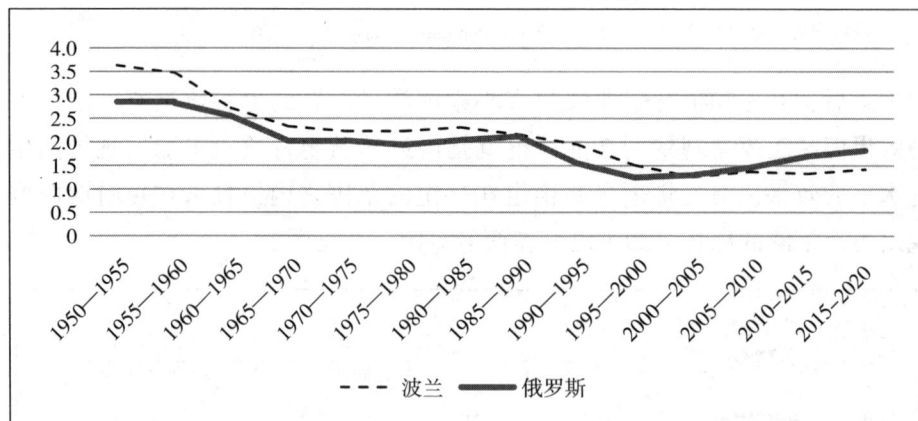

图 3 波兰和俄罗斯总和生育率曲线

资料来源：联合国世界人口展望（World Population Prospects）（2019）。

　　总而言之，在这些国家中，多数国家的激励型生育政策都没有达到在
短时间内扭转国家低生育局面的目的，其政策的主要作用还是维持稳定的
生育水平，即使在提升生育水平方面发挥了一定的作用，但缺乏可持续性。
同时，生育政策方向翻转过猛也会由于受到的阻力过大进而无法发挥出百
分百的效果。

　　国家转变生育政策方向会受到各方阻力的影响。首先是历史政策所造
成的阻力，多数实行过计划生育政策的国家在转变政策方向后，其新政策
的效果难以得到有效发挥。其中新加坡尤为明显，新加坡实行计划生育政
策的时间很短，但是效果相当明显。这主要是因为在实行计划生育的十几
年间新加坡政府不只采用了较为严苛的手段对超生家庭进行惩罚，同时还

通过文化宣传改变了大众的生育观念，加之家庭形态的转变、大众受教育程度的提升等现实因素加持，使其后续的生育激励政策效果不尽人意。

其次是经济社会的发展伴随的生育意愿下降，这种情况多存在于欧洲等经济水平较发达或经济水平发展较快的地区。从主观因素来看，快速的经济发展意味着生活压力的提升，较强的生活压力会消磨掉生育的热情和精力，个体化的选择和自我价值观的实现是育龄群体生育意愿下降的原因之一。从客观因素来看，城市化进程加快促使房价上涨使联合家庭转变为核心家庭，而核心家庭无论是从家庭人员数量方面还是从空间条件方面都不适宜养育过多数量的子女。

最后是现代文化与传统思想的碰撞所形成的阻碍。这种情况主要发生在受传统思维影响较深远的国家，如新加坡、韩国和越南等亚洲国家。此类国家由于文化原因所形成的家庭婚姻观念、女性观念和生育观念都与现代文化有较大出入，新旧文化的碰撞会降低女性的生育意愿。在婚姻观念方面，现代婚姻关系不稳定性的增强使适龄夫妻在生育方面更加深思熟虑。另外，传统的"男主外女主内"的家庭分工已被打破，也使家庭生育子女需要更多的条件支持。在女性观念方面，女性社会地位的提升使其生育所产生的职业上的损失增大，在生育和养育孩子的过程中，母亲所付出的时间成本和机会成本远远多于父亲，这导致其生育动力不足。在生育观念方面，现代生育观更加讲究"优生优育"，多数家庭会选择生育较少的子女来保证已有子女的生存质量和生活质量，进而确保在一定的资源供给基础上教育出更加优秀的后代。

（二）生育激励政策的经验教训

首先是经济补贴。经济补贴作为激励生育的主要举措，其对总和生育率的正向影响较大。澳大利亚人口社会学家凯德威尔认为假若财富流向是单向向上的，生育子女是一件有利可图的事情，则会增加人们对子女的需求；假若财富流向是单向向下的，生育子女是一件无利可图的事情，则会导致人们生育需求降低。[①] 经济补贴能够有效缓解家庭的经济压力，在理论上可以为生育增添益处，增强适龄夫妻的生育意愿。但是经济补贴会受到国家财政、通货膨胀及使用限制多方面因素的影响使其难以发挥应有的效

---

① 庄渝霞. 西方生育决策研究概述——来自经济学、社会学和心理学的集成 [J]. 国外社会科学，2009（4）：74-80.

用。例如俄罗斯的"母亲基金"由于国家财力不够，存在适应范围窄、使用限制多、补贴的增幅均小于通货膨胀涨幅等问题，考虑到其问题大于作用，2014 年俄联邦经济发展部致函总理梅德韦杰夫建议取消"母亲基金"政策。①

其次是托育服务。完善的托育服务体系是能够起到正向作用的。各国都在建立符合自身国情的托育体系，主要建设手段分为两类：一类是建立托育机构，另一类是鼓励代际照顾。就建立托育机构来说，俄罗斯在托育服务方面更加注重多样性，在 2000 年建成了以价格低廉为特点的公共托儿中心和以注重早期发展教育为特色的私营托儿中心以满足不同经济水平家庭的需求。② 韩国则更加注重公共教育，其政府采取的措施是提供需求者对接式保育服务，加强小学课后照顾、社区照顾服务及保姆服务，强化公共教育及减轻私人教育负担。新加坡的托育体系更加完善。在新加坡，托育机构最小能接收 8 个月大的孩子并且其拥有面向特殊儿童的专业托育服务，可以有效减轻家庭的负担。就鼓励代际教育而言，新加坡政府鼓励三代人一起居住，以方便老年人照顾孙辈，并且会向照顾者发放津贴。虽然与长辈一起居住不符合当代多数青年夫妻的居住习惯，但政府的支持态度还是为家庭照料儿童的方式多提供了一个选项。

再次是女性权益保障方面。妇女作为实行生育行为的重要主体，育龄女性在生育过程中承担了更多的成本，尤其是由于养育孩子造成工作中断或职位晋升等方面的机会成本，这就导致女性会推迟生育行为，减少生育子女的数量以换取广阔的个人发展空间。为了提高女性生育的积极性，各国都会出台女性权益的保护政策来减轻女性的生育负担，其中最突出的就是产假和生育补贴。新加坡政府规定育龄妇女享有 16 周带薪产假，同时，丈夫享有 2 周的陪产假期。2014 年，俄罗斯政府将产假延长到了最多 4 年，匈牙利的产假也有 2 年之久。各国产假的延长充分保障了妇女生产休息的权利。

最后是文化宣传方面。文化宣传的手段主要分为两类：一类是依托旧

---

① 庄渝霞. 西方生育决策研究概述——来自经济学、社会学和心理学的集成 [J]. 国外社会科学，2009（4）：74-80.

② 徐兴文，刘芳. 低生育率时代典型国家家庭政策的实践与启示 [J]. 四川轻化工大学学报（社会科学版），2020（3）：1-26.

文化进行宣传。伊朗的生育文化宣传主要依靠宗教信仰，伊朗国内的宗教以伊斯兰教为主，而伊斯兰教本身含有鼓励生育的内容，通过宗教手段推行鼓励生育政策就更容易被社会民众所接受。而同样以传统文化作为依托的新加坡则没有达到预期的效果，其主要原因是：一方面政府强调家庭的重要性，希望能够最大限度地保留传统的"亚洲式家庭价值观"；另一方面为了适应时代的变迁，推动两性平衡，新加坡政府又出台了一系列的维护女性工作权益、宣传男女平等的政策。这种矛盾的宣传方式致使女性生育意愿难以提升。另一类是塑造新的生育文化。俄罗斯最主要的生育宣传措施就是颁发"光荣父母勋章"，在国家层面上直接肯定了多生育妇女在社会中的地位，一定程度上有利于形成以生育为荣的社会氛围，有利于提升适龄妇女的生育意愿。但是随着时间的推移，国家颁发了过多的"光荣父母勋章"会导致其含金量下滑，削弱生育妇女社会地位的影响，宣传效力后劲不足。

三、各国生育政策对我国的启示

（一）经济支持不可或缺，切实关注家庭需要

有研究指出，经济压力是制约生育行为的主要因素。[①] 因此国家的经济支持是不可或缺的条件，目前我国在促生方面采取的经济手段主要包括发放生育津贴及以家庭为单位予以一定的税收支持等。[②] 从新加坡、俄罗斯等国的经验来看，要保证经济支持产生的效果具有可持续性，就要根据现实情况不断调整其补贴的具体项目、金额及补贴的支取方式。首先从具体项目来看，不同时期有不同的需求。我国规定依法缴纳了生育保险费用的人可以按照国家规定享受生育保险，其内容主要包括生育医疗费用和生育津贴。随着生活水平的提升，人们对于生育子女有了较高的要求，因此我国的经济补贴项目应当借鉴他国经验，结合本国人民的需要，丰富其补贴项目，如儿童的医疗教育津贴、针对家庭及照顾者发放的津贴等。其次从金额来看，经济补贴金额不是一成不变的，而是要不断地变化。从新加坡的

---

① 刘小锋，张汉洋．"全面二孩"政策下城市居民生育现状与意愿分析——以浙江省金华市调查为例［J］．调研世界，2017（11）：27-32.

② 延长产假、推动普惠托育服务、发放生育津贴——三孩政策配套措施正陆续出台［EB/OL］．（2022-1-21）［2022-04-28］. http://www.gov.cn/xinwen/2022-01/21/content_ 5669636.htm.

经验来看，其具体金额应当根据当地工资及物价水平进行增减调整。例如，俄罗斯的经济补贴调整就未能完全考虑到通货膨胀效应，导致其补贴金额偏低最终失去了应有的激励效果。最后是补贴的支取方式要吸取俄罗斯"母亲基金"衰败的教训，一方面补贴的支取方式要尽量简洁，符合各层次的理解水平和操作能力；另一方面要尽量降低津贴限制，保证津贴的适用范围广，增强其实用性。

（二）文化宣传与时俱进，以个人需求为出发点

有研究表明女性生育意愿会受新媒体新闻的影响，并且女性在新媒体上接受的与生育有关的新闻越多，则生育意愿就越低。[①] 与新加坡、韩国的文化背景相似，我国目前的生育文化宣传也与这类国家现阶段的文化宣传路线比较接近，都是以传统的家庭价值观作为宣传依托，以集体主义为宣传核心，强调女性在家庭中的生育作用及生育的社会责任，进一步鼓励家庭多生育。从内容上看，一方面这与我国日益觉醒的女性意识和个人意识不相符，容易激发部分适龄人群的逆反心理。另一方面这也与我国已经建立起来的优生优育、晚生晚育的生育文化相悖，难以在短时期内产生影响。在内容方面，相关部门要吸取新加坡的教训，把生育文化宣传的核心由强调集体主义转变到关注个人的需求上来。宣传核心要弱化生育产生的社会效益，突出生育行为对个人和家庭的益处，帮助适龄青年意识到子女所能为家庭及个人产生的收益，增强其生育热情。在宣传方式上，有关部门可以效仿泰国和伊朗的做法，利用国内传播性最广的媒介作为介质确保宣传的深度和广度。有研究表明，我国的传统媒体对于女性生育意愿的影响程度远不如新媒体[②]，因此应注重以新媒体作为宣传介质，以个人需求为出发点，才更有利于达到理想的宣传效果。

（三）保护女性生育意愿，营造生育友好型环境

生育激励政策要坚持保障妇女的生育权利，营造生育友好型环境。在产假方面，既要保证孕产妇女拥有足够的休整时间又要保证其能顺利返回工作岗位。在陪产假方面，要适当增加陪产的时间，减少陪产假限制，保

① 黎藜，李凤萍.传统性别观念、信息传播与女性生育意愿——基于育龄女性的问卷调查研究[J].西南民族大学学报（人文社会科学版），2021（12）：146-152.
② 计迎春，郑真真.社会性别和发展视角下的中国低生育率[J].中国社会科学，2018（8）：43-161，207-208.

证男性在妻子生育期间有足够的时间尽到照顾义务,这有利于增强女性婚姻幸福度,提高女性的再生育意愿。

在帮助已生育女性进行"工作—家庭"平衡方面,可以借鉴新加坡的有益经验,直接给已育在职妇女发放经济补贴、给予已育在职妇女带薪假期等。但是也要注意多数国家在"工作—家庭"平衡方面的政策还停留在以妇女为主的阶段,这样的政策主要是基于"女主内"的传统思想,并不利于推进男女职场平等。因此,在帮助已育妇女平衡"工作—家庭"的关系时不应当忽略男性在家庭中的地位,在制定政策时也应当考虑到有子女男性的权益,如给予男性少量的亲子假期,这样在避免父职缺失的同时也能减轻母亲的育儿负担。平等的两性政策更有助于促进家庭和谐,帮助女性处理家庭与工作的冲突。①

关注特定群体需求,制定相应的公共政策。从 2002 年开始,我国的离婚率就在不断攀升,由 0.9% 上升到 2019 年的 3.36%,由此推测我国有一定数量的单亲家庭。针对单亲家庭国家应当给予一定的特殊照顾,这既可以帮助适龄青年夫妻打消一部分生育顾虑又可以体现我国政府对于少数群体的人文关怀。除单亲家庭外,还应当关注全职母亲,社区、社会组织等可以向全职母亲提供特定的育儿服务、心理慰藉、喘息服务等专业服务内容。最后针对高龄产妇国家应当提供更高水平的生育医疗服务补贴,以帮助其生产恢复。

(四)加强基础设施建设,扩大公共托育服务覆盖

现阶段我国托育服务面临的主要问题有:首先是服务种类少,无法服务各阶层家庭的需要。在我国,0~3 岁的托育机构数量基本为 0,双职工家庭中 0~3 岁的婴幼儿一般由祖父母或保姆照顾,父母双亲由于工作原因很少在家照顾子女。祖父母相隔较远、经济状况较差的家庭则会由母亲进行全职照顾。在这样的情况下,多子女对于家庭来说意味着生活水平的降低。随着优育观念的变化及教育成本的提高,不少家庭会选择减少养育子女数量来保证已有孩子的教育水平及家庭的生活水平。其次是幼儿园入园困难问题,现阶段的公立托育机构数量少使公立幼儿园入园名额供不应求。幼儿园限制入园名额的规定加上部分私立幼儿园学费昂贵,部分家庭只能选

① 计迎春,郑真真. 社会性别和发展视角下的中国低生育率 [J]. 中国社会科学,2018 (8):43-161,207-208.

择让其子女延迟入园。最后是针对特殊儿童的托育机构和服务人才数量稀少，特殊儿童学前教育困难且难以享受专业服务。

就此问题，我国可以借鉴韩国、新加坡等发达国家的做法，建立多层次的托育服务体系，一部分是覆盖范围广的公立托育服务机构，其主要目的是为了满足最基本的托育需求；另一部分是收费较高的私立托育机构，提供的服务也为了满足有更高育儿需求的中上层群体而变得更加高档。在此基础上要扩充托育服务的类型，建立针对残疾儿童的特殊托育机构，培育特殊教育专业人才，扩大公共托育服务的覆盖范围。

参考文献

[1] 张孝栋，张雅璐，贾国平，等．中国低生育率研究进展：一个文献综述 [J]．人口与发展，2021（6）：9-21．

[2] 宋健，周宇香．全面两孩政策执行中生育成本的分担——基于国家、家庭和用人单位三方视角 [J]．中国人民大学学报，2016（6）：107-117．

[3] 韩松花，孙浩男．韩国鼓励生育政策体系改革及启示 [J]．延边大学学报（社会科学版），2020（1）：15-23，139．

[4] 车效梅，张亚云．开罗都市进程中的人口问题 [J]．西亚非洲，2009（5）：51-58，80．

[5] 梁益坚，王锦．撒哈拉以南非洲人口红利及国家政策取向 [J]．西亚非洲，2018（6）：44-68．

[6] 茅倬彦，申小菊，张闻雷．人口惯性和生育政策选择：国际比较及启示 [J]．南方人口，2018（2）：15-28．

[7] 王晖．国际经验借鉴：意大利人口问题应对的启示 [J]．人口与健康，2019（2）：16-19．

[8] 波兰《2040人口战略》的基本内容与可能性效应 [EB/OL]．（2020-07-22）[2022-01-07]．https：//mp.weixin.qq.com/s/4dKJgMVR6HSMwRB2zg_frw．

[9] 崔晶．Jon S. T. Quah．新加坡公共住房和人口控制政策 [J]．东南亚纵横，2011（1）：44-48．

[10] 刘玮玮．新加坡生育政策的变迁、成效及启示 [J]．人口与社会，

2020（5）：14-29.

[11] 庄渝霞. 西方生育决策研究概述——来自经济学、社会学和心理学的集成 [J]. 国外社会科学，2009（4）：74-80.

[12] 王佳. 俄罗斯"母亲基金"的实施成效及瓶颈问题探析 [J]. 俄罗斯研究，2017（1）：79-105.

[13] 汤兆云，邓红霞. 日本、韩国和新加坡家庭支持政策的经验及其启示 [J]. 国外社会科学，2018（2）：36-42.

[14] 徐兴文，刘芳. 低生育率时代典型国家家庭政策的实践与启示 [J]. 四川轻化工大学学报（社会科学版），2020（3）：1-26.

[15] 汤梦君. 中国生育政策的选择：基于东亚、东南亚地区的经验 [J]. 人口研究，2013（6）：77-90.

[16] 高爽. 泰国计划生育及其宣传教育 [J]. 人口与计划生育，1998（3）：75-76.

[17] 刘小锋，张汉洋. "全面二孩"政策下城市居民生育现状及意愿分析——以浙江省金华市调查为例 [J]. 调研世界，2017（11）：27-32.

[18] 延长产假、推动普惠托育服务、发放生育津贴——三孩政策配套措施正陆续出台 [EB/OL].（2022-1-21）[2022-04-28]. http：//www. gov. cn/xinwen/2022-01/21/content_ 5669636. htm.

[19] 黎藜，李凤萍. 传统性别观念、信息传播与女性生育意愿——基于育龄女性的问卷调查研究 [J]. 西南民族大学学报（人文社会科学版），2021（12）：146-152.

[20] 计迎春，郑真真. 社会性别和发展视角下的中国低生育率 [J]. 中国社会科学，2018（8）：43-161，207-208.

共建"一带一路"国家生育政策的变迁及最新进展

——以俄罗斯为例*

韩 艳**

摘 要：从苏联至今，俄罗斯的生育政策共经历了用行政手段鼓励生育、重视家庭发展政策和全方位的生育政策支持三个阶段，形成了当前的俄罗斯生育政策体系。俄罗斯的生育促进政策主要有为孕产妇提供产假、育儿假和津贴，实行生育/家庭资本项目，为年轻家庭提供住房保障，宣传和倡导传统生育文化价值观，大力推广代孕、人工受孕，严格管制堕胎等五个方面。我国可借鉴俄罗斯的经验和教训并依据本国实际，将婚嫁、生育、养育、教育一体考虑，为已婚已育的年轻家庭提供差异化租赁与购房政策，发展免费或"普惠型"婴幼儿托幼服务，在全国推行为期3年的育儿假，调整和延长义务教育年限为10年，重塑我国的社会婚育文化，继续优化与生殖健康、医疗卫生保健相关的服务。

关键词：俄罗斯；生育政策；生育/家庭资本

一、引言

生育是一个国家和社会发展的基础，而生育政策是影响生育的一项重要因素。新中国成立早期，战乱的终止及国家对生育的鼓励使我国人口大幅度增加。"多子"给国家经济发展带来重大"人口红利"的同时，也给粮食等资源带来了压力。20世纪70年代末，我国开始实施严格的计划生育政

---

* 本报告系华侨大学中央高校基本科研业务费资助项目（18SKGC-QG16）的阶段性研究成果。

** 韩艳，华侨大学政治与公共管理学院副教授，研究方向为公共服务和社会保障。

策。但随着人口出生率的持续走低和人口结构的变化，我国开始调整计划生育政策，于 2013 年 11 月、2015 年 11 月、2021 年 5 月相继开放"单独二孩""全面二孩""全面三孩"的生育政策，但政策效果并不显著。统计结果显示，2022 年、2021 年和 2020 年我国出生人口仅有 956 万人、1062 万人和 1200 万人，2021 年和 2020 年的育龄妇女总和生育率分别为 1.15% 和1.3%①，已经严重低于国际上总和生育率为 1.5% 左右的"高度敏感警戒线"。以上数据显示，中国必须实施促进生育的政策，而不仅仅是松绑严苛的计划生育政策。

"他山之石，可以攻玉。"俄罗斯是中国重要的邻国之一，也是共建"一带一路"国家，国土面积为 1709.82 万平方千米，但人口仅有 1.46 亿人。② 和一些共建"一带一路"国家一样，俄罗斯近年来面临严峻的人口挑战，集中表现为出生率持续偏低、死亡率居高不下和移民人口补偿能力弱。而俄乌两国战争的持续胶着，使俄罗斯严峻的人口形势更加雪上加霜。人口问题、生育问题已经成为俄罗斯当前面临的最为严峻的问题之一，不仅关系到俄罗斯经济社会的发展，甚至关系到国家安全和民族的生死存亡。针对本国严峻的人口问题，作为与我国人均 GDP 相差无几的共建"一带一路"国家，俄罗斯是如何设计和发展本国的生育支持政策的？又有哪些经验和教训？这些值得学者和政策制定者研究和反思。因此，本文以俄罗斯为例，探究俄罗斯生育政策的发展历程、最新进展及存在的问题，以为其他共建"一带一路"国家生育政策的制定和调整提供参考和借鉴。

二、俄罗斯生育政策的发展历程

从 20 世纪 60 年代至今，俄罗斯的总和生育率（即平均每名妇女的生育率）总体上呈下滑趋势。苏联解体后，俄罗斯经历了重大的政治经济体制转轨，总和生育率逐年下降，至叶利钦执政末期已跌至 1.15%。普京执政后，总和生育率缓慢增加，2015 年达到 1.78%③，但国际金融危机后又呈现

---

① 统计局.2020 年我国出生人口为 1200 万 育龄妇女总和生育率为 1.3［EB/OL］.（2021-05-01）［2023-03-27］. https：//baijiahao.baidu.com/s? id=1699432678851101781&wfr=spider&for=pc.

② 陶华艺，何雨霖，李欣.女多男少，负增长，老龄化，俄罗斯 30 年人口变化［EB/OL］.（2022-02-15）［2023-03-27］. https：//m.thepaper.cn/baijiahao_ 16702405.

③ АРХАНГЕЛЬСКИЙ В. Н. Помощь Семьям с Детьми в России：Оценка Демографической Результативности［J］. Социологические Исследования，2015（3）：56-64.

下降趋势,2019 年总和生育率降至 1.5%。面对不同时期的生育形势,俄罗斯政府不断调整本国的生育政策。其生育政策大体经历了三个发展阶段。

(一) 以行政手段鼓励生育阶段 (1922—1991 年)

苏维埃共和国时期实行严格的计划经济体制,对社会事务进行大包大揽。在人口方面,也通过出台鼓励生育、鼓励家庭生产的生育政策进行控制。此阶段,政府向民众提供免费的孕妇产前检查、产科医疗和婴儿保健服务,并实行普遍的产假和育儿津贴等,在城市和农村都建立了育婴室和幼儿园等公共服务设施。

1944 年,苏联出台法律政策,向生育 5 个及以上子女的夫妇提供经济补贴,并给予道德奖励;而对没有生育的夫妇进行处罚,要求其向国家上缴 6% 的子女费用。之所以实行这样的奖惩制度,是因为苏联希望每个家庭都普遍生养 3 个及以上的子女,以为国家建设和社会发展提供源源不断的人力资源。"要求没有孩子的家庭上缴费用"受到了多方指责,于 1992 年被彻底废除,但在当时的年代,它确实发挥了作用,促进了苏联人口的增长。[①]

在此阶段,苏联对妇女堕胎的合法性态度发生了改变。1920 年,苏联政府颁布法律赋予女性合法堕胎权,苏联成为全球首个堕胎被法律允许的国家(部分西方国家在 1940—1950 年间才陆续开始实施堕胎合法化政策)。但随着苏联人口生育率的持续走低,政府于 1936 年又颁布了《禁止堕胎法》,并希望社会公众减少避孕药具的使用频次,以提高人口出生率。《禁止堕胎法》使妇产医院又开始人满为患,超负荷运转导致产妇和新生儿得不到足够的照料,死亡率同步增加,地下堕胎手术也死灰复燃。在诸多负面因素的影响下,苏联于 1955 年再度承认堕胎合法。

(二) 重视家庭发展政策阶段 (1992—2006 年)

苏联解体以后,俄罗斯的经济社会发展发生了重大变化,导致整个国家的人口出生率持续下滑,但人口死亡率一路飙升。为了应对人口下滑问题,俄罗斯政府出台了一系列刺激生育的法律和政策。1993 年,俄罗斯联邦通过宪法第 7 条第 2 款,明确规定"在俄罗斯联邦,人民的劳动和健康受到保护,建立有保障的最低工资,为家庭、母亲、父亲和儿童、残疾人和

---

① 范维. 俄罗斯生育福利政策研究 [D]. 沈阳:沈阳师范大学,2021.

老年人提供国家支持，发展社会服务体系、国家养老金、福利和其他社会保护保障"。① 1995 年 5 月，俄罗斯政府修订《俄罗斯宪法》，颁布了《关于公民抚养子女发放国家补贴的补充说明》，首次公开提出"公民养育子女家庭福利"，明确要为孕产妇提供津贴，并明确规定了生育补贴、托儿补贴等一系列人口红利补贴的计算方法、发放条件和发放对象。同年 12 月，批准通过了第 223 号法令《俄罗斯联邦家庭法典》，对俄罗斯居民的婚姻家庭关系以及家庭成员的权利和义务，包括未成年子女的权利保护等权益内容进行了明确的法律保障规定。②

2001 年 1 月，俄罗斯发布《2015 年前俄罗斯联邦人口发展构想》，提出了在刺激生育和加强家庭方面的优先事项③，成为联邦政府及地方政府解决与生育、家庭支持、健康、预期寿命、移民和人口发展其他方面相关问题的指导方针。2005 年 9 月，俄罗斯联邦政府宣布将在国内施行一系列能够优化国民生活质量的国家优先项目，其中主要包括改善和提升居民医疗卫生条件、国民子女教育、家庭住房保障需求等关系到俄罗斯未来人口战略的相关问题。

总体来看，此阶段俄罗斯的生育政策更重视通过立法来保障家庭的财产安全和人身安全，通过延长女性产假、建立学前看护机构和孤儿收养机构、提高家庭补贴和福利待遇等加大对家庭的物质支持。

（三）全方位的生育支持政策阶段（2006 年至今）

俄罗斯联邦总统普京于 2006 年 5 月发表"国情咨文"，被视为俄政府人口政策的重要分水岭。在"国情咨文"中，普京指出俄罗斯面临的最严峻的问题是人口锐减问题（每年减少 7 万人），因此，国家必须加大支持年轻家庭的措施力度，支持决定生育和抚养孩子的妇女，至少生育第二个孩子。④"国情咨文"发表以后，俄罗斯联邦政府应对国内人口危机的反应明

---

① 俄罗斯联邦宪法第一章第七条 [EB/OL]. [2023-3-27]. https：//base. garant. ru/10103000/e88847e78ccd9fdb54482c7fa15982bf/.

② "Семейный кодекс Российской Федерации" от 29. 12. 1995 N 223-Ф3 [EB/OL]. [2023-3-28]. https：//www. consultant. ru/document/cons_ doc_ LAW_ 8982/.

③ КОНЦЕПЦИЯ демографического развития Российской Федерации на период до 2015 года [EB/OL]. [2023-3-28]. http：//www. demoscope. ru/weekly/knigi/koncepciya/koncepciya. html.

④ Послание Президента РФ Федеральному Собранию от 10. 05. 2006 "Послание Президента России Владимира Путина Федеральному Собранию РФ" [EB/OL]. [2023-3-28]. https：//www. consultant. ru/document/cons_ doc_ LAW_ 60109/.

显加强。

2006 年 12 月，俄罗斯联邦政府出台了第 256-03 号联邦法《关于国家支持有孩子家庭的补充措施》，规定从 2007 年起开始为养育（包括领养）2 个及以上子女的家庭提供"母亲基金"额外物质补贴，并根据每年的通货膨胀水平调整孕产补贴、生育补贴和育儿补贴等物质补贴额度。同年，联邦政府开始施行名为"俄罗斯儿童"的发展纲要，为提升儿童的普遍健康水平、创造良好的家庭教育环境指明了方向。

2007 年 1 月，俄罗斯颁布了《2025 年前俄罗斯联邦人口发展构想》，2014 年 7 月 1 日进行了修订。修订后的《2025 年前俄罗斯联邦人口发展构想》憧憬，2025 年俄罗斯人口增长到 1.45 亿人，人均寿命达到 75 岁，继续加强国家对有子女家庭的支持，以提供生育（家庭）资本的形式，制定措施扩大保障性家庭住房的建设，并发展额外的教育服务。① 2022 年 12 月 16 日，俄罗斯又发布《关于与孩子的出生和抚养有关的每月津贴的分配和支付程序》。②

总体上看，此阶段的生育政策涉及的领域较多元化，涉及增加现金补贴、延长产假、提高生育津贴、提供优惠的住房和税收政策等方面，且政府不断加大对儿童教育和医疗保健的投资，以提高家庭对生育的积极性。

三、俄罗斯生育政策的最新发展

育龄人口不生育或不愿生育多子女的最主要原因是生育成本高、生育负担重及婚育观念发生了改变。为了鼓励年轻人生育，俄罗斯政府出台了一系列促进生育的政策，形成了当前覆盖育龄妇女和家庭的生育支持政策体系。具体来讲，主要包括以下几个方面：

（一）为孕产妇提供产假、育儿假和津贴

现行的《俄罗斯联邦劳动法》规定，妇女可申请享受 140 个日历日的产假（分娩前后各 70 天）。以下情况可延长：如果是多胎妊娠，产前假可延长至 84 天，共计 154 天；如果单胎分娩情况复杂，产后假可延长至 86

---

① Об утверждении Концепции демографической политики Российской Федерации на период до 2025 года https：//docs. cntd. ru/document/902064587.
② Постановление Правительства Российской Федерации от 16. 12. 2022 г. No 2330 ［EB/OL］. (2022-12-16) ［2023-3-28］. http：//government. ru/docs/all/145038/.

天，共计 156 天；第二个及以上孩子出生时，产后假可延长至 110 天，共计 180 天。产假适用于在职妇女、研究生和全日制学生，无工作的女性凭借既定程序签发的无工作能力证明申请产假。① 在休产假期间，雇主必须为雇员保留工作岗位。申请产假需要医生开病假证明并确定产假开始的日期。

除了产假，俄罗斯还为 0~3 岁婴儿的母亲提供为期 3 年的育儿假，父母任何一方都可以休假，但实际上休假的主要是母亲。育儿假期间，雇主不向休假者给付报酬，但雇主有义务为休假者保留工作职位，且育儿假计入工作年限总和。虽然雇主不再支付工资，但休假者会收到来自政府的育儿津贴，津贴发放年限有 1.5 年。

除了产假、育儿假外，俄罗斯还为孕妇怀孕期间一次性提供长达 12 周的医疗津贴，包括医疗检查，产后恢复等阶段产生的费用，为产妇提供高质量的产科和妇科保健服务，以确保产妇身体健康，减少产后并发症。② 孕妇除了医疗补贴外，还有妊娠补贴。俄罗斯法律规定，妊娠和分娩者的补贴每年不超过 16125 卢布，对于有保险的妊娠女性补贴额度为平均工资，保险时间低于 6 个月的妊娠和分娩补贴额度为每月支付的最低劳动工资。2022 年 12 月 16 日，总统普京又签署了一项为有孩子和孕妇的家庭提供单一津贴的法律。2023 年起，年收入低于地区低保的待产妇女和有 17 岁以下子女家庭可申请为孕妇和孩子提供单一津贴。③

（二）实行生育/家庭资本项目④

俄罗斯政府在 2006 年 5 月首次提到了"生育/家庭资本"（Maternity/Family Capital）这一概念，2007 年国家正式实施生育资助项目。该项目主要是向 2007—2021 年期间生育或收养第二个及以上子女（没有上限）的俄罗斯家庭提供资金资助。获得资助的条件是生育或收养第二个子女时没有申请享受过相关国家支持生育的补充措施等资助。每个家庭只能申请一次生育/家庭资本。从 2020 年 1 月 1 日起，第一个孩子出生的家庭也有权获得

① 俄罗斯联邦劳动法第 255 条 [EB/OL]. [2023-3-28]. https：//www. consultant. ru/document/cons_ doc_ LAW_ 34683/dee45bc06a23ff585430585ef34c8124f5d89120/.
② 范维. 俄罗斯生育福利政策研究 [D]. 沈阳：沈阳师范大学，2021.
③ Матвей Бирюков. Путин подписал закон о едином пособии беременным женщинам и семьям с детьми [EB/OL]. (2022-11-21) [2023-3-28]. https：//www. forbes. ru/society/481412-putin-podpisal-zakon-o-edinom-posobii-beremennym-zensinam-i-sem-am-s-det-mi.
④ Social Fund of Russia. Maternity (Family) Capital [EB/OL]. [2023-3-28]. https：//sfr. gov. ru/en/matcap/.

生育资本。对于 2020 年以后生育二胎的家庭，生育资本额外增加
188681.53 卢布。对于 2020 年 1 月 1 日之后生育第三个孩子或后续孩子的家
庭，生育/家庭资本设定为 775628.25 卢布。①

生育/家庭资本不需要纳税，且发放标准根据经济发展状况和通货膨胀
状况适时进行调整。该项目旨在减轻多子女家庭的住房、教育、医疗保健
及养老等方面的压力，保证多子女家庭的体面生活条件，以促进俄罗斯夫
妇孕育两个以上子女。

生育/家庭资本可以用来改善生育家庭的居住条件，具体包括：购置住
宅；利用建筑承包商的服务建造或翻新个人住宅；在不使用建筑承包商服
务的情况下建造或翻新个人住宅；对建造或翻修个人住宅所产生的费用的
补偿；用于购买或建造房屋的信贷（贷款）的初始付款，包括抵押贷款；
支付购买或建造房屋的本金债务和信贷（贷款）利息，包括抵押贷款；根
据建设共同供资协议付款；当证书所有者或其配偶是住房、住房建设或住
房储蓄合作社的成员时，应支付入场费或由股份出资。

生育/家庭资本还可以用来资助子女的教育费用，范围包括：支付国家
认可的教育课程；在教育机构支付住宿或照顾儿童的费用；支付培训期间
教育机构提供宿舍的住宿费和公用事业费。生育/家庭资本还可以用作母亲
养老金的累计部分，或用来购买促进残疾儿童社会适应和社会融合的相关
服务。

（三）为年轻家庭提供住房保障

虽然"生育/家庭资本"项目可以用来改善家庭的居住条件，但俄罗斯
政府还专门出台了《保障年轻家庭住房需求方案》，为年轻家庭提供住房帮
助。2004 年俄罗斯国家统计数据显示，能通过家庭储蓄或贷款买房的俄罗
斯家庭只占全部家庭的9%。为缓解家庭在养育子女中面临的住房压力，俄
罗斯政府于 2006 年通过了《保障年轻家庭住房需求方案》，并将其列入
《2002—2010 年联邦住房专项纲要》中，采取向年轻家庭发放购房补贴、为
低收入家庭解决保障性基础房屋、为养育多子女的家庭免费划分建房用地、
提供住房按揭贷款利率优惠等措施。

《保障年轻家庭住房需求方案》规定，如果夫妻双方符合俄罗斯联邦住

① Социальный фонд России. Материнский (семейный) капитал [EB/OL]. [2023-3-28]. https：//sfr. gov. ru/grazhdanam/msk/.

房规定中继续改善住房条件的标准且双方年龄均在 30 岁以下，就可以申请此项购房补贴，用于支付购房首付款或偿还住房抵押贷款。除此之外，这项补贴方案对于居民自建房同样有效，补贴的金额设置应综合该地区的平均房价进行设计。同时，补贴的面积与家庭成员的数量相关，2 人家庭（无子女夫妻和单亲家庭）可以享受到 42 平方米的补贴面积，3 人及以上的家庭享受人均 18 平方米的补贴面积。房价的均值可以由地方政府自行确定，但最高不得超过俄罗斯政府建设和住房公用事业部所规定的各地房价平均值。依照这一规定，对于 3 人及以上家庭的补贴标准不低于平均房价的40%，2 人家庭的补贴标准不低于平均房价的 35%。此后年轻家庭若再生育或收养 1 名子女，地方预算还将为其补充发放不低于平均房价 5% 的补贴，将此补贴用于偿还房贷或抵偿此前购（建）房的自有资金。

《保障年轻家庭住房需求方案》在正式施行后，取得了一定的效果。2006—2009 年，通过购房补贴改善了住房条件的年轻家庭就超过了 13 万户。为了更好地让年轻家庭的住房保障需求得到满足，2010 年俄罗斯政府颁布了第 1050 号决议，决议决定在 2011—2015 年期间继续施行《联邦住房专项纲要》及《保障年轻家庭住房需求方案》子方案。新的子方案对原方案中的部分条款进行了修正，例如，将获准领取购房补贴的夫妻的年龄从30 岁放宽到了 35 岁。而且对于国籍要求，夫妻双方有一方满足俄罗斯国籍即可，养育一名子女的家庭也能够获取补贴资格。2011—2014 年，延期后的《保障年轻家庭住房需求》方案共帮助 10.85 万户年轻家庭改善了住房条件。俄罗斯政府于 2015 年 8 月再次将《联邦住房专项纲要》的有效期延长至 2020 年。据统计，仅仅在 2020 年，就有超过 1.6 万户年轻家庭领取了这项专项补助资金来购房。[①]

俄罗斯政府一系列改善公民住房条件的措施，目的在于为改善社会公民的居住质量，确保俄罗斯公民能以合理的价格买到合适的房子，完善居民住房基础设施，提高无效及低效土地资源的利用率，遏制房产企业的恶意竞争和恶意垄断，为解决因生育带来的住房问题创造有利条件。

（四）宣传和倡导传统的生育文化价值观

随着现代化进程的加快及女性受教育水平的提高，俄罗斯年轻人的婚

---

① Russian Federation：The target of providing housing for young families in 2020 has been achieved by 102% ［EB/OL］.（2021 - 02 - 16）［2023 - 3 - 28］. https：//go. gale. com/ps/i. do? p = AONE&u = googlescholar&id = GALE｜A651982963&v = 2. 1&it = r&sid = sitemap&asid = c3690b87.

育观念发生了很大的变化。俄罗斯政府日益重视家庭观念对人口出生率的影响，采取多重措施培养居民重视家庭的传统价值观，倡导回归传统生育文化。

2005年，为了加快生育文化在家庭的普及速度，俄罗斯设立了"俄罗斯家庭"奖，每年5月15日在克里姆林宫举办颁奖仪式，对在家庭价值观方面作出突出贡献的家庭、企业家、社会活动家及社会组织等个人或团体进行表彰。另外，俄罗斯政府将2008年定义为"俄罗斯家庭年"，通过举办一系列纪念活动来团结国家、社会和企业，加强俄罗斯民众的家庭观念。

"英雄母亲"勋章是苏联最高苏维埃主席团于1944年7月8日颁布法令设立的。苏联解体后，"英雄母亲"称号在俄罗斯被废除。2022年8月15日，俄罗斯总统普京签署命令，授予养育10个或以上子女的女性"英雄母亲"称号和勋章。获得"英雄母亲"称号的女性可获得100万卢布奖金（约合人民币11万元）。[1]

与此同时，俄罗斯政府在宣传传统家庭和生育价值观的过程中，也将东正教重视婚姻和家庭的教义糅杂其中，通过宗教的力量潜移默化地影响国民观念，引导民众的婚姻家庭观念回归传统。[2]

（五）大力推广代孕、人工受孕，严格管制堕胎

俄罗斯政府在提倡传统生育的同时，还积极地推广代孕、人工受孕。代孕在很多国家被明令禁止，但2010年1月莫斯科和圣彼得堡地方法院首次允许不能怀孕的单身女性可以通过代孕的方式获得子女，2011年11月俄罗斯通过第323-FZ号联邦法《关于保护俄罗斯联邦公民健康的基本原则》，2020年7月31日俄罗斯联邦卫生部第803n号命令批准了《辅助生殖技术的使用程序、禁忌症和使用限制》。[3] 允许代孕使许多不孕不育的俄罗斯夫妇拥有了自己的孩子，但也滋生了黑色产业链。俄罗斯国家杜马（议会下院）在2022年12月8日举行的全会上经过二读和三读，通过了禁止向外国人提供代孕服务的法律。按照这份法律，只有因医学原因不能自行怀孕或

---

① Russia is offering a hero's medal and ＄16,000 to women who have 10 kids [EB/OL]. [2023-3-28]. https：//www.cnbc.com/2022/08/18/russia-offers-mother-heroine-medal-and-16800-for-having-10-children.html.

② 范维. 俄罗斯生育福利政策研究 [D]. 沈阳：沈阳师范大学，2021.

③ 俄罗斯游走在法律边缘的产业——代孕 [EB/OL]. （2022-12-22）[2023-3-28]. https：//baijiahao.baidu.com/s？id=1752788775346035477&wfr=spider&for=pc.

生产的已婚俄罗斯公民或单身俄罗斯女性能使用代孕服务,且代孕母亲生下的孩子必须加入俄罗斯国籍。①

与此同时,俄罗斯政府大力推广人工受孕。俄罗斯政府每年拿出大约800万美元的资金在全国一些试点医院为育龄妇女提供免费人工受孕服务,但与不断增长的需求相比,如今俄罗斯只有4个联邦行政中心的医院对妇女提供免费的人工受孕服务。②

俄罗斯现行法律规定,自胎儿12周起就应保护其生命安全,超过这个日期进行堕胎将被认为是非法的。依据俄罗斯现行标准法律法规,女性有权单独决策是否进行人流手术。但俄国家杜马已经决议一项法律草案,要求已婚妇女未经男方的书面批准不可擅自堕胎。定点医疗机构假如私自给患者做堕胎手术将遭遇"蓄意谋杀"的刑事控告。③ 但俄罗斯在严格管制堕胎的道路上仍任重道远。

四、俄罗斯生育政策对我国的启示

俄罗斯实行的生育政策虽然没有使俄罗斯彻底摆脱人口危机,但也取得了一定的效果,如生育(家庭)资本项目的实施,使总和生育率从2005年的1.3%上升到了2014年的1.8%。④ 为应对低生育挑战,我国自2013年以来不断推进生育政策宽松化改革,如将3岁以下婴幼儿的照护费用纳入个人所得税专项附加扣除、发展普惠托育服务等。但这些政策并没有使民众"敢婚敢育敢多孩"。借鉴俄罗斯的经验,我们可以采取以下措施来提振民众的婚育意愿。

(一)为已婚已育的年轻家庭提供差异化租赁与购房政策

为了让年轻人敢结婚、敢生子,俄罗斯于2007年开始正式实施生育(家庭)资本项目,向在2007—2021年期间生育或收养第二个及以上子女(没有上限)的家庭提供资助,资助范围包括子女的教育、健康及住房。中

---

① 俄罗斯将禁止为外国公民提供代孕,近几年"输出"4.5万名代孕婴儿 [EB/OL]. (2022-11-28) [2023-3-28]. https://export.shobserver.com/baijiahao/html/555651.html.

② 俄罗斯人口持续下降 普京推免费人工受孕 [EB/OL]. (2022-11-28) [2023-3-28]. http://www.dzwww.com/xinwen/guojixinwen/200710/t20071023_2552505.htm.

③ 博禾医生. 俄罗斯女堕胎需丈夫签字 [EB/OL]. (2021-08-26) [2023-3-28]. https://www.bohe.cn/zx/112633.html.

④ 阚唯,梁颖,李成福. 国际鼓励生育政策实践对中国的启示 [J]. 西北人口,2018,39(5):47-56.

国年轻人恐婚恐育的原因之一在于收入低而房价高。有学者研究发现，房价对生育孩子的概率有显著的负影响，房价每上涨 1000 元/平方米，生育一孩的概率将降低 1.8%~2.9%，生育二孩的概率将降低 2.4%~8.8%，房价每上升 1000 元/平方米，女性初次生育时间大概推迟 0.14~0.26 年。[①] 我国可借鉴俄罗斯的经验，探索实施针对已婚已育年轻家庭的资助政策，为年轻家庭（尤其是生育多子女家庭）购房租房时提供优惠政策。具体可以做以下尝试：第一，在全国范围内的所有限购城市，对生育两个或三个孩子的家庭，做出允许购买三套或者四套住宅的规定。第二，对二孩或三孩家庭实施支持性房地产信贷政策。第三，对二孩或三孩家庭购买商品房时实施税收优惠政策。无论是否为首套，无论面积大小，对二孩及三孩家庭均给予契税减半、免除印花税优惠。第四，二孩或三孩家庭购买、分配各种政策性房产时，可给予照顾，这些房产包括共有产权房、公租房、廉租房等。房源紧张时，可以优先排队；或不参加摇号，直接挑选。第五，调整关于学区房入学名额的规定，二孩或三孩家庭不受入学间隔年份的限制。第六，今后开征房产税时，对二孩或三孩家庭在减免规定上，也给予明显有利的照顾。[②]

（二）延长义务教育年限，发展免费或 "普惠型" 婴幼儿托幼服务

俄罗斯实行 11 年义务教育（有些地区为 10 年），由 4 年普通初级小学、5 年普通基础学校和 2 年普通中等（完全）学校教育构成[③]，涵盖小学、初中、高中及职业教育。与此同时，为降低育儿成本，俄罗斯政府提供了孕妇月津贴、向持证产科医生登记的一次性定额津贴（怀孕后 12 周内）、一次性生育（收养）津贴、居家照顾津贴（一年的生育津贴）、每月照顾者津贴（至儿童满 1.5 岁为止）和每月育婴假津贴（1~3 岁儿童）6 种类型的家庭和儿童津贴。除联邦政府的补贴外，俄罗斯不同地区还有各自的 "促生" 政策。以莫斯科州为例，多子女家庭可享受的优惠政策有：上莫斯科州内的大学可领取助学金；中小学生可享免费早餐和午餐，免费参加课外兴趣班；可无偿获得 0.15 公顷的土地用于建房；购房有补贴，房贷利率低

---

① 葛玉好，张雪梅. 房价对家庭生育决策的影响 [J]. 人口研究，2019，43（1）：52-63.

② 南方都市报. 让年轻人 "敢生" 三孩，中央鼓励地方提供购房和租房优惠政策 [EB/OL]. (2021-07-20) [2023-03-28]. https://new.qq.com/rain/a/20210720A0DZXK00.

③ 世界各国的义务教育年限比较 [EB/OL]. (2017-08-09) [2023-03-28]. https://www.toutiao.com/article/6452109507647504909/? source=seo_ tt_ juhe.

于 6%，也可排队等候社会保障住房；物业费减半；帮助家庭成员就业；可免费乘坐公共交通工具；每年可以按照优惠政策获得疗养券；照顾孩子期间额外算退休积分；每年可增加至多 14 天的休假时间等。①

我国可学习借鉴俄罗斯，并根据本国实际，将婚嫁、生育、养育、教育一体考虑，发展普惠或免费型托育服务体系，调整义务教育年限，降低生育、养育、教育成本。例如，可以考虑调整我国义务教育年限为 10 年，分别是小学 5 年、初中 2 年、高中 3 年，将小学、初中和高中全部囊括进义务教育。这不仅降低了家庭的教育费用，还缓解了学生和家长的升学焦虑，且只比现今的 9 年义务教育多 1 年，财政可行性较高。在中小学义务教育阶段，可以考虑为学生提供免费的早点、午餐、延时服务和兴趣班服务。同时，还要发展"普惠型"或免费的 2~6 岁公共婴幼儿托育照料体系，不断提高我国托儿机构的数量和质量，以减少家庭成员的养育负担；还可以尝试为 0~3 岁婴幼儿提供 15 小时/周的免费学时，为婴幼儿照料者提供喘息服务，或为家庭照料者提供育儿津贴。

（三）在全国推行为期 3 年的育儿假

为了提高生育率，俄罗斯为孕产妇提供了免费孕前检查和产后康复以及产假、育儿假等一揽子政策，其中尤其值得中国借鉴和学习的是育儿假。俄罗斯现行法律规定，母亲为照顾孩子，在孩子 3 周岁之前可以申请长达 3 周年的育儿假，在育儿假期间，雇主须为员工保留工作职位，并把育儿假计入工作年限。

父母参与 0~3 岁孩子的养育对亲密关系的形成及孩子性格的发展至关重要。但在养育成本极高、职场竞争压力极大的当代中国，能全程参与孩子 0~3 岁成长的父母数量寥寥无几。我国应借鉴俄罗斯，尝试建立针对孩子父母的长达 3 年的育儿假，实施孩子父母共同休假的制度，特别是在父亲陪产假的基础上增加父亲的育儿假，保障男职工的权益，平衡家庭的育儿分工，减少对女性的职场歧视，增加父亲对孩子成长的参与度。至于休育儿假期间父母的收入，可尝试将生育保险的范围扩大至育儿假，或发放由各级政府、工作单位共担的生育津贴，以保障男性和女性在育儿假期间的收入水平保持基本稳定。同时，还要灵活设计育儿假的休假方式，增强育

---

① 深度提高生育率，俄罗斯为何难如愿？［EB/OL］.（2020-11-16）［2023-03-28］. https：//baijiahao.baidu.com/s？id=1683468216174647793&wfr=spider&for=pc.

儿假制度的弹性,可采取部分时间工作制、间歇性休假等弹性休假方式,以满足不同家庭的多样化需要。①

(四)重塑社会婚育文化

俄罗斯政府近年来设立"俄罗斯家庭奖"、恢复"英雄母亲"称号,并将 2008 年定义为俄罗斯家庭年,试图以"润物细无声"的方式提升民众的家庭文化价值观念,引导民众回归家庭、多生子女。当前我国生育水平和生育意愿出现"双低"现象,一是生育水平低于生育意愿,说明尚有生育需求未得到满足;二是生育意愿低于更替水平,说明育龄人群的生育信心明显不足。且 2016 年"全面二孩"政策实施效果的评估结果显示,政策宽松化显著增加了二孩的出生数量,提升了二孩总和生育率,但由于一孩出生数量和一孩总和生育率过低,在总体上呈现为近年来出生数量的不断下降与总和生育率的持续低迷。由此可见,提振生育水平需要与提振婚姻信心及生育信心并策同行。提振婚姻信心需要我国加强青年婚恋观、家庭观教育,破除高价彩礼等陈规陋习,引导、营造适龄结婚和生育的社会文化氛围。而提振生育信心除需要在物质上降低生育、养育、教育成本之外,还要重塑社会婚育文化,引导民众尊重生育的社会价值,提倡适龄婚育、优生优育,鼓励夫妻共担育儿责任。② 具体而言,政府可以多设置一些"和谐家庭奖""模范家庭奖""伟大母亲奖"等,并要重视广播、电视、报纸等传统媒介对良好婚育文化的推介和宣传,同时充分发挥抖音、快手、B 站等年轻人喜爱的短视频网站及微信公众号的作用,多方位、多内容地向公众宣扬、倡导良好的婚育文化。

(五)继续优化生殖健康、医疗卫生保健相关服务

俄罗斯近几年针对医疗卫生保健等加强了优化与规范服务,为保证孕产妇孕期安全,提高妇产科保健的质量,引进高水平人才针对孕产妇进行研究,加强对医务人员的技术培训,保护孕产妇的身体健康,让孕产妇更放心地进行生育。

对于我国而言,首先,政府应保障医疗卫生方面的基本公共服务,开

① 杨凡. 父母育儿假:发达国家的实践及对中国的启示 [J]. 人口与健康,2021(8):33-34.
② 张博令. 人民时评:让三孩生育支持政策落地见效 [EB/OL]. (2021-08-18)[2023-03-28]. https://www.xuexi.cn/lgpage/detail/index.html? id = 4047097082459695702& item_ id = 4047097082459695702.

展产科和儿科医护人员培训，做好分级诊疗，完善应急转诊机制，强化孕产妇和新生儿危急重症救治能力建设，确保母婴安全。其次，要进一步做好妇幼保健服务，实行对先天性疾病儿受孕干预、加强生殖健康咨询服务、普及育婴知识等。再次，对于生育困难的家庭，政府应提供辅助生育技术服务，建立生育困难家庭辅助生育补助制度。[①] 最后，应讨论在中国推广代孕、人工受孕的可行性。在俄罗斯，代孕是合法的。但由于代孕与中国传统的思想观念不符且涉及伦理问题，因此代孕在中国并没有合法化。随着法律的完善与民众思想观念的变化，代孕在未来未尝不可尝试。

参考文献

[1] 范静. 全面三孩政策下完善生育支持体系的思考与建议——基于德、俄、日、韩的经验借鉴 [J]. 经济研究导刊, 2023 (2): 60-62.

[2] 冯慧迪. 完善生育保障制度体系, 实现人口发展战略构想——以俄罗斯为例 [J]. 人口与健康, 2022 (4): 15-17.

[3] 刁利明, 朱明仕. 俄罗斯社会人口形势动态及其结构性因素 [J]. 社会科学战线, 2022 (2): 218-229.

[4] 王红漫, 杨磊, 金俊开, 等. 积极生育支持背景下家庭生育支持政策与生育率的历史转变——基于中国、日本、韩国、俄罗斯、美国和德国的比较分析 [J]. 卫生软科学, 2021 (12).

[5] 谢尔盖·弗拉基米洛维奇·扎哈洛夫, 张广翔, 王昱睿. 俄罗斯鼓励生育政策为何影响有限 [J]. 社会科学战线, 2020 (10): 211-235.

[6] 徐兴文, 刘芳. 低生育率时代典型国家家庭政策的实践与启示 [J]. 四川轻化工大学学报（社会科学版）, 2020 (3): 1-26.

[7] 肖来付. 近年来俄罗斯的人口政策: 背景、效果及其经验 [J]. 商业经济, 2019 (1).

[8] 陶鹰. 从国际视野看鼓励生育 [J]. 人口与计划生育, 2018 (11): 36-41.

[9] 阚唯, 梁颖, 李成福. 国际鼓励生育政策实践对中国的启示 [J]. 西北人口, 2018 (5).

---

① 阚唯, 梁颖, 李成福. 国际鼓励生育政策实践对中国的启示 [J]. 西北人口, 2018, 39 (5): 47-56.

[10] 杜娟 . 俄罗斯人口和移民政策 [J] . 学术交流，2017（2）：219.

[11] 陈卫民 . 中国和俄罗斯低生育率问题及其治理比较 [J] . 欧亚经济，2016（3）.

[12] 程亦军 . 中俄人口状况比较及其面临的挑战 [J] . 欧亚经济，2016（3）.

[13] 穆光宗 . 俄罗斯的人口危机及其对中国的启示 [J] . 欧亚经济，2016（3）.

[14] 原新 . 中国和俄罗斯人口政策与人口国情比较 [J] . 欧亚经济，2016（3）.

[15] 雷丽平 . 中俄两国采取不同的政策应对人口问题 [J] . 欧亚经济，2016（3）.

[16] 高际香 . 中俄人口问题现状、成因与政策 [J] . 欧亚经济，2016（3）.

[17] 于小琴 . 俄罗斯人口政策效应与中国人口政策调整 [J] . 欧亚经济，2016（3）.

[18] 高际香 . 俄罗斯人口问题及政策选择 [J] . 欧亚经济，2016（2）.

[19] Asiya V . COMPARATIVE POPULATION STUDIES [J] . 2021：46.

共建"一带一路"国家儿童福利政策

周碧华　黎晔琳*

摘　要：儿童福利政策是各国社会保障与社会福利制度的重要内容，其对于生育政策的顺利推行、家庭福利的提升、劳动力市场参与等社会问题具有重要的意义，儿童福利提供状况和儿童权益保障程度是国家政治文明、经济发展和社会进步的重要体现。本文对我国及共建"一带一路"国家的儿童福利政策及其发展状况进行梳理和总结，介绍各国儿童福利政策体系的具体内容，并在此基础上分析我国在提升共建"一带一路"国家整体儿童福利水平方面可以发挥的作用，为促进各国之间儿童福利事业的相互交流与合作提供努力的方向。

关键词："一带一路"；社会福利；儿童福利

一、引言

儿童福利问题一直以来备受国际社会关注，是各国社会保障政策的核心，关系着国家和民族的未来。然而，目前在很多发展中国家，仍存在对儿童健康权、受教育权及经济权的剥削等问题，尤其是在一些经济发展水平落后的国家，其儿童的基本权益难以得到保障，儿童福利与儿童保护体系需进一步建立与完善。自共建"一带一路"倡议提出以来，中国和共建国家在儿童福利事业方面的联系与合作日益紧密，我国对于共建"一带一路"国家儿童福利事业的发展提供了重要支持，并且也得到了国际组织的认可与支持。2015 年 9 月，国家主席习近平在全球妇女峰会上宣布，未来 5

---

* 周碧华，华侨大学政治与公共管理学院副教授，主要从事公共部门激励扭曲方面的研究；黎晔琳，华侨大学政治与公共管理学院硕士研究生，主要从事公共部门激励扭曲方面的研究。

年内，中国将帮助发展中国家实施 100 项妇幼健康工程。2016 年，湖南首个妇幼援津医疗项目在津巴布韦正式启动，为津巴布韦妇女和儿童的健康事业发展作出了重要贡献。[①] 2017 年 12 月 23 日，由中国驻缅甸大使馆和中国和平发展基金会出资援助改造的杜庆芝医院移交启用仪式在仰光举行，提升了缅甸的妇女和儿童医疗设施水平，保障了其健康权益。[②] 2019 年，联合国儿童基金会执行主任亨丽埃塔·福尔在一次采访中表示共建"一带一路"倡议的实施给共建国家的儿童福利事业带来了发展机遇，并愿意在这方面与中国加强合作，在实施共建"一带一路"倡议的过程中，联合国儿童基金会希望成为中国良好的合作伙伴，并愿与中国一路同行。[③] 2022 年 9 月 15 日，在第 19 届中国—东盟博览会、中国—东盟商务与投资峰会新闻吹风会中，线上线下举办了儿童福利相关论坛。[④] 可见，在推进共建"一带一路"过程中，我国和共建"一带一路"国家在儿童福利事业发展方面形成了良性互动，共同努力促进儿童福利水平的提升。

二、儿童福利概念的界定

儿童福利的内涵因各国儿童福利责任定位的不同而存在差异，儿童福利的概念在很大程度上影响了各国儿童福利制度的框架和内容。因此，在研究各国的儿童福利体系之前很有必要对儿童福利的相关概念进行界定。由于各国经济水平及文化背景不同，其对于儿童福利的定义存在差异，各国对于儿童福利尚未形成统一的概念。联合国 1959 年发布的《儿童权利宣言》首次规定了世界各国儿童应享有的权利与保障。1989 年，第 44 届联合国大会决议通过了《儿童权利公约》，进一步明确，凡 18 周岁以下者均为儿童，世界各地的所有儿童均享有生存权、受保护权、受教育权及积极参

---

① 湖南省妇幼保健院援助津巴布韦宫颈癌防治项目医疗团队：尽最大努力为当地民众解除疾病痛苦，中国一带一路网，https：//www.yidaiyilu.gov.cn/ghsl/gnzjgd/186006.htm.

② 首家中缅友好医院移交启用仪式在仰光举行，中国一带一路网，https：//www.yidaiyilu.gov.cn/xwzx/hwxw/40888.htm.

③ 联合国儿基会执行主任：愿与中国一路同行共建"一带一路"，中国一带一路网，https：//www.yidaiyilu.gov.cn/ghsl/hwksl/82814.htm.

④ 1600 多家企业将亮相第 19 届中国—东盟博览会，中国一带一路网，https：//www.yidaiyilu.gov.cn/xwzx/gnxw/276766.htm.

与家庭、文化和社会生活等各方面的权利。① 该公约关于儿童福利的相关规定表明，凡是促进儿童权利保护的努力均可称为儿童福利，即广义儿童福利的内容。狭义的儿童福利则是针对特定的儿童与家庭的，尤其是那些基本需要未能得到满足的儿童②，例如，"困境儿童"或"弱势儿童"是指受社会、家庭及个人原因的影响，自身权益未能得到保障，导致其生存和发展需要外界支持和帮助的儿童。③ 根据《国务院关于加强困境儿童保障工作的意见》，困境儿童包括家庭贫困、自身残疾、监护风险三类④，学术界关于困境儿童的界定一般还包括心理方面处于困境的儿童。⑤ 而在社会工作领域，则认为儿童福利是一种服务，不仅包括对儿童提供直接的福利服务，还包括提供有利于促进儿童健康成长的家庭和社区福利服务。⑥ 综观各国实际，儿童福利政策一直朝着普惠型儿童福利的方向发展，因此本文根据联合国《儿童权利公约》的相关规定，采取广义的儿童福利概念，认为儿童福利是指促进儿童在生存权、受保护权、受教育权及积极参与家庭、文化和社会生活等各方面权利保护的努力。

三、中国儿童福利政策发展现状

在不同的经济社会发展阶段，我国的福利政策目标有着不同的定位，依据各时期儿童福利政策目标的差异，我国的儿童福利政策发展历程可划分为三个阶段：第一个阶段是改革开放之前的补缺型儿童福利政策探索阶段，第二个阶段是改革开放后的基本定型阶段，第三个阶段是进入 21 世纪以来的全面发展阶段。改革开放以来，我国经济社会发展经历了前所未有的大转型，伴随社会结构的变迁，尤其是家庭结构的变化，涌现出大批留守儿童、流动儿童、贫困儿童等"特殊困难儿童"，其生存和发展面临着流

---

① Hammarberg T. The UN convention on the rights of the child——and how to make it work. Human Rights Quarterly, 1990, 12（1）, pp. 97-105.

② 陆士桢. 中国儿童社会福利需求探析 [J]. 中国青年政治学院学报, 2001 (6)：73-77.

③ 李迎生. 弱势儿童的社会保护：社会政策的视角 [J]. 西北师大学报（社会科学版），2006 (3)：13-18.

④ 国务院关于加强困境儿童保障工作的意见，中华人民共和国中央人民政府网，http：// www. gov. cn/zhengce/content/2016-06/16/content_ 5082800. htm.

⑤ 高丽茹，彭华民. 中国困境儿童研究轨迹：概念、政策和主题 [J]. 江海学刊，2015 (4)：111-117.

⑥ 周震欧. 儿童福利，中国台湾：巨流图书公司，1996：12-13.

动性带来的不平等和脆弱性等问题，儿童福利问题不断增多。社会福利制度作为处理社会问题的工具，其目标是帮助那些不能有效扮演自身关键性社会角色及现有社会制度对社会角色扮演不能产生有效功能支持的人们，从而维持社会的公平。因此，我国儿童福利事业的重点也应当是"困境儿童"。为此，党中央、国务院一直高度重视"困境儿童"的保障工作，积极出台相关政策文件回应儿童福利需求，使我国的儿童福利水平实现了稳步提升。

（一）我国儿童福利政策体系

我国现阶段儿童福利政策的目标是构建适度普惠型儿童福利制度，到目前为止形成了较为完备的儿童福利政策体系。2010 年，国务院办公厅下发了《关于加强孤儿保障工作的意见》，指出要依据我国经济发展水平建立与之匹配的孤儿保障制度，拓宽保障渠道，建立起包含基本生活保障、医疗保障、教育保障、就业住房保障在内的全面保障网络。[①] 2011 年，国务院发布了《中国儿童发展纲要（2011—2020 年）》[②]，首次增加了"儿童与福利"专题，并提出进一步扩大儿童福利的范围，建立和完善适度普惠的儿童福利体系。2013 年，民政部发布了《关于开展适度普惠型儿童福利制度建设试点工作的通知》，各地依据该通知启动试点工作，标志着我国儿童福利政策开始进入适度普惠型的发展阶段。[③] 2016 年，国务院出台了《关于加强困境儿童保障工作的意见》[④]，该政策聚焦于困境儿童权益的保障，提升了困境儿童权益保障在我国儿童福利政策体系中的地位。2019 年，伴随儿童福利司的设立，我国城乡社区儿童福利工作队伍得以基本建立。同年，民政部联合十部委发布了《关于进一步健全农村留守儿童和困境儿童关爱服务体系的意见》[⑤]，要求进一步提升未成年人救助保护机构和儿童福利机

① 国务院办公厅关于加强孤儿保障工作的意见，中华人民共和国中央人民政府官网，http：//www. gov. cn/zwgk/2010-11/18/content_ 1748012. htm.

② 国务院关于印发中国妇女发展纲要和中国儿童发展纲要的通知，中华人民共和国中央人民政府，http：//www. gov. cn/gongbao/content/2011/content_ 1927200. htm.

③ 关于开展适度普惠型儿童福利制度建设试点工作的通知，中华人民共和国民政部官网，http：//preview. www. mca. gov. cn/.

④ 国务院关于加强困境儿童保障工作的意见，中华人民共和国中央人民政府，http：//www. gov. cn/zhengce/content/2016-06/16/content_ 5082800. htm.

⑤ 民政部关于进一步健全农村留守儿童和困境儿童关爱服务体系的意见，中华人民共和国中央人民政府，http：//www. gov. cn/xinwen/2019-05/28/content_ 5395417. htm.

构的服务能力。在新冠疫情防控期间，民政部还提请国务院联防联控机制印发了《因新冠肺炎疫情影响造成监护缺失儿童救助保护工作方案》①，为特殊时期的"困境儿童"帮扶提供了更多支持。这一系列政府文件的推出为我国儿童福利体系的发展提供了良好的政策环境，由此我国的儿童福利事业进入全面发展阶段。

（二）我国儿童福利的责任主体及政策对象

在现阶段的"适度普惠"儿童福利政策背景下，我国的儿童福利工作以民政部为主导，政府是主要责任主体，同时在一定程度上体现了社会责任的回归，强调在国家、社会（社区）、市场、家庭之间建立一种动态的责任分担平衡机制。中央和地方通过设立专门的管理机构、颁布相关法规政策、提供补助津贴等方式对儿童的基本权益进行保障，该时期的儿童福利责任由政府和家庭共担向政府、社会和家庭等多元责任主体承担转变。

从政策对象来看，现阶段我国的儿童福利政策对象虽然仍以"困境儿童"为主，但"困境儿童"的类别不断扩展，且在儿童保健、传染病预防、义务教育等少数几个领域覆盖了所有儿童。② 2013 年 6 月，民政部下发了《民政部关于开展适度普惠型儿童福利制度建设试点工作的通知》，标志着适度普惠型儿童福利开始实施，同时对适度普惠儿童福利的对象"困境儿童"的范围进行了规定，"困境儿童"包括儿童自身面临困境和儿童家庭面临困境两种情况（即"困境儿童"和"困境家庭儿童"）。根据 2016 年印发的《国务院关于加强困境儿童保障工作的意见》的有关规定，"困境儿童"主要包括因自身或家庭原因导致生活陷入困境、自身合法权益受到侵害等情形的儿童，该文件就孤儿、重度残疾儿童、重大疾病儿童、监护缺失的儿童和其他"困境儿童"的保障工作进行了具体规定。现阶段我国儿童福利政策的覆盖对象已不再局限于传统机构内的孤残儿童，不断拓宽至各类"困境儿童"。③ 然而，在现阶段适度普惠型儿童福利制度建设目标下，儿童福利政策的范畴虽逐渐扩大，从关注儿童的自身生存困境到日益强调

---

① 6 个关键词透视儿童福利工作发展，中华人民共和国民政部，https：//www.mca.gov.cn/article/xw/mtbd/202207/20220700043093.shtml.

② 李迎生，袁小平. 新时期儿童社会保护体系建设：背景、挑战与展望［J］. 社会建设，2014（1）：33-46.

③ 高丽茹，彭华民. 中国困境儿童研究轨迹：概念、政策和主题［J］. 江海学刊，2015（4）：111-117，239.

对于儿童家庭困境、监护困境的回应①，但总体来看，儿童福利政策对象仍局限于孤儿、残疾儿童、重病儿童、监护缺失儿童等"困境儿童"②，未来亟需引入以儿童为中心、普惠所有儿童的福利制度，加快提升相关政策与服务体系运行的能力水平。

（三）我国儿童福利项目的具体内容

从福利项目的内容来看，我国儿童福利在补缺型向普惠型转型过程中，针对不同类型的"困境儿童"分别提供现金津贴和服务③，福利提供类型不断丰富，福利水平逐步提升。

在现金津贴方面，主要是分类对"困境儿童"发放现金补贴。2010年，我国开始根据国务院办公厅发布的《关于加强孤儿保障工作的意见》向全体孤儿发放基本生活保障津贴。2012年，民政部发布《关于发放艾滋病病毒感染儿童基本生活费的通知》，为全体艾滋病病毒感染儿童发放津贴。2019年参照孤儿标准为事实无人抚养儿童发放津贴，2022年将3岁以下婴幼儿照护费用纳入个人所得税专项附加扣除等。④

在福利服务方面，主要包括"困境儿童"基本生活保障服务、"困境儿童"医疗康复服务、"困境儿童"教育、"困境儿童"保护机制等内容。在基本生活保障服务方面，主要是为"困境儿童"提供生活照料，包括直接提供食品、住宿等实物和服务。

在健康与医疗卫生服务方面，政府开始对贫困儿童提供营养膳食补助，并开始建立专门针对"困境儿童"的医疗救助制度。2011年，依据《国务院办公厅关于实施农村义务教育学生营养改善计划的意见》，政府对处于义务教育阶段的农村贫困地区和家庭贫困儿童提供营养膳食补助。2010年，卫生部、民政部联合发布《关于开展提高农村儿童重大疾病医疗保障水平试点工作的意见》，规定在新农合的基础上将0~14周岁（含14周岁）的儿童患急性白血病和先天性心脏病两类重大疾病纳入试点保障范围。

---

① 邓锁. 儿童救助保护服务体系建设中的社会工作 [J]. 中国社会工作, 2020 (16)：26-27.

② 尹吉东. 从适度普惠走向全面普惠：中国儿童福利发展的必由之路 [J]. 社会保障评论, 2022 (6)：122-143.

③ 姚建平, 刘明慧. 改革开放以来中国儿童福利制度模式研究 [J]. 社会建设, 2018 (5)：14-23.

④ 尹吉东. 从适度普惠走向全面普惠：中国儿童福利发展的必由之路 [J]. 社会保障评论, 2022 (6)：122-143.

在教育发展方面，政府为全体儿童提供了普惠性的免费义务教育，同时针对困境儿童也有各种保障措施，为流动儿童在城市平等接受义务教育提供政策支持与保障，为贫困家庭儿童提供就学资助和教育帮扶，为残疾儿童提供特教服务。

在困境儿童保护机制方面，根据困境儿童的具体情况，采取行政保护、替代照顾、专业矫治等多元化保护措施。[①] 例如，民政部在乡镇（街道）设立儿童督导员、在村（居）委会设立"儿童主任"并于 2020 年实现了全覆盖，2022 年又开展了"护童成长"——儿童关爱服务体系建设试点项目。

总体而言，我国持续增加了儿童福利项目方面的投入，并且在保障"困境儿童"基本生活及教育、医疗和文化生活方面取得了卓越成效，有效提升了我国的儿童福利水平。民政部的数据显示，截至 2021 年底，全国共有孤儿 17.3 万人，其中社会散居孤儿 11.9 万人，基本生活保障平均标准为 1257.2 元/（人·月）。全年儿童福利资金总支出为 83.6 亿元，其中在孤儿基本生活保障方面支出了 32.4 亿元，事实无人抚养儿童基本生活保障支出 33.8 亿元，其他儿童福利资金支出 17.4 亿元。[②] 充分彰显了国家对于儿童福利工作的高度重视，使我国儿童福利水平得到了进一步提升。

四、共建"一带一路"国家儿童福利政策发展情况

截至 2023 年 1 月 6 日，我国已经同 151 个国家和 32 个国际组织签署了 200 余份共建"一带一路"合作文件，并且我国和共建国家就儿童福利问题进行了积极交流与相互借鉴，因此，分析共建国家儿童福利事业发展情况能够为各国的后续合作与交流提供一定参考。总体而言，由于每个国家的价值观及政治制度不同，其福利理念存在区别，进而在儿童福利事业方面有所差异，下面将介绍部分共建"一带一路"国家的儿童福利事业发展情况。

（一）东亚国家儿童福利政策发展情况

东亚福利体制国家中对于儿童福利与儿童保护的态度总体倾向于家庭

---

① 姚建平，刘明慧. 改革开放以来中国儿童福利制度模式研究 [J]. 社会建设，2018（5）：14-23.

② 2021 年民政事业发展统计公报，中华人民共和国民政部，https://www.mca.gov.cn/article/sj/tjgb/.

化，由中国、日本到韩国，其家庭化程度逐渐减弱。韩国受天主教的影响，较早推行了儿童福利社会工作，目前已形成了较为完善的儿童福利制度与理念。因此，下面介绍韩国的儿童福利体系及其发展情况。

1. 韩国的儿童福利政策法规体系

韩国的儿童福利思想受早期西方儿童福利理念的深刻影响，认为每一位儿童在享受家庭和社会的关爱与保护等方面的权利都是平等的。因此，韩国尤其重视儿童保护工作，并较早形成了完备的儿童福利制度体系。1961年，韩国颁布了《儿童福利法》，随后在此基础上逐步完善了儿童福利政策体系。韩国还制定了"一揽子儿童福利计划"：韩国政府自 2003 年以来，逐步建立了全面的儿童保护计划，具体内容涉及儿童虐待、交通安全、校园暴力、吸毒等问题，尤其是在校园暴力和青少年不良行为等方面制定了更为详细的制度安排。在儿童保护工作方面，韩国形成了综合的儿童保护法律体系。在儿童救助与矫治方面，1958 年韩国颁布的《青少年感化法》规定了有关机构为需要保护的未成年人提供矫治的义务。1988 年韩国颁布的《未成年人法》针对未成年人犯罪的特殊措施进行了相关规定。2005 年韩国颁布了《流浪儿童救助法》，就预防儿童失踪及流浪儿童救助等问题进行了规定。针对儿童虐待问题方面，韩国颁布了《家庭暴力防治法》《校园暴力防治法》，就家庭暴力及校园暴力的预防与处置问题进行了相关规定。2009 年，进一步颁布了《儿童和青少年免遭性虐待保护法》，旨在预防儿童性虐待问题。在儿童安全方面，就儿童的衣食住行等权益的保护颁布了《儿童游乐设施安全管理法》《学校食品安全法》《儿童饮食生活安全管理特别法》等，旨在全面保障儿童的生命健康与安全。

共建"一带一路"倡议提出以来，韩国政府在提高儿童生活水平、教育和健康保障方面做出了积极努力。2018 年，韩国政府全面支持托育政策，旨在通过提供财政支持、扩大托育设施建设、提高托育质量等措施，帮助家庭更好地照顾儿童，相关政策安排包括扩建公立幼儿园、对私立幼儿园进行补贴及提高幼儿教育教师的待遇等。[①] 2019 年，韩国政府进一步出台了《儿童津贴制度》，规定韩国政府将为低收入家庭的儿童提供月度津贴，以减轻家庭的育儿压力，具体津贴金额根据家庭收入和孩子人数进行调整。[②]

---

① 韩国教育部 . https：//www. moe. go. kr/.
② 韩国厚生劳动部 . http：//www. mohw. go. kr/.

2020年，韩国政府出台了《防止儿童虐待法案》，旨在加强对儿童虐待犯罪的打击力度，提高对受害儿童的保护力度。政策措施包括加强监管机构的职责、提高社会对儿童虐待问题的关注度和认识，并且为受害者提供救助和庇护。《防止儿童虐待法案》的实施有效地保护了儿童免受虐待，据韩国国家法务部统计，自2020年该法案实施以来，儿童虐待案件的数量和严重程度都有所下降。① 同年，韩国推行了免费国民幼儿教育政策，根据该政策，韩国政府承诺为3~5岁的儿童提供免费国民幼儿教育，以缓解家庭教育负担。该政策的实施使得更多3~5岁的儿童能够接受到优质的教育服务，提高了儿童的学前教育参与率，并且有效缓解了家庭教育的负担。② 2021年，韩国为了提高儿童的健康状况，进行了儿童保健政策改革，进一步扩大了儿童保健服务，包括提供免费预防接种、定期健康检查及心理健康和发育评估等项目。③ 儿童保健政策改革为儿童提供了更全面的健康保障，使得儿童的健康状况得到了全面提升。

2. 韩国的儿童福利项目内容

在具体的福利项目内容方面，现阶段韩国的儿童福利制度体系逐渐向普惠型发展，正式引进了基于儿童权利和儿童保护原则的儿童福利服务。福利项目内容包括一大批为全体儿童的发育提供支援、保育费支援等社会福利项目，其中最为典型的就是儿童津贴制度。根据儿童津贴制度，韩国政府对所有儿童采取"按人头"方式定额支付补贴金。从2018年开始，韩国向所有0~5岁的儿童每月支付10万韩元的儿童津贴，2019年将其受益对象年龄扩大至0~6岁。④ 儿童福利逐渐从以弱势儿童为对象的"补缺型"儿童福利政策向面向所有儿童的"普惠型"儿童福利政策发展。

3. 韩国的儿童福利资金投入情况

在儿童福利资金投入方面，韩国的儿童福利资金来源于一般国家预算、公益彩票和社会企业三个方面，其中一般国家预算是韩国儿童福利资金的主要来源，公益彩票和社会企业也在近年来得到了更多的重视和发展。韩国政府在近年来持续增加了儿童福利资金的投入，图1显示了韩国近5年

---

① 韩国国家法务部 . http：//www. moj. go. kr/.
② 韩国教育部 . https：//www. moe. go. kr/.
③ 韩国厚生劳动部 . http：//www. mohw. go. kr/.
④ 李奉柱，尹丽花. 韩国儿童福利的历史、现状与挑战［J］. 社会保障评论，2020（4）：107
-119.

（2018—2022 年）的儿童福利资金投入情况。根据韩国政府发布的数据，2018 年韩国儿童福利资金投入金额达 21.2 兆韩元（约合 19.1 亿美元），2019 年达到了 22.3 兆韩元（约合 20.1 亿美元），2020 年儿童福利资金投入24.7 兆韩元（约合 22.3 亿美元），2021 年增长至 26.6 兆韩元（约合 24.0 亿美元），2022 年持续增加至 28.5 兆韩元（约合 25.7 亿美元）。① 总体而言，韩国政府的儿童福利资金投入呈现出稳定增长的趋势。

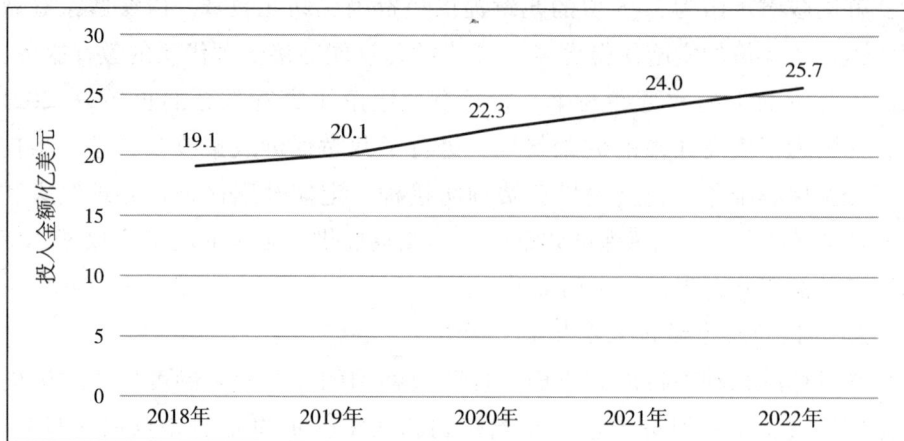

图 1　韩国 2018—2022 年儿童福利资金投入金额

资料来源：根据韩国福利部官网数据整理。

（二）中亚和西亚国家儿童福利政策发展情况

中亚和西亚参与共建"一带一路"的国家包括哈萨克斯坦、乌兹别克斯坦、土库曼斯坦、塔吉克斯坦、吉尔吉斯斯坦、格鲁吉亚、伊朗、伊拉克、黎巴嫩、沙特阿拉伯、叙利亚等国。其中，中亚五国与我国建交 30 年以来，取得了一系列合作成果，尤其是 2013 年共建"一带一路"倡议进一步深化了中国和中亚国家的关系。截至 2023 年 1 月 6 日，哈萨克斯坦、乌兹别克斯坦、塔吉克斯坦、吉尔吉斯斯坦 4 个中亚国家均与中国签订了共建"一带一路"合作文件，共建"一带一路"倡议成为中国与中亚国家密切合作的纽带。2022 年 1 月 25 日，国家主席习近平主持中国同中亚五国建交 30 周年视频峰会，强调携手构建更加紧密的中国—中亚命运共同体。哈萨克斯坦作为中亚五国中最繁荣的国家，其社会福利制度相比其他四国更为完

① 韩国福利部官网，http：//www.mohw.go.kr/.

善，在儿童福利方面签署了联合国《儿童权利公约》，并一直努力实现国际标准，以提高儿童的生活质量，促进儿童福利水平的全面提升。下面将具体介绍哈萨克斯坦的儿童福利政策。

1. 哈萨克斯坦儿童福利政策背景

哈萨克斯坦作为一个发展中国家，其儿童福利事业面临着很多挑战。截至 2012 年，哈萨克斯坦有 34785 名孤儿和失去父母照料的儿童。在这些儿童中，有 10887 人被安置在机构中（841 人在劳动和社会保障系统内的机构中长大，1552 人在卫生系统中长大，8494 人在教育系统中长大）；21736 名儿童被置于监护之下；2162 名儿童被寄养。在国有寄宿机构居住的 1 万多名儿童中，80%以上的儿童其父母仍然健在，并为政府所知，但他们父母的权利已被剥夺。[1] 哈萨克斯坦接受正规照料的儿童人数和比率很高，这表明在儿童福利方面，强调家庭履行相应责任的制度效率较为低下，其儿童福利制度仍在完善中。根据儿童保护委员会（Committee on Child Protection）的官方数据，截至 2016 年初，哈萨克斯坦人口为 17753200 人，其中 0～17 岁的儿童人数为 5460449 人（占人口总数的 30.7%），儿童人口在该国人口结构中所占比例较高，因此，儿童福利政策的发展与完善十分必要，其对于儿童的身心健康发展提供必要的社会支持和援助具有重大意义。[2]

2. 哈萨克斯坦儿童福利政策

在儿童福利政策安排方面，哈萨克斯坦于 1994 年 6 月 8 日加入了联合国《儿童权利公约》，并努力建立一个完整的儿童福利法律框架。哈萨克斯坦已经批准了大约 60 份与人权有关的国际文件，其中 15 份涉及儿童权利保护。《哈萨克斯坦宪法》和其他规范性法律规定的儿童保育、保障成为其儿童福利活动的主要方向，并为保护未成年人权利提供了宪法和法律机制。哈萨克斯坦的儿童福利制度安排主要体现在儿童权利领域，并且强调非政府组织等社会力量的作用。

在儿童福利政策法规方面，哈萨克斯坦的儿童福利政策主要体现于《哈萨克斯坦宪法》和《儿童权利法》。根据《哈萨克斯坦宪法》第 27 条第

① Kelekeyeva G B. Guarantee of children's well-being through development of an effective family strengthening system in the republic of Kazakhstan, Duquesne University, 2013.

② Apakhayev, Nurlan et al. Childhood Legal Protection in Kazakhstan. Journal of Advanced Research in Lawand Economics, 2017, 3 (25), pp. 714-721.

1 款规定，婚姻和家庭、母亲身份、父亲身份和儿童受国家保护，赋予了每个人生命、自由、健康、免费中等教育、家庭不可侵犯的权利。根据哈萨克斯坦《儿童权利法》的规定，政府大力支持履行保护儿童权利和合法利益职能的公共组织，公共组织在执行儿童福利政策时必须根据哈萨克斯坦《最低社会标准法》的规定和遵守旨在改善儿童生活的国家最低社会标准。根据《哈萨克斯坦法典》第 518-IV 号《婚姻和家庭法》第 125 条的规定，监护人无义务自费抚养被监护人。在没有足够的资金维持受监护人基本生活的情况下，履行监护或者托管职能的机构应当指定监护人。未经父母照顾的儿童将被安置在相关机构，并且为没有父母照顾的儿童提供与家庭相近的成长环境。儿童有权获得支持、抚养、教育、全面发展、社会尊重、文化生活等各方面的权利。自 2012 年以来，哈萨克斯坦的社会保障体系为照顾孤儿和失去父母照顾的儿童的监护人提供了福利。哈萨克斯坦为妇女提供产假期间的社会报酬，从妇产医院领养孩子的妇女（男子），伴随孩子出生能够获取一次性国家津贴，并能够获取在孩子年满一岁之前的福利补贴。同时，地方行政机构还为生活在相关机构中缺乏父母照料的儿童提供就业援助。哈萨克斯坦的儿童福利政策还强调非政府组织等社会力量的作用，社会组织在其儿童福利工作中发挥了重要作用。各类社会服务组织和机构为了帮助儿童克服困难的生活状况，为其发展创造平等的机会，会结合儿童的个人特点和所需条件，为其提供特殊的社会服务。在哈萨克斯坦，孤儿院儿童数量的减少已成为一种良好的趋势。哈萨克斯坦在保护孤儿和没有父母照料的儿童权利方面的政策旨在使现有孤儿和没有父母照料的儿童的照料去机构化。2012—2016 年，哈萨克斯坦由机构抚养的没有父母照顾的儿童数量从 34785 人下降到 29666 人，下降了 14.7%。

自签订共建"一带一路"倡议以来，哈萨克斯坦继续完善了其儿童福利政策体系。2016 年，哈萨克斯坦通过了新的《儿童保护法》，规定了各级政府部门、非政府组织和公民在保障儿童权益方面的责任与义务，进一步加强了对儿童权益的保护。同时，哈萨克斯坦近年来一直在进行教育改革，以提高教育质量，确保更多的儿童接受良好的教育。在政策措施方面主要包括增加幼儿园数量、改善学校基础设施和教育技术水平，并且提供了更多奖学金和资助计划等。同时，近年来哈萨克斯坦一直在推行"社会福利计划"，以改善儿童生活质量。该计划包括社会保障、医疗保健、住房保障和托儿所补贴等各种项目，以满足不同家庭的需求。此外，受经济水平影响，外国援助在哈萨克斯坦的儿童福利政策发展方面发挥了重要作用，尤其是随着"一带一路"倡议的推进，哈萨克斯坦与多个国际组织和外国政府开展了合作，以获得更多的财政和技术支持。例如，该国曾从联合国儿童基金会获得资金，用于改善儿童生活条件，并得到了美国、日本等国的大力支持。总之，近年来，哈萨克斯坦政府正通过各种政策和项目来提高儿童福利水平，以保障儿童各方面的权益。

（三）东南亚国家儿童福利政策发展情况

东南亚参与共建"一带一路"的国家包括新加坡、泰国、印度尼西亚、菲律宾、东帝汶、马来西亚、缅甸、柬埔寨、越南、老挝、文莱等国家。其中新加坡的经济实力最为雄厚，儿童福利体系最为健全，因此选取新加坡作为代表来介绍其儿童福利体系具有重要的借鉴意义。新加坡关于儿童福利的相关规定是围绕儿童权益保护展开的，新加坡作为家庭暴力发生率最低的东南亚国家，其妇女和儿童权益保护体系非常健全。下面将具体介绍新加坡的儿童福利政策发展情况。

1. 新加坡儿童福利政策体系

新加坡于 1927 年颁布的《儿童保护法令》标志着儿童福利制度的正式建立[①]，经过逐步的发展与完善，新加坡建立了专业的儿童福利政策体系。一方面，新加坡成立了国家级的儿童权益保护机构——社区发展、青年与体育部（MCYS），该机构是新加坡儿童福利工作的专门负责机构，旨在为儿童提供一个有益于幸福健康成长的安全、充满关爱的家庭环境，关注家庭在儿童权益保护中的重要作用。因此，在保护儿童权益时，强调从源头上解决受害人家庭内部的问题，从而防止伤害再次发生。[②] 后来，为提高解决家庭与儿童问题的效率，社区发展、青年与体育部设立了保护儿童服务处（CPS），专门负责为有需要的儿童提供咨询和调解等服务。[③] 另一方面，新加坡的儿童权益保护法律体系十分完善，形成了专门的儿童权益保护法

---

① 马岩，韦婉，张鸿巍. 新加坡儿童监护的司法干预机制初探——兼谈对我国儿童监护司法干预机制构建的启示 [J]. 山东警察学院学报，2013（6）：95-100.

② Ministry of Community Development, Youth and Sports. Protecting Children in Singapore. A publication by the Rehabilitation and Protection Division, 2005, pp. 17-23.

③ 李珊，李小艺，杨健羽. 探析新加坡儿童权益保护法律体系 [J]. 广西青年干部学院学报，2016（3）：62-65.

律——《儿童和青年人法》；此外，新加坡通过实施家庭问题调解、心理咨询、孤儿抚养服务等各种项目，进一步加强和完善了儿童权益保护体系。

《儿童保护法令》是新加坡第一部正式的儿童保护法规。"二战"后，新加坡开始建立社会福利署，并先后颁布了《妇女宪章》和《儿童和青年人法》。《妇女宪章》旨在通过解决家庭纠纷来维护妇女和儿童的权益。《儿童和青年法》则是专门保护儿童权益的法规，其保护的对象包括"child""young person"和"juvenile"三类主体，其中"child"是指14岁以下的儿童，"young person"是指14~16岁的未成年人，"juvenile"是指7岁以上16岁以下的未成年犯罪人。该法包含两方面内容，即"child"和"young person"两类儿童的利益保护和未成年犯罪人的处置问题。新加坡对于儿童权益的保护还体现在其防止家庭暴力政策方面。2018年，新加坡通过实施《弱势成年人法案》，进入了保护妇女和儿童权益的新阶段。该法案旨在全面解决儿童虐待问题。[1] 为了更有效地帮助受害者，无国界医生组织和警方率先建立了一个包括私人庇护所在内的系统，为了巩固这一制度，公民被定位为防止家庭暴力政策的关键参与者。社会与家庭发展部则是儿童权益保护案件的管理机构，专门负责调查和调解侵害儿童权益的相关案件。社会与家庭发展部为了进一步加强对儿童虐待案件的处理，建立了儿童虐待登记制度。[2] 通过儿童虐待登记系统，警察和相关工作者可以检查已报备的儿童虐待相关案例。此外，新加坡形成了跨部门的协调工作机制，同时，为监督和改进跨部门的儿童保护项目，专门成立了跨部门工作组。2003年，新加坡修订了《新加坡儿童虐待管理指南》，确定了在儿童权益保护跨部门联网工作机制中各合作部门的不同职责。根据该指南，卫生保健中心、学校、社会福利组织和警察等部门相互协调，共同发挥儿童权益保护的作用。[3]

2. 新加坡儿童福利项目的内容

为了有效保护儿童权益，完善儿童福利制度，新加坡保护儿童服务处

① Ogawa M, Koguchi E, Shibata M. Support and Legal Systems for Mother and Child Victims of Domestic Violence in Japan and Singapore. Journal of Asian Women's Studies, 2020, 26, pp. 1-13.
② Pathy P, Yuxuan Cai S, How Ong S, et al. Child protection and children's rights in Singapore. Adolescent Psychiatry, 2014, 4 (4), pp. 242-250.
③ Pathy P, Yuxuan Cai S, How Ong S, et al. Child protection and children's rights in Singapore. Adolescent Psychiatry, 2014, 4 (4), pp. 242-250.

与抚养服务部门、心理服务部门、领养服务部门等"重要合作伙伴"一起推行了各种儿童福利项目和举措。咨询与调解处为儿童和家庭提供了专门的咨询与调解项目。咨询项目主要包括对家庭暴力、儿童抚养等问题的咨询，调解项目旨在为受虐待儿童提供重建与恢复服务。咨询与调解处也会负责引导家庭成员寻找合理的办法以防止虐待事件再次发生。心理服务处面向受害儿童、监护人乃至罪犯开展了一大批专业的服务项目，主要包括受害儿童的康复项目、积极教育项目、成年犯罪人的矫治项目等。针对已无法保障儿童安全的原生家庭，社区发展、青年与体育部还开展了寄养服务项目，在寄养服务项目中，志愿者承担着抚养人的角色，负责给那些经评估无法保障孩子安全、健康成长的家庭提供儿童照料服务。此外，考虑到儿童更易接受熟悉的亲属，新加坡还建立了亲属照顾项目。亲属照顾项目通过利用亲属的支持为需要提供照顾服务的受害儿童提供照料，同时，愿意为孩子提供照顾服务的亲属必须经过一系列评估程序以确认是否符合备选照顾者标准。考虑到以上方式均未能解决的儿童照料问题，新加坡进一步建立了"儿童之家"项目。"儿童之家"项目是由社会福利组织实施的，主要内容是安排受害儿童在"儿童之家"住宿。当其他的寄宿或替代照顾方式均不能有效保证儿童安全时，"儿童之家"住宿照顾则是最后一道防线。新加坡还开展了家庭志愿者计划，旨在为受害儿童所在家庭提供志愿服务。该计划鼓励志愿者与受害人共同居住，在帮助受害儿童解决问题的同时保障受害儿童在原家庭居住。因此，志愿者既能鼓励和帮助原家庭更好地解决家庭问题，同时也能为家庭提供社区服务。为了帮助低收入家庭享受社区服务，新加坡还建立了社区发展理事会和其他慈善基金的经济和社会支持计划。根据该计划，保护儿童服务处的工作人员会为低收入家庭提供照顾孩子、为失业家庭成员安排工作等经济和社会支持。此外，新加坡还面向所有12岁以下的儿童建立了儿童专门账户，账户采用公私合作模式运行，由新加坡社会与家庭发展部负责，由3家银行代为运营。[1]儿童发展账户一经开设，由政府负责在账户中储存3000新加坡元，此后，政府与家长按照1∶1的比例向账户缴纳款项，直至儿童满13岁或达到规定的存款上限，该账户可与高等教育账户相连接，为新加坡儿童教育、医疗等提

---

[1] 何芳. 儿童发展账户：新加坡、英国与韩国的实践与经验——兼谈对我国教育扶贫政策转型的启示 [J]. 比较教育研究，2020（10）：26-33.

供了充分保障。总之，新加坡的儿童福利项目内容丰富，覆盖了儿童的基本生活照料、身心健康、教育和医疗等领域。

（四）南亚国家儿童福利事业发展情况

参与共建"一带一路"的南亚国家包括巴基斯坦、孟加拉国、尼泊尔、斯里兰卡、马尔代夫等。由于贫困问题的存在，南亚国家的儿童权益难以得到保障，儿童福利事业面临较大的挑战。巴基斯坦、尼泊尔等南亚国家虽然签订了联合国《儿童权利公约》和国际劳工组织的《最低年龄公约》等儿童权益保护国际公约，但仍广泛存在童工等违反国际社会公约的现象，儿童福利工作任重而道远。以巴基斯坦为例，巴基斯坦的童工问题较严重，儿童经常在恶劣和肮脏的条件下工作。根据对巴基斯坦地毯工厂的一项研究，由于营养不良、疾病和其他与恶劣工作环境直接相关的健康状况，将有5万名儿童在12岁之前死亡。[1] 此外，儿童虐待问题也是巴基斯坦存在的一个普遍问题，2018年报告了3832起虐待儿童案件，与上一年相比增加了11%。这一年度报告指出，2018年巴基斯坦每天有十多名儿童遭受虐待。[2] 国际社会尤为重视巴基斯坦的儿童保护问题，联合国成员国为巴基斯坦提供了数百条促进儿童保护、性别平等和教育的建议，巴基斯坦政府也积极回应，努力完善现行法律体系并促进儿童权利的保护，完善儿童福利体系。[3]

1. 巴基斯坦儿童福利事业发展现状

巴基斯坦是目前世界上有着最多儿童人口的国家之一，其面临着各种经济、政治和社会问题，儿童福利事业受到很大挑战。其一，巴基斯坦是一个贫困率较高的国家，儿童贫困问题十分突出。据联合国儿童基金会（UNICEF）统计，截至2021年，巴基斯坦有超过1.7亿人生活在贫困线以下，其中超过4000万是儿童。[4] 其二，巴基斯坦儿童普遍面临营养不良问题，特别是在贫困地区。根据联合国儿童基金会2021年的数据，约有38%

---

① Green L A. The Global Fight for the Elimination of Child Labor in Pakistan. Wis. Int'l LJ, 2001, 20, pp. 177.

② Zaraq M. Child Sexual Abuse and Stolen Dignity: A Socio-Legal Exploration of Child Protection Policies in Pakistan. PLR, 2019, 10, pp. 59.

③ Human Rights Brief. Bonded and Child Labor in Pakistan: Interview with Human Rights Practitioner Pirbhu Lal Satyan. Human Rights Brief 21, 2014, 2, pp. 36-37.

④ https://www.unicef.org/pakistan/reports/situation-children-and-women-pakistan.

的巴基斯坦儿童营养不良。① 其三,巴基斯坦儿童面临着严重的教育问题。根据世界银行 2021 年的数据,巴基斯坦的儿童文盲率超过 50%。② 虽然巴基斯坦政府已经推出了一系列教育计划,但是仍有大量儿童无法接受基础教育,特别是女童。其四,巴基斯坦儿童面临的健康问题也十分严重。由于医疗资源匮乏,许多儿童无法获得及时的医疗服务。根据联合国儿童基金会 2021 年的数据,约有 20% 的巴基斯坦儿童有严重的营养不良症状,如慢性营养不良和贫血等。③ 此外,巴基斯坦儿童保护问题也较为严峻,在巴基斯坦,许多儿童面临被虐待、剥削和性侵犯的风险。尽管巴基斯坦政府已经采取了一系列保护措施,但是这些问题仍然存在。据巴基斯坦人权委员会(HRCP)2020 年的报告,巴基斯坦儿童面临的虐待和剥削案例数量在不断增加。④ 总体来说,巴基斯坦的儿童福利事业仍然面临很多挑战,需要国际社会共同努力来改善其儿童福利水平。

2. 巴基斯坦儿童福利政策安排

在巴基斯坦,儿童福利与儿童保护一直以来被视为私人事务,几乎不受政府干预。⑤ 但是,作为共建"一带一路"倡议的重要合作伙伴之一,巴基斯坦受益于这一倡议,积极吸收国际经验和技术,并与联合国儿童基金会等国际组织达成合作,努力改进自己的儿童福利政策,以提高儿童的生活水平、健康和教育水平。目前,巴基斯坦的儿童福利政策主要集中在教育、医疗、社会保障及儿童保护等方面,并且在儿童保护方面加强了立法。

在儿童教育福利方面,巴基斯坦政府于 2017 年 5 月 5 日发布了《2017—2025 年教育规划》(*Education Plan* 2017—2025)。⑥ 根据该规划,巴基斯坦政府正在积极扩大和改善其国内的教育体系,实施了全面的教育政策,包括向所有儿童提供基础教育的政策和对教育系统进行改革的政策。此外,政府还在积极推进数字技术和在线教育,以提高教育的质量和可及性。在儿童卫生和医疗方面,巴基斯坦政府 2005 年颁布了《巴基斯坦国家

---

① https：//www. unicef. org/pakistan/nutrition.

② https：//data. worldbank. org/indicator/SE. ADT. LITR. ZS？ locations=PK.

③ https：//www. unicef. org/pakistan/health.

④ https：//hrcp-web. org/hrcpweb/child-protection-2020/.

⑤ Ali S S. Rights of the Child under Islamic Law and Laws of Pakistan：A Thematic Overview. J. Islamic St. Prac. Int'l L., 2006, 2, p. 1.

⑥ 《Education Plan 2017—2025》,巴基斯坦政府教育部. https：//www. moent. gov. pk/.

儿童健康战略》(*National Child Health Strategy for Pakistan*)①，努力推进国家
健康体系的发展，包括儿童保健和医疗服务。此外，政府还在积极推广计
划免疫，以预防疾病的传播。在社会保障方面，巴基斯坦于 2008 年启动了
《班轮现金援助计划》(*Benazir Income Support Programme*，*BISP*)②，并且目前
正在建立一个全面的社会保障体系，为弱势群体提供基本保障。此外，政
府还提供儿童福利的现金援助和其他福利措施，以支持贫穷家庭的儿童。
在儿童保护政策方面，巴基斯坦政府于 2009 年 9 月 18 日颁布了《儿童保护
法案》(*The Child Protection Bill*)，该法案规定保护儿童免受身体、心理或
性虐待，并且禁止虐待和忽视儿童。③ 此外，巴基斯坦已逐渐承认儿童保护
是国家政策和立法的一个特定领域，并订立了一系列法律法规，颁布了一
系列国内法，包括《儿童就业法》《童婚法》及一些临时性法案等。《巴基
斯坦宪法》亦对保护儿童进行了相关规定。其第 37 条（a）款涉及儿童保
护，规定"任何儿童不得遭受酷刑或其他残忍、不人道或有辱人格的待遇
或处罚"。第 37 条（e）款规定了确保儿童不从事不适合他们年龄的职业的
指导方针。总体而言，尽管巴基斯坦儿童福利事业任重而道远，但巴基斯
坦政府对儿童福利政策已逐渐重视起来。

3. 巴基斯坦儿童福利政策项目的内容

巴基斯坦政府在共建"一带一路"倡议背景下，巴基斯坦针对儿童福
利采取了一系列计划与措施，以改善儿童的福利水平。这些福利项目主要
涉及健康、教育、儿童保护等方面。在健康福利方面，巴基斯坦政府积极
推动儿童医疗卫生服务的发展，成立了儿童医院，为儿童提供免费的医疗
服务和药品。政府也开展了追访儿童疾病的项目，与一些组织和项目合作，
提供婴儿接种服务和营养补给品，以改善儿童的健康状况。在教育福利方
面，近年来，巴基斯坦政府通过共建"一带一路"倡议，加强了网络建设
和信息技术，为儿童教育提供了更多的资源和机会。政府还在教育方面大
力招聘教师，提升了学校的教育水平。同时，巴基斯坦在推进基础教育项
目、主题教育和大学研究领域等方面也付出了很多努力。政府建设了更多
的学校，推广了社区教育项目，向家庭困难、在贫困地区或走私人口中的

① 世界卫生组织 . https：//www. who. int/pakistan/health-topics/child-health.
② 国家福利计划 . https：//bisp. gov. pk/.
③ https：//www. crn. org. pk/policy-advocacy/child-protection/.

儿童免费提供教育。政府还与非政府组织合作，建设职业技能教育中心，提供职业培训、技术教育和就业机会，以提高贫困家庭儿童的就业前景并改善其经济状况。例如，巴基斯坦设有伊斯兰学校（Madrassahs），伊斯兰学校不收学费且提供免费住宿，对贫困家庭特别有吸引力。此外，政府还制订了一些针对儿童福利的发展计划，如《儿童和教育友好方案（AEP）》和《社区探视与监测项目（CMP）》等，以提高儿童教育和健康水平，促进儿童的全面发展。在儿童保护方面，政府建立了一些儿童保护机构，例如成立了儿童维权委员会和儿童心理健康热线，以监控和预防儿童权利与福利遭遇侵犯及不公。非政府组织在儿童福利与儿童保护方面也发挥了重要作用。非政府组织一直试图提出巴基斯坦儿童面临的问题，并成功地将几个问题公之于众，尤其是与童工、性虐待和少年司法有关的问题。大量非政府组织还组织开办非正规基础教育学校，为原本无法负担教育费用的低收入家庭儿童提供免费小学教育。与此同时，非政府组织还参与了儿童教育、童工康复计划，并在该国许多地区确保儿童及其家人免于债役。① 总体来看，巴基斯坦政府已经采取了一些行动来改善儿童的福利状况，并且这些行动获得了各级政府、非政府组织和公民社会的合作支持。

综上所述，巴基斯坦的儿童福利与儿童保护事业发展受到了经济条件的严重制约，且这一现象在南亚各国普遍存在。据报道，2017 年巴基斯坦的儿童保护和福利委员会一直面临严重的财务问题，并且在过去两年中已关闭。只有由联合国儿童基金会和救助儿童会成立的机构一直运营到了 2017 年 12月。2018 年儿童保护和福利委员会仍然没有资金支持，政府只制定了 1000 万卢比的预算，且尚未发布。巴基斯坦儿童福利与保护委员会副主任表示，自从联合国儿童基金会撤回其财政援助后，26 个地区的所有儿童保护单位至今仍无法正常运行。② 总体而言，以巴基斯坦为典型代表的南亚国家虽然努力尝试发展儿童福利与儿童保护，但其儿童福利与儿童保护事业受到经济现状的严重限制。"一带一路"倡议为巴基斯坦等南亚国家儿童福利政策的发展带来了巨大的机遇。未来，随着"一带一路"倡议的深入推进，南亚国家有望获

---

① Zada M, Kansi M A. Managing Child Welfare Strategies in Decentralized Governance：Prospects for Social Services Delivery in Pakistan's Devolution Plan. JL & Soc'y, 2006, 35, p. 127.

② Child protection body in deep financial crisis in KP. The Dawn. https：//www.dawn.com/news/ 1360952.

得更多的资源和机会，以进一步提高儿童的福利水平。

（五）欧洲国家的儿童福利与儿童保护政策

参与共建"一带一路"的欧洲国家主要有俄罗斯、波兰、奥地利、匈牙利、卢森堡、葡萄牙等。其中，俄罗斯对于共建"一带一路"国家的经济发展，尤其是促进欧亚地区一体化发挥着重要作用。共建"一带一路"倡议与俄罗斯主导的欧亚经济联盟对接，可以有效带动共建国家基础设施建设和整体经济的全面发展，是在促进欧亚地区一体化方面迈出的关键步伐。[①] 因此，我们选取俄罗斯为代表，研究其儿童福利政策对于亚洲国家乃至欧洲国家儿童福利事业的发展均具有一定的借鉴意义。俄罗斯儿童福利政策体系建设渐趋完善，儿童福利已成为其社会保障政策体系的重要组成部分。

1. 俄罗斯的儿童福利事业发展现状

俄罗斯作为发达国家，其对于儿童福利工作非常重视，且达到了较高的儿童福利水平。近年来，俄罗斯政府在教育、医疗、社会保障和儿童保护等方面的儿童福利资金投入均有所增加。根据俄罗斯政府的财政预算，俄罗斯在儿童福利方面近五年（2018—2022）的资金投入情况如下：在儿童教育福利方面，俄罗斯在教育领域的预算支出分别为 4.06 万亿卢布、4.23 万亿卢布、4.59 万亿卢布、5.05 万亿卢布、5.28 万亿卢布，其中一部分用于为儿童提供免费的教育服务。在医疗方面，俄罗斯在医疗领域的预算支出分别为 1.76 万亿卢布、1.89 万亿卢布、2.09 万亿卢布、2.26 万亿卢布、2.35 万亿卢布，其中一部分用于为儿童提供免费的医疗服务。在社会保障方面，俄罗斯在社会保障领域的预算支出分别为 4.24 万亿卢布、4.5 万亿卢布、4.77 万亿卢布、5.03 万亿卢布、5.23 万亿卢布，其中一部分用于为儿童提供生活补助、住房补贴、失业救济等社会保障服务。在儿童保护方面，俄罗斯在儿童保护领域的预算支出分别为 5.5 亿卢布、6.7 亿卢布、6.9 亿卢布、7.4 亿卢布、7.5 亿卢布，儿童保护方面的支出不包括在社会保障方面的支出中。[②] 总之，俄罗斯各方面的儿童福利资金投入保持稳步提升的趋势。

---

① 俄罗斯：欧亚经济联盟，中国一带一路网，https://www.yidaiyilu.gov.cn/zchj/gjjj/1062.htm.
② 俄罗斯政府财政预算. https://www.garant.ru/hotlaw/federal/1202662/.

2. 俄罗斯的儿童福利政策发展情况

俄罗斯政府的儿童福利政策体现了政府对儿童的高度重视，同时也强调了社会与家庭的责任，其对儿童的健康问题、教育问题及流浪儿童问题给予了很大关注。一方面对孕妇权益进行了保障，以保障儿童的健康权。同时，在儿童补助金等各项社会福利项目方面做出了很大投入，并发布了"俄罗斯儿童"联邦专项计划，帮助了大量困境儿童，形成了完善的儿童福利政策体系。以下内容将具体介绍俄罗斯的儿童福利政策发展情况。

俄罗斯的儿童福利和保护首先体现在其为孕妇提供的保障与福利方面，因为儿童的生命和健康权与母亲怀孕期间的生活条件有着密切联系。[①] 按照《俄罗斯联邦劳动法》的规定，女性在生育后，其照顾孩子的假期可持续至孩子 3 岁。俄罗斯的儿童福利政策类别十分丰富，主要涉及教育、医疗、社会保障及儿童保护方面。在教育方面，俄罗斯有一系列政策补贴，例如贫困家庭的儿童津贴、育儿一次性补助、多子女家庭年度校服补贴、按月发放的儿童津贴及针对困境儿童家庭的各种补助津贴等。为进一步减轻育儿家庭负担，俄罗斯政府开始根据家庭中儿童的数量向家庭发放幼儿园费用和托儿所费用等方面的津贴。近年来，俄罗斯政府为儿童提供免费的教育，包括幼儿园、小学、中学、大学等，同时为贫困家庭提供奖学金和资助金。在医疗保健方面，俄罗斯政府提供儿童免费医疗服务，包括疫苗接种、体检、治疗等。在社会保障方面，俄罗斯政府为贫困家庭提供生活补助、住房补贴、失业救济等社会保障措施，以确保儿童的基本生活需求得到满足。在俄罗斯，儿童福利待遇水平由各地方政府确定。以儿童补助金的发放为例，其资金来源于联邦和地方预算及社会保险基金。由于缺乏相应的分摊机制，加之联邦和地方财政困难，俄罗斯政府提供的儿童补助金一直处于较低标准。在儿童保护方面，俄罗斯政府致力于保护儿童的权益，制定了《儿童权利宣言》《儿童保护法》等一系列相关法律和政策。同时，俄罗斯的儿童收养和监护制度也是其儿童保护体系的重要组成部分。俄罗斯的"监护家庭"模式与其他发达国家的收养制度存在一定的差异。在该模式下，"监护家庭"在承担抚养儿童责任的同时可领取相应的工资，在"监护家庭"长大的小孩到了 18 岁就会离开"监护家庭"，"监护家庭"中的监

---

① 许艳丽. 俄罗斯的儿童保护与社会保障 [J]. 工会理论研究，2017（4）：44-47.

护人按月领取工资,同时领取额外的专门用于儿童生活的津贴。成为"监护家庭"的程序非常复杂。首先,候选家庭需向儿童福利院了解"监护家庭"的职责及其可能遇到的困难,然后儿童福利院会对候选家庭的物质基础等条件进行仔细审查。接下来针对候选家庭会有专门的培训与考核,最后再由专门的机构认定"监护家庭"资格。

俄罗斯政府亦发布了一些综合性儿童福利政策,例如"俄罗斯儿童"联邦专项计划,旨在为儿童的健康成长营造良好的环境及对"困境儿童"实施救助,以降低孤儿和流浪儿的数量。"俄罗斯儿童"联邦专项计划包括"儿童健康""儿童天赋""儿童与家庭"三个方面,主要解决的是妇女生育安全问题、青少年健康成长环境问题、青少年的身体健康问题、天才儿童的发展问题、残障儿童的生活保障问题等。俄罗斯政府针对该计划做了大量投入,2003—2006年,俄罗斯政府从联邦和地方预算中分别拨款67亿卢布和210亿卢布以支持该计划的执行;2008—2011年,联邦预算拨款增加了29%,超过100亿卢布。联邦专项计划的实施帮助的儿童超过了400万人,使得俄罗斯25%的残疾儿童、10%的贫困儿童及近8%的孤儿的生活和健康水平得以提升。① 俄罗斯卫生和社会发展部进一步提出,俄罗斯政府预计在2007—2010年间拨款511亿卢布以支持"俄罗斯儿童"联邦专项计划的实施,其中联邦预算拨款预计133.5亿卢布。此外,俄罗斯的一些非政府组织亦对儿童福利事业提供了支持,如儿童基金会、儿童之家等。总的来说,俄罗斯政府致力于保障儿童的权益和福利,采取了一系列政策措施,如提供免费教育和医疗服务、社会保障等,同时也得到了社会组织的支持和参与。

五、共建"一带一路"国家儿童福利事业展望

通过对部分共建"一带一路"国家儿童福利政策发展情况的分析可以发现,由于各国经济发展水平等方面的差异,各国的儿童福利水平依旧参差不齐。各国可以加大对儿童福利方面的投入,促进各国儿童福利水平的提升,携手合作。我国在促进共建"一带一路"国家儿童福利事业发展中可以发挥重要作用,在未来的合作中,加强与共建国家的交流,促进共建国家和地区儿童的教育、健康、福利和文化发展,推动儿童福利事业全面发展和共同

---

① 蓝瑛波. 俄罗斯儿童福利与保障制度述评 [J]. 中国青年研究,2009(2):22-25.

繁荣。

第一，儿童教育和培训方面。我国可以提供具有中国特色的儿童教育和培训方案，为有兴趣的共建国家的儿童提供优质的教育资源，帮助有需要的共建国家儿童获得更好的教育和发展机会，为他们的未来发展奠定基础。同时，向共建国家提供资金和技术支持，帮助他们改善儿童福利事业，提高儿童教育水平。

第二，儿童保健和医疗方面。我国可以在共建"一带一路"中为需要帮助的共建国家提供专业的儿童保健和医疗服务，帮助共建国家和地区的儿童获得更好的健康保障，促进儿童健康成长。同时，我国可以通过积极参与国际儿童福利组织，支持这些组织的工作，为促进共建国家儿童福利事业的发展作出贡献，具体而言，可以通过多种渠道和方式，积极促进共建国家之间的儿童医疗交流和合作，包括组织儿童福利领域的交流活动、设立专项基金来支持相关项目、推动相关政策和合作协议等。

第三，儿童社会保障方面。我国的儿童福利事业在儿童社会保障政策方面积累了一定的实践经验和成功模式，可以在共建"一带一路"过程中积极向共建国家推广这些经验和模式，帮助共建国家完善儿童福利保障方案，包括保障儿童的基本权利和利益，促进儿童全面发展，提高共建国家和地区的儿童福利水平。

第四，儿童文化交流方面。我国可以在共建"一带一路"中积极促进共建国家之间的儿童文化交流，加深儿童之间的理解和友谊，推动共建国家的儿童文化多样性与共同发展，从而实现共建国家儿童文化生活水平的提升。

参考文献

[1] 陆士桢. 中国儿童社会福利需求探析 [J]. 中国青年政治学院学报，2001（6）：73-77.

[2] 李迎生. 弱势儿童的社会保护：社会政策的视角 [J]. 西北师大学报（社会科学版），2006（3）：13-18.

[3] 高丽茹，彭华民. 中国困境儿童研究轨迹：概念、政策和主题 [J]. 江海学刊，2015（4）：111-117，239.

[4] 周震欧. 儿童福利 [M]. 中国台湾：巨流图书公司，1996：12-13.

[5] 尹力. 良法视域下中国儿童保护法律制度的发展 [J]. 北京师范大学学报（社会科学版），2015（3）：40-50.

[6] 金辰洙，叶克林. 韩国老龄化与养老保障制度 [J]. 学海，2008（4）：194-201.

[7] 李奉柱，尹丽花. 韩国儿童福利的历史、现状与挑战 [J]. 社会保障评论，2020，4（3）：107-119.

[8] 易谨. 韩国儿童福利法律制度的历史发展与特色 [J]. 青年探索，2012（4）：83-88.

[9] 马岩，韦婉，张鸿巍. 新加坡儿童监护的司法干预机制初探——兼谈对我国儿童监护司法干预机制构建的启示 [J]. 山东警察学院学报，2013，25（6）：95-100.

[10] 李珊，李小艺，杨健羽. 探析新加坡儿童权益保护法律体系 [J]. 广西青年干部学院学报，2016，26（3）：62-65.

[11] 何芳. 儿童发展账户：新加坡、英国与韩国的实践与经验——兼谈对我国教育扶贫政策转型的启示 [J]. 比较教育研究，2020，42（10）：26-33.

[12] 许艳丽. 俄罗斯的儿童保护与社会保障 [J]. 工会理论研究，2017（4）：44-47.

[13] 蓝瑛波. 俄罗斯儿童福利与保障制度述评 [J]. 中国青年研究，2009（2）：22-25.

[14] Hammarberg T. The UN convention on the rights of the child——and how to make it work [J]. Human Rights Quarterly, 1990, 12（1）：97-105.

[15] Apakhayev, Nurlan et al.. Childhood Legal Protection in Kazakhstan. Journal of Advanced Research in Law and Economics, 2017, 3（25）：714-721.

[16] Kelekeyeva G B. Guarantee of children's well-being through development of an effective family strengthening system in the republic of Kazakhstan [D]. Duquesne University, 2013.

[17] Protecting Children in Singapore. A publication by the Rehabilitation and Protection Division [G]. Ministry of Community Development, Youth and

Sports. Oct, 2005: 17-23.

[18] Pathy P, Yuxuan Cai S, How Ong S, et al. Child protection and children's rights in Singapore [J]. Adolescent Psychiatry, 2014, 4 (4): 242-250.

[19] Ogawa M, Koguchi E, Shibata M. Support and Legal Systems for Mother and Child Victims of Domestic Violence in Japan and Singapore [J]. Journal of Asian Women's Studies, 2020, 26: 1-13.

[20] Green L A. The Global Fight for the Elimination of Child Labor in Pakistan [J]. Wis. Int'l LJ, 2001, 20: 177.

[21] Zaraq M. Child Sexual Abuse and Stolen Dignity: A Socio-Legal Exploration of Child Protection Policies in Pakistan [J]. PLR, 2019, 10: 59.

[22] Human Rights Brief. "Bonded and Child Labor in Pakistan: Interview with Human Rights Practitioner Pirbhu Lal Satyan." Human Rights Brief 21, no. 2 (2014): 36-37.

[23] Ali S S. Rights of the Child under Islamic Law and Laws of Pakistan: A Thematic Overview [J]. J. Islamic St. Prac. Int'l L., 2006, 2: 1.

[24] Zada M, Kansi M A. Managing Child Welfare Strategies in Decentralized Governance: Prospects for Social Services Delivery in Pakistan's Devolution Plan [J]. JL & Soc'y, 2006, 35: 127.

共建"一带一路"国家
家庭福利政策研究

任兰兰　霍佳乐*

摘　要：长期的低生育水平不仅会导致人口资源缺乏，制约经济社会的发展，还会加剧国家人口老龄化的程度，使国家福利体系承受沉重的压力。共建"一带一路"倡议为全球破解低生育水平的人口问题提供了高端合作平台。家庭福利政策是提高生育意愿、维护国家人口安全的重要措施。作为共建"一带一路"国家，中国、瑞典、法国、日本、德国等都面临低生育水平，并在税收减免、现金补贴、带薪育儿假、孩童照料、再就业支持等政策设计方面取得了宝贵经验。本章节将梳理这些国家的家庭福利政策，总结生育支持政策的设计逻辑，从育儿假期、经济补助、再就业服务等方面提出设计生育支持政策的对策建议，为推动生育政策的顺利实施，促进人口均衡发展提供有益的借鉴。

关键词：共建"一带一路"国家；生育支持；家庭福利

人口问题关系着一个国家和民族的发展和未来，实现人口可持续发展是经济社会文化可持续发展的基础。随着经济发展水平的快速提高，在人们的收入增加、生活日益改善的同时，生育观念和生育行为也发生了重大转变。联合国 2022 年 7 月 11 日发布的《世界人口展望 2022》的数据显示，许多国家的生育率近几十年来显著下降，世界人口增长率在 2020 年降至 1% 以下，为 1950 年以来的最低水平。除此之外，许多国家的人口数量仍在持

---

* 任兰兰，女，社会学博士，河北师范大学法政与公共管理学院副教授，硕士生导师，研究方向为老年社会保障、公共政策评估；霍佳乐，女，河北师范大学法政与公共管理学院劳动与社会保障专业本科生，研究方向为儿童福利。

续下降,在 2022—2050 年间,将会有 61 个国家或地区的人口减少 1% 或更多。① 长期的低生育水平不仅会导致人口资源缺乏,制约经济社会的发展,还会加剧人口老龄化程度,使国家福利体系承受沉重的压力。

党的二十大报告提出,推动共建"一带一路"高质量发展。目前我国已经成为 140 多个国家和地区的主要贸易伙伴,货物贸易总额居世界第一,吸引外资和对外投资居世界前列,形成了更大范围、更宽领域、更深层次的对外开放格局。在人口领域,共建"一带一路"倡议同样为全球破解低生育水平的人口问题提供了高端合作平台。

当前低生育率和少子女问题引起了许多国家的重视,同时也促成了低生育水平国家旨在调整家庭生育、增强家庭功能、提高生育水平、促进人口长期均衡发展的一系列现代家庭福利政策的出现。整合现有资源,寻求不同国家或地区在社会保障和社会福利领域的交流和合作,成为"一带一路"国家未来合作的重要内容。了解共建"一带一路"国家的低生育水平状况,梳理低生育水平代表性国家的家庭福利政策,总结不同国家家庭福利制度改革的共同规律,对于提振生育水平、完善社会福利体系具有重要的意义。

一、共建"一带一路"国家低生育水平状况

共建"一带一路"倡议是推动共建国家经济繁荣、建立新型全球发展模式的重要构想。共建"一带一路"国家的人口经济变化将对未来世界的政治格局有巨大影响。

作为衡量一个国家人口生育水平的常用指标,总和生育率是平均每对夫妇生育的子女数。国际上普遍认为,总和生育率要达到 2.1% 才能完成世代更替,以保证人口数量的整体平衡。总和生育率 1.5% 则是一条"高度敏感警戒线",如果跌破这条警戒线,低生育率将会出现自我强化的情况,未来恢复的可能性极低,因而被称为"低生育陷阱"。

低生育率使国家的人口规模逐渐缩小,对社会经济和人口的可持续发展带来重大挑战。由《世界人口展望 2019》的数据可知,目前全球生育水

---

① 世界人口,预计今年突破 80 亿!新华网 . https://baijiahao.baidu.com/s? id = 1738118205533541561&wfr=spider&for=pc.

平持续下降，近一半人口的国家处在低生育水平。[①] 从人口自然增长率指标看，20世纪70年代，世界发达地区的人口自然增长率低于10‰。根据联合国人口司的数据，1965—1970年发达地区的人口自然增长率为8.5‰。目前，一些发达国家人口自然增长率仍然很低，人口甚至出现负增长。随着生育成本的提高和生育观念的变化，多数共建"一带一路"国家正在或即将经历低生育率的人口发展趋势。

自2000年以来，中国总和生育率已连续22年处于更替水平以下，且持续走低。国家统计局的数据显示，2020年中国总和生育率为1.3%，2021年同类指标降至1.15%，新生人口仅有1062万人。这不仅低于发达国家的生育水平，与《国家人口发展规划（2016—2030年）》提出的生育水平稳定在1.8%的目标也有很大差距。同时，国民经济和社会发展统计公报显示，2022年末全国人口141175万人，比上年末减少85万人，全年出生人口956万人，出生率为6.77‰；死亡人口1041万人，死亡率为7.37‰；自然增长率为-0.60‰。生育水平持续走低、长期快速的人口负增长、劳动年龄人口数量和比例持续下降及老年人口数量和比例迅速上升将成为未来一段时间内中国人口面临的长期挑战。

俄罗斯的人口形势同样严峻。20世纪50年代后期，俄罗斯的育龄妇女平均生育孩数为2.62，之后生育水平持续下降。2006年，俄罗斯的总和生育率只有1.296%。更为严重的是，俄罗斯的死亡率是出生率的1.46倍，人口萎缩严重。据俄罗斯联邦统计局预测，到2030年，人口自然增长率将从2015年的0.6‰下降至-3.4‰，同时育龄妇女人口规模下降，其占总人口的比例将从21.6%下降至19.2%。[②] 可见，俄罗斯不但生育水平较低，而且与人口年龄结构问题相互交织，未来人口形势堪忧，已经成为影响其社会经济发展的重要因素。对于俄罗斯而言，提升生育意愿、提高生育水平迫在眉睫。

低生育率已严重影响了韩国的人口再生产和经济发展。据韩国统计局发布的数据显示，韩国2022年出生人口249000人、死亡人口372800人，

① 陈梅，张梦皙，石智雷.国外生育支持理论与实践研究进展 [J].人口学刊，2021，43 (6)：54-67.

② 徐兴文，刘芳.低生育率时代典型国家家庭政策的实践与启示 [J].四川轻化工大学学报 (社会科学版)，2020，35 (3)：1-26.

这意味着全国人口自然减少逾 12 万人。2022 年出生人口比前一年减少 4.4%，创韩国历史新低。① 在韩国连续三年出现人口负增长的同时，其总和生育率连续 5 年低于 1%，其中 2018 年是 0.98%，2019 年是 0.92%，2020 年是 0.84%，2021 年是 0.81%，2022 年跌至 1970 年开始相关统计以来的最低值——0.78%，远远达不到为确保韩国人口结构稳定所需的 2.1%。而在韩国 16 个市道中，只有世宗市 2022 年人口自然增长。韩国统计局预测，从 2038 年起，韩国每年人口自然减少数量可能达到 20 万人，甚至更多。由此可见，韩国的人口发展形势不容乐观。

作为世界人口老龄化程度最高的国家之一，日本的人口生育率一直处于低水平。据日本厚生劳动省发布的最新数据显示，2022 年日本的人口出生总数下降至 799728 人，较上一年减少 4.3 万人，出生率降到新的历史低点。与此同时，日本的死亡人数几乎是新生儿人数的 2 倍。2022 年，日本总死亡人数也突破记录，达到 158.2 万人，较上一年增长 8.9%。日本国立人口和社会保障研究所曾在 2017 年的一项研究中预测，到 2033 年，日本新生儿数量将降至 80 万人以下，但日本出生率的下降速度比该机构的预测整整快了 11 年。低生育率意味着在未来几年里，维持国家发展的劳动力和纳税人数量减少，对社会保障和社会福利的可持续发展带来了严峻挑战。

德国是欧洲地区较早降至低生育水平的国家。德国联邦统计局的报告显示，1964 年德国新生婴儿为 136 万人，达到了生育水平的顶峰。此后，德国出生率出现大幅下降。2011 年新生儿登记只有 66.3 万人，达到历史最低水平。值得注意的是，德国的生育水平在 2021 年得到改善。从 2020 年 12 月起到 2021 年 2 月，德国的新生儿数量相较于去年同期增长了 0.8%，更是在同年 3 月迎来了新生儿数量的新高潮，共出生 65903 名新生儿，创下了 23 年的历史新高。2021 年德国迎来了 79.5 万名新生儿，总和生育率也上升到 1.58%。德国总和生育率的回升与其家庭福利政策有密切关系。

综上，部分共建"一带一路"国家的总和生育率均未达到人口更替水平的标准，新生人口数量在经历持续下降后稳定在一个较低的生育水平，人口形势严峻。在生育率低迷的人口发展趋势下，如何激发国内生育潜力、提高生育意愿、出台家庭福利政策和生育支持措施，以进一步提振生育水

---

① 韩国 2022 年生育水平创新低，https：//m.gmw.cn/baijia/2023-02/23/1303292731.html.

平是共建"一带一路"国家普遍需要解决的人口问题。

二、共建"一带一路"国家家庭福利政策的主要内容

随着福利制度的建立和发展，政府通过一系列社会政策直接或间接地分担了家庭的福利功能，如养老和育幼等责任。为了提振生育意愿、提高生育水平，生育友好措施已经成为政府家庭福利政策中不可或缺的一部分，具体形式和内容较为广泛。深入探究共建"一带一路"国家家庭福利的政策，总结共建"一带一路"国家生育支持政策实施的经验和教训，对构建符合本国国情的家庭福利政策有重要意义。Gornick，Meyers 和 Ross（1996）认为，家庭政策包括所有以促进有孩子家庭的健康和福利为目的的政府社会政策，主要类型有：直接的现金转移（儿童津贴和生育补贴）、税收优惠政策（所得税抵免）、直接服务（教育和儿童照顾），甚至包括更广泛的服务，如医疗服务。① 本文主要从假期支持、经济支持、服务支持三个方面对"一带一路"部分国家的生育支持政策进行梳理和总结。

（一）中国家庭福利政策较为碎片化，积极探索生育支持措施

家庭政策的本质是通过公共力量的介入和政策的引导以维护与巩固家庭的功能，进而实现家庭劳动与社会劳动的平衡，促进性别平等与个人自由。② 从政策作用范围而言，中国涉及家庭的政策并不少，但基本上是针对弱势家庭或特定人群，如五保户、低保户、计划生育特殊家庭等，并且散见于民政部、妇联等不同部门的规章中，呈现出碎片化的特征，难以实现资源整合与优化配置。虽然也有针对全民的普惠性政策，如"低保"政策，但由于标准低、力度小，难以从根本上解决弱势家庭的实际困难。③

为了与长期以来实行"提倡一孩"的计划生育政策相一致，中国的社会福利政策出现了鼓励一孩倾向，如独生子女津贴、独生子女中高考加分、独生子女父母退休金优惠待遇。《中华人民共和国劳动法》《中华人民共和国妇女权益保障法》《女职工劳动保护特别规定》等法律法规还对妇女生育保

① Gornick, Janet C. Meyers, Marcia K. and Ross, Katherin E. Supporting the Employment of Mothers: Policy Variation Across Fourteen Welfare States (1996). Sociology. 1996: 1.
② 鲁全. 中国的家庭结构变迁与家庭生育支持政策研究 [J]. 中共中央党校学报, 2021, 25 (5): 1-15.
③ 吕红平, 邹超. 实施"全面两孩"后家庭支持政策改革与完善研究 [J]. 人口与发展, 2018, 24 (2): 71-78.

障做出了专门规定，例如，《中华人民共和国劳动法》第六十二条规定："女职工生育享受不少于九十天的产假。"《女职工劳动保护特别规定》第七条规定："女职工生育享受 98 天产假，其中产前可以休假 15 天；难产的，增加产假 15 天；生育多胞胎的，每多生育 1 个婴儿，增加产假 15 天。"新一轮生育政策调整后，各省、直辖市与自治区在人口与计划生育条例中都做出了在国家法定生育假基础上延长产假 30 天至 3 个月的规定。

生育作为具有社会意义的家庭决策内容，其所需要的显然不仅仅是人口政策的调整，而更加迫切地需要家庭生育支持政策的建立。2021 年 3 月发布的《中华人民共和国国民经济和社会发展第十四个五年（2021—2025年）规划和 2035 年远景目标纲要》（以下简称《纲要》）从推动实现适度生育水平和健全婴幼儿发展政策两个方面对优化生育政策提出了战略要求。《纲要》主要从生育支持体系建设、生育奖励、生育技术服务及生育保障 4 个方面制定适度生育水平的政策目标，提出要完善幼儿养育、青少年发展等政策和产假制度，探索实施父母育儿假，并改善优生优育全程服务，加强孕前孕产期健康服务，提高出生人口质量，同时还要建立健全计划生育特殊困难家庭全方位帮扶保障制度。[①] 除此之外，《纲要》明确提出要发展普惠托育服务体系，健全支持婴幼儿照护服务和早期发展的政策体系，鼓励发展家庭科学育儿能力指导、婴幼儿照护服务机构，支持社会力量提供普惠托育服务，还涉及婴幼儿照护服务、普惠托育服务及托幼一体化服务等方面。

2021 年 6 月发布的《中共中央、国务院关于优化生育政策促进人口长期均衡发展的决定》将配套支持措施提到了与三孩生育并行的位置，这是基于中国的人口形势和社会现实做出的重要决策。[②] 2021 年 8 月 20 日，全国人民代表大会常务委员会表决通过的《关于修改〈中华人民共和国人口与计划生育法〉的决定》提出，国家支持有条件的地方设立父母育儿假，国家采取财政、税收、保险、教育、住房、就业等支持措施，以及国家支持幼儿园和机关、企业事业单位、社区提供托育服务。由此可见，中国正处于积极探索生育支持政策的阶段，并出台了一系列生育支持措施来提振生育水平，提高生育意愿，促进人口均衡发展。

---

① 任兰兰，向东. 我国生育支持政策的演进与优化路径 [J]. 人口与健康，2022（5）：9-11.
② 宋健. 实施"三孩+配套"政策补足民生短板 推动社会发展 [J]. 人口与健康，2021（8）：24.

（二）瑞典育儿假和托育服务发展较为完善

北欧福利国家模式是世界各国公认的能实现经济稳定增长和社会公平最佳平衡的现代福利国家模式，而瑞典是北欧福利的原型。① 育儿假和孩子照看体系是瑞典家庭政策的核心要素。② 夫妻有 16 个月的带薪假期，其中13 个月可获得约 77.6% 的工资补助，其余 3 个月按国家最低生活标准补助。③ 瑞典还设置了临时育儿假，在孩子 12 岁之前，每个孩子每年会有 120天的育儿假，父亲享有法定 180 天的专属育儿假。④

瑞典的托育服务发展相对完善。瑞典认可托育服务在促进生育方面的作用，建立起了普遍的托儿服务体系。价格优惠、服务质量高的公共学前日托机构向所有儿童开放。1 岁以下婴儿由父母利用产假进行照料，所有1~6 岁儿童可以享受公共儿童托育服务，其中 3~6 岁儿童可以在公立托儿所享受 15 小时的免费服务。6~12 岁的孩子会在学校成立娱乐小组，提供课后照顾。⑤ 在瑞典的多数地区，托儿收费和孩数与生育间隔时间挂钩，第二个及之后生育时间间隔较短出生的孩子，可以享受更加优惠的托儿服务，这在无形中刺激了生育率，并起到了缩短生育间隔的效果。⑥

除假期支持和托育服务外，瑞典的育儿津贴种类多样，覆盖范围广泛。对 16 岁以下儿童的家庭，发放儿童基本津贴，每人月均 1050 瑞典克朗，对两个及以上儿童的家庭发放儿童附加补贴，6 个孩子的家庭不仅每月可以得到 6300 瑞典克朗的儿童津贴，还有 4114 瑞典克朗的家庭补助。此外还会对单亲儿童家庭发放儿童抚恤金，对残疾儿童家庭和收养儿童家庭也会发放儿童护理津贴和收养津贴。

---

① 刘继同. 世界主要国家现代家庭福利政策的历史发展与经验规律 [J]. 中共中央党校学报，2016，20（4）：51-65.

② 蔚志新. 瑞典的生育变动及家庭政策对其影响和启示 [J]. 人口与健康，2019（1）：21-23.

③ 阚唯，梁颖，李成福. 国际鼓励生育政策实践对中国的启示 [J]. 西北人口，2018，39（5）：47-56.

④ 陈梅，张梦哲，石智雷. 国外生育支持理论与实践研究进展 [J]. 人口学刊，2021，43（6）：54-67.

⑤ 房莉杰，陈慧玲. 平衡工作与家庭：家庭生育支持政策的国际比较 [J]. 人口学刊，2021，43（2）：86-97.

⑥ 徐兴文，刘芳. 低生育率时代典型国家家庭政策的实践与启示 [J]. 四川轻化工大学学报（社会科学版），2020，35（3）：1-26.

(三) 法国侧重家庭服务和育儿津贴

在法国，产假的时间长短和孩次有关。第一胎女性有 20 周全额工资的带薪产假，第二胎女性享有 40 周全额工资的带薪产假。法国同样重视父亲在育儿中的作用，一孩的育儿假有 12 个月，父母均有 6 个月，二孩的育儿假有 36 个月，其中规定父亲或母亲至少要享受 6 个月的育儿假期。

在经济支持方面，法国有专门的产前津贴、实际生育津贴、产后补助。法国的生育津贴也与家庭孩子的数量相关，从第二个孩子开始发放最低工资标准一半的家庭津贴，且为多子女家庭提供儿童津贴及住房补贴，并基于家庭调查的结果为特殊家庭发放大家庭补充津贴、幼儿津贴、孤儿津贴、单身父母津贴和幼儿居家照顾成本补贴。同时法国也会通过"大家庭税收"政策，按生育孩子数量减免税收。

法国的托育服务较为完善，有政府组建的"公立托儿所"、企业内部创办的"企业办托儿所"、医院协会建立的"医院办托儿所"，还有为应对父母紧急情况设立的"城市希望托儿所""临时托儿所""儿童花园"等补充形式。在法国，幼儿 2 岁便可入园，3 岁及以上幼儿几乎全部入园。在服务支持方面，法国建设社区托幼机构，为 3 岁以下的儿童提供集体托幼服务，同时鼓励个人开设托儿所，向雇佣育儿保姆的家庭发放补贴。在照料孩子方面，法国还有临时在家帮助母亲的"母亲助手"、长期帮助母亲的"住家保姆"和送到保姆家为孩子提供照顾的"育婴保姆"。[①]

(四) 日本在多方面发力，应对少子化社会

日本政府为应对少子化在假期支持、津贴支持和服务支持等方面做出了积极努力。在假期支持方面，女性可享受 14 周产假，并且该假期不算在育儿假内，同时鼓励丈夫在子女出生后 8 周内休假，特殊情况下，育儿假可延长至孩子满一岁半。[②] 日本为期一年的育儿假，可由父母任意一方享受，若父母轮休，总假期还可以延长 2 个月，可见日本还注重在育儿过程中父母双方的责任。在经济支持措施上，日本主要提供儿童津贴、育儿津贴等经济援助，直至孩子 15 周岁前，家庭每月可获得 1.3 万日元的儿童津贴。此

---

① 阚唯，梁颖，李成福. 国际鼓励生育政策实践对中国的启示 [J]. 西北人口，2018，39 (5)：47-56.

② 杨菊华，杜声红. 部分国家生育支持政策及其对中国的启示 [J]. 探索，2017 (2)：137-146.

外3岁以下的儿童家庭，每月还有1万日元的现金补助。[①]

在服务支持方面，日本完善育婴室、母子生活支援设施、保育所、儿童寄养设施，提供课后服务和短期照料支持服务。同时日本积极改善保育设施，延长保育时间，推广休息日保育、临时保育和夜间保育等模式，并且托儿所家庭的负担比例与家庭收入挂钩，通常只占20%左右。在女性就业支持方面，政府部门设立“雇用促进中心”“妇女就业援助设施”每年举办6期妇女再就业培训班。

然而日本将子女养育的母职责任视为文化规范，并没有着重保障女性的就业权利，女性在就业市场上仍处于从属地位。因此，日本的育儿政策对生育率的积极影响有限，且预计2020—2025年间日本的年平均人口替代率将降至-0.4%，人口形势愈加严峻。[②]

（五）德国更重视对生育家庭的经济支持

相比其他国家，德国更为重视对生育家庭的经济支持。在假期支持方面，女性有98天的产假，其中产前6周、产后8周，男性有2周的有薪津贴。如果父亲放弃休假，就会失去领取2个月津贴的权利。除产假外，德国还有3年的育儿假，其中1年为带薪休假。

在经济支持方面，德国有与休假紧密相连的幼儿津贴、依据孩子数量进行补贴的儿童津贴及随家庭主要收入者联动入险的儿童医疗费用津贴。德国按照不同的家庭状况发放不同标准的家庭经济补贴。现在家庭中前2个孩子每月会有154欧元的补贴，第3个孩子每月可享受179欧元的补贴，第4个孩子每月可领221欧元补贴，一直持续到18岁，若子女成年后无工作，津贴领取年龄可持续到21岁。对于生活困难的单亲家庭，抚养孩子的一方可获得儿童生活费补贴，补贴额度在111~170欧元之间，根据所在地和儿童年龄的不同而浮动，补贴时间最长可达72个月。[③] 除了直接的经济补贴外，经济支持措施还有税收减免。每位儿童可以为父母带来4608欧元的育儿免税额，还会享有7248欧元的儿童教育免税额，单亲家庭还可以要求为

① 陈梅，张梦哲，石智雷．国外生育支持理论与实践研究进展［J］．人口学刊，2021，43（6）：54-67.

② 朴现玉．青年婚育态度与生育政策的国际比较［J］．青年探索，2022（4）：39-50.

③ 阚唯，梁颖，李成福．国际鼓励生育政策实践对中国的启示［J］．西北人口，2018，39（5）：47-56.

每个孩子提供 1308 欧元的额外免税额。①

在服务支持政策上，德国新建托幼中心，对各州、市政府提供公共托幼机构日常运营及人事开支方面的资金支持，并将最低托育年龄从 3 周岁调整为 1 周岁。② 同时加强家庭支持中心建设，扩建托育机构，由非盈利机构提供公共托育服务。

以上国家的家庭福利政策表明，政府鼓励人们生育，不能只依靠某一项生育政策，而是需要多种生育政策相结合，从育儿假、经济补贴、照料服务等方面入手，多管齐下，共同构建生育友好和家庭友好的社会氛围。

三、共建"一带一路"国家家庭福利政策的国际启示

长期的低生育水平给国家的经济社会发展带来了挑战，各国政府出台了一系列生育友好和家庭友好的支持政策。共建"一带一路"部分国家的家庭福利政策表明，家庭福利政策的研究和制定既受国家福利文化的影响，也与每个国家的社会制度和经济发展情况等具体国情密切相关。适时干预生育政策的时机、相互支持的配套措施和良好的生育友好社会氛围均深深影响着家庭福利政策的效果。

（一）生育支持措施的出台时机影响家庭福利政策的实施效果

共建"一带一路"国家政策调整的实践表明，家庭福利政策出台的时机非常关键，它直接影响了政策的实施效果。生育政策的效应具有一定的滞后性，一旦人们的生育意愿开始下降，转向少生育甚至不生育，就表明之前的生育政策影响已经深入影响育龄青年的生育观念，这时再出台生育支持的政策来阻止生育率的下降，提振生育水平是非常困难的，家庭福利政策的实施效果也会大打折扣。有研究表明，在人口总和生育率下降的初期和中期，有效的家庭支持政策能够扭转人口低生育水平，使总和生育率变动出现"快速提升"或"缓慢提升"。一旦错过了干预人口低生育水平的关键窗口期，到了人口总和生育率下降的后期或晚期，即使出台有效全面的生育支持措施，对于扭转人口低生育水平发挥的作用也非常有限，总和

---

① 房莉杰，陈慧玲. 平衡工作与家庭：家庭生育支持政策的国际比较 [J]. 人口学刊，2021，43（2）：86-97.

② 陈梅，张梦哲，石智雷. 国外生育支持理论与实践研究进展 [J]. 人口学刊，2021，43（6）：54-67.

生育率变动只会呈现出"降速减缓"的态势。①

例如日本、俄罗斯都是近年总和生育率持续低迷后，才出台生育支持政策；德国现行的鼓励生育政策出台也较晚，受政治因素影响，德国是在东西德合并后才形成了如今的鼓励生育政策；新加坡则是在"一夜之间"完成了从控制生育到鼓励生育的转变。这些国家的鼓励生育政策的出台时间都比较晚，并没有抓住最好的生育政策变革时期②，因此政策效果差强人意。

（二）要建立适合国情的覆盖全面的家庭福利政策体系

家庭是现代社会最基本的社会生活单元，也是生育行为的主要载体。提高生育水平要充分发挥家庭功能，通过一系列家庭福利政策来提高民众的生育意愿。家庭这一血缘亲情组织连接着个人和社会，是经济、社会及其他因素的直接作用体。如果家庭没有足够的抵御风险或缓解社会压力的能力，家庭的生育意愿就会持续低迷。为了提高家庭的生育水平，需要出台一系列家庭福利政策提供生育所需的必要条件。生育支持政策是一套"组合拳"，不能单单只依靠某一项鼓励生育政策，实现生育水平的持续增长。由共建"一带一路"国家出台的生育支持政策可以看出，多国均从延长育儿假期、发放生育津贴、发展托育机构、为妇女提供再就业支持措施等多方面发力，以减轻育龄夫妇的生育养育负担，但政策的实施效果存在一定差异，这是由于各国的社会经济文化形势不同导致的。提高生育水平需要根据国情建立完善适宜的家庭福利政策体系，并注重各项政策之间的协同发展。若有一方政策缺失，就会导致家庭福利政策体系不完善，从而降低生育支持政策的实施效果。

相较于发达国家，亚洲国家的总和生育率在实行积极的生育支持政策之后没有得到明显提升，总和生育率回升较慢或者人口减速放缓，这和东亚地区传统的儒家文化具有一定的关系。③如日本的社会文化氛围也使其在支持女性就业方面的政策措施较少，从而影响了生育政策的实施效果。

① 汤兆云，邓红霞.日本、韩国和新加坡家庭支持政策的经验及其启示［J］.国外社会科学，2018（2）：36-42.

② 阚唯，梁颖，李成福.国际鼓励生育政策实践对中国的启示［J］.西北人口，2018，39（5）：47-56.

③ 贾志科，高洋.国外生育支持政策的分析与反思［J/OL］.青年探索，2022（3）：1-13.

(三)营造生育友好型社会氛围至关重要

构建生育友好环境不仅要求社会对生育行为怀有包容和支持的态度,还要求在两性婚育、儿童成长和妇女再就业方面提供更多的服务与保障。营造生育友好型社会,需要积极探索生育成本共担机制,保障妇女的就业和薪资权利[①],鼓励父亲更多地参与到育儿过程中,增加育儿假中的父额配比,树立性别平等意识。

以法国为例,法国的家庭福利政策尤其重视促进性别平等和再就业保护。法国政府制定了一系列反歧视孕妇的法律法规,规定企业不得解雇怀孕员工,不得使孕妇过劳或超负荷工作;若全职父母想要重回职场,政府则需要承担起相应的责任,提供必要的职业培训。[②] 在生育支持政策的共同发力下,法国形成了良好的生育友好社会氛围,促进了生育率的提高。除法国外,日本、韩国、新加坡、德国、俄罗斯、瑞典、英国等国的生育支持政策都设立了男性陪产假、育儿假,部分国家还强制父亲休假,这项政策突出了父亲在育儿过程中的责任,强调育儿不单指母亲的责任,注重营造性别平等的社会氛围,同时父母都有相应的育儿假期,较好地预防了用人单位产生对员工性别的雇佣歧视,确保了女性不会因生育行为而遭遇职场性别歧视,在一定程度上减少了职业女性的生育顾虑。

四、共建"一带一路"国家顺利推行家庭福利政策的对策建议

各国的国情和生育文化氛围不同,需要采取的生育支持政策也不相同。在制定本国的家庭福利政策时,要在借鉴他国经验的基础上,立足基本国情,不断完善家庭发展支持体系,完善配套福利政策,开展宣传倡导,提升服务管理,积极创造有利于按政策生育的环境和条件。

(一)构建完善的生育支持政策体系

构建完善的生育支持体系要采取延长假期、发放生育津贴、提供育儿服务和就业支持等多种措施相结合的政策组合,多管齐下,以有效提振生育水平。假期支持能有效保障父母的育儿时间,带薪产假和育儿假能有效保障婴幼儿得到充分照顾,并在一定程度上减轻家庭的经济负担。因此完

---

① 陆杰华,王年廉. 以增进民生福祉 完善新时代生育支持政策体系 [J]. 人口与健康,2022 (12):18-21.
② 朴现玉. 青年婚育态度与生育政策的国际比较 [J]. 青年探索,2022 (4):39-50.

善生育休假制度至关重要，生育休假制度不仅要保障女性的生育休假福利，还要探索男性的陪产假和育儿假制度。倡导性别平等的育儿观念，使夫妻共同承担家庭的生育养育责任，同时探索多子家庭生育假期延长措施。经济支持可以有效缓解育儿的经济负担，提高父母的生育意愿。差异性的生育津贴可以保障困难家庭儿童的生存需求。采取措施减轻多孩家庭的经济负担，为其发放一定数额的生育、教育和住房补贴，并提供一定的税收减免和保障房福利，保障其基本生活品质。对存在单亲和残疾等特殊情况的生育家庭，政府通过核实情况后要精准帮扶，解决其生育养育的后顾之忧。服务就业支持主要解决育儿问题，应大力发展托育服务，依托社区发展普惠性托育服务，重视培养婴幼儿托育专业人才，同时规范降低托育费用，减轻父母尤其是母亲的育儿负担。增加幼儿园、中小学的学校课后延时服务，保证母亲重回职场的权利。

只有建立全面、细致的生育激励机制，采取更合理、更人性化的生育支持措施，打出破解低生育率难题的"组合拳"，才能真正减轻育儿负担，提高育龄夫妇的生育意愿。

（二）构建生育友好型的社会环境

生育友好型社会的核心概念是"生育友好"。[①] 生育友好面对不同阶段的人群应有不同的侧重点。对未生育的群体来说，要注重提升其生育意愿，促使其做出生育决策。对正在或已经经历生育的群体，要注重解决其育儿的后顾之忧，提供高质量的生育养育服务。构建生育友好型的社会环境，不仅需要出台各种生育支持措施，还要从两性婚育、家庭照料、女性职业发展等多方面发力。要宣传强调父母双方在育儿中的作用，警惕"丧偶式育儿"。同时还要提供优质的生殖健康服务和及时周全的孕期检查，关注育龄妇女的心理健康。在就业方面，要重视促进男女平等就业，完善就业支持体系，强化为因生育中断就业的女性提供再就业培训公共服务的政策保障，支持女性生育后回归岗位或再就业。通过立法或行政指导的方式进一步明确"就业性别歧视"的认定标准，加强反就业歧视宣传。[②] 总之，从多

---

① 胡梦芸. 中国生育友好型社会的构建——基于欧洲低生育态势与政策实践的思考 [J]. 新视野，2020（4）：55-61.

② 郝赫，陈晓燕. 构建生育友好型社会 为职场女性减压 [N]. 工人日报，2023-03-08（002）.

方发力，营造生育友好的社会氛围，进一步激发生育活力。

（三）加强宣传，引导育龄青年的生育观念

在社会经济转型与社会保障功能及相关配套措施不够完善的情况下，青年普遍生育意愿不高①。因此要加强对于育龄青年的婚恋观、生育观和家庭观的正确引导，高度重视生育观念的教育引导工作，努力提升人们对生育重要性的认识。

以学校为教育主阵地，建立有关青年生殖健康和塑造生育观念的教育体系，引导青年树立正确的婚恋观、家庭观和生育观念②，使青年意识到生育于国家和民族的重要作用。发挥大众媒体的作用，以大众喜闻乐见的形式宣传生育支持政策，消除生育恐惧和生育焦虑，传播生育新观念。鼓励媒体平台制定相应的激励机制，激发群众的创造力，潜移默化地塑造生育新观念。同时加强社区医院产前、产后健康宣教；充分利用网络平台，协助疏导育龄妇女的消极情绪，以及强化对产后抑郁女性的社会支持，将孕产妇抑郁诊断与治疗费用纳入生育保险报销范围。营造适合生育、社会化育儿的文化氛围，引导育龄青年的生育观念，形成适龄婚育、适度生育的婚育观念，对鼓励生育政策的实施效果影响重大。

参考文献

[1]《世界人口展望 2022》报告：本月 15 日全球人口将达 80 亿. https：// m. gmw. cn/baijia/2022-11/13/1303193267. html.

[2] 世界人口，预计今年突破 80 亿！新华网. https：//baijiahao. baidu. com/s？id=1738118205533541561&wfr=spider&for=p. c

[3] 努力推动构建人类命运共同体［N］. 人民日报，2023-03-20（001）.

[4] 推动共建丝绸之路经济带和 21 世纪海上丝绸之路的愿景与行动 . https：//www. yidaiyilu. gov. cn/yw/qwfb/604. htm.

[5] 王志理. 世界人口增速放缓 人类进入低增长时代——《世界人口展望 2019》研讨会在京召开［J］. 人口与健康，2019（7）：14-15.

[6] 陈梅，张梦哲，石智雷. 国外生育支持理论与实践研究进展［J］. 人

---

① 朴现玉. 青年婚育态度与生育政策的国际比较［J］. 青年探索，2022（4）：39-50.
② 王洋，吴少杰，牛煜辉. 支持生育再"实"些［N］. 中国人口报，2023-03-09（001）.

口学刊，2021，43（6）：54-67.

[7] 徐兴文，刘芳. 低生育率时代典型国家家庭政策的实践与启示 [J].
四川轻化工大学学报（社会科学版），2020，35（3）：1-26.

[8] 韩国2022年生育水平创新低. https：//m. gmw. cn/baijia/2023-02/23/
1303292731. html.

[9] 宋健. 实施"三孩+配套"政策补足民生短板　推动社会发展 [J]. 人
口与健康，2021（8）：24.

[10] 任兰兰，向东. 我国生育支持政策的演进与优化路径 [J]. 人口与健
康，2022（5）：9-11.

[11] 刘继同. 世界主要国家现代家庭福利政策的历史发展与经验规律 [J].
中共中央党校学报，2016，20（4）：51-65.

[12] 蔚志新. 瑞典的生育变动及家庭政策对其影响和启示 [J]. 人口与健
康，2019（1）：21-23.

[13] 阚唯，梁颖，李成福. 国际鼓励生育政策实践对中国的启示 [J]. 西
北人口，2018，39（5）：47-56.

[14] 房莉杰，陈慧玲. 平衡工作与家庭：家庭生育支持政策的国际比较
[J]. 人口学刊，2021，43（2）：86-97.

[15] 王红漫，杨磊，金俊开，等. 积极生育支持背景下家庭生育支持政策
与生育率的历史转变——基于中国、日本、韩国、俄罗斯、美国和德
国的比较分析 [J]. 卫生软科学，2021，35（12）：17-22，27.

[16] 杨菊华，杜声红. 部分国家生育支持政策及其对中国的启示 [J]. 探
索，2017（2）：137-146.

[17] 汤兆云，邓红霞. 日本、韩国和新加坡家庭支持政策的经验及其启示
[J]. 国外社会科学，2018（2）：36-42.

[18] 贾志科，高洋. 国外生育支持政策的分析与反思 [J]. 青年探索，
2022（3）：1-13.

[19] 陆杰华，王年廉. 以增进民生福祉　完善新时代生育支持政策体系
[J]. 人口与健康，2022（12）：18-21.

[20] 朴现玉. 青年婚育态度与生育政策的国际比较 [J]. 青年探索，2022
（4）：39-50.

[21] 胡梦芸. 中国生育友好型社会的构建——基于欧洲低生育态势与政策

实践的思考 [J].新视野，2020（4）：55-61.

[22] 郝赫，陈晓燕.构建生育友好型社会　为职场女性减压 [N].工人日报，2023-03-08（002）.

[23] 王洋，吴少杰，牛煜辉.支持生育再"实"些 [N].中国人口报，2023-03-09（001）.

[24] 畅婉洁.全国人大代表李燕：强化对产后抑郁女性的社会支持 [J].民生周刊，2023（7）：86.

[25] Gornick，Janet C.；Meyers，Marcia K. and Ross，Katherin E. "Supporting the Employment of Mothers：Policy Variation Across Fourteen Welfare States"（1996）.Sociology.

俄罗斯生育政策发展与改革研究

纪晓光　陈立伟*

摘　要：从历史的角度看，俄罗斯一直都是一个地广人稀的国家。苏联解体以前，由于战争、政治变革和自然灾害等因素，该国遭遇了多次人口危机的侵袭。苏联解体以后，由于国家领土的改变等原因，该国依然未能避免人口发展上的损失——出生率一路下滑、死亡率却持续走高。为了解决这一问题，自 1992 年起，俄罗斯政府就开始持续推出鼓励生育政策，包括以货币补贴为主的经济刺激类政策和以非货币补贴为主的生育保障类政策等。2006 年以后，俄罗斯政府又不断加码相关鼓励生育政策措施并取得了积极成效。

关键词：俄罗斯；鼓励；生育政策

人口是构成一个国家国情的基本要素，人口状况可以透视一个国家的社会、政治和经济发展状况及未来发展前景。因此，要了解和认识一个国家，研究它的人口问题是一个重要的突破口。当前，俄罗斯正在经历第四次人口危机，人口问题已经成为影响俄罗斯经济社会可持续发展和国家安全的关键问题。[①] 面对深重的人口危机，在过去的 30 多年中，俄罗斯政府一直保持鼓励生育的积极态度，持续为鼓励生育进行政策输出，并取得了较为显著的成效。俄罗斯在地理上与中国一衣带水，在政治领域合作密切，在经贸领域往来频繁，更是共建"一带一路"最重要的合作伙伴之一。虽然中俄两国文化、国情大有不同，但是在全球人口危机的背景下，两国都

---

* 纪晓光，华侨大学政治与公共管理学院讲师，主要从事社会发展与地方政府管理研究；陈立伟，新疆阿克苏教育学院公共基础部助教，主要从事思想政治理论研究。

① 于小琴. 俄罗斯人口问题研究 [M]. 哈尔滨：黑龙江大学出版社，2012：1.

面临着相同的人口发展困境。因此，以现代俄罗斯人口现状为研究对象，对其应对危机的生育政策进行研究和探索，对于我国相关问题的解决具有重要的启发与借鉴意义。

一、俄罗斯人口发展的历史回溯

俄罗斯，全称俄罗斯联邦，其国土面积约为 1710 万平方千米，是世界上陆地面积最大的国家。除了拥有超大的国土面积外，俄罗斯凭借其丰富的矿产资源如天然气、石油、煤炭、铁矿石等及横跨亚欧大陆的重要地理位置而成为影响世界发展的大国。此外，俄罗斯在世界政治格局中同样占据显著的地位。然而，就是这样一个在经济、政治、文化等领域都屹立于世界民族之林的国家，近代以来却一直饱受人口危机的困扰。

（一）俄罗斯人口危机的历史演进

俄罗斯第一次人口危机发生在 1914—1922 年，危机的起因是第一次世界大战和国内战争。据相关学者统计，在第一次世界大战中，由于战争阵亡、伤病、被俘和避乱离境等原因，俄罗斯大概损失了 271 万~445 万人口。在随后的国内战争中俄罗斯人口又减少了至少 1100 万人。与此同时，疆域的调整也对俄罗斯人口产生了重要影响。由于一系列殖民地的独立和战败割地使俄罗斯国土面积相比战前减少了 77 万平方千米，人口也相应减少了 3100 万~3200 万人。[①] 俄罗斯第二次人口危机发生在 1932—1933 年的大饥荒时期，大面积的自然灾害导致了严重饥荒。根据 1964 年苏联中央统计局公布的数据，1933 年，全国人口死亡率为 4.1%，其中欧洲部分的城市人口死亡率为 26.5%，农村地区则达到了骇人听闻的 73.5%。[②] 俄罗斯的第三次人口危机发生在 1941—1945 年的苏德战争期间。当时的苏联虽然在残酷的战争中赢得了胜利，但代价是 2000 万人口在战争中因为各种各样的原因失去了宝贵的生命。此次战争期间的人口损失对苏联社会发展的影响是巨大的，因为它极大地破坏了苏联人口的自然状态，消耗了大量的适龄劳动力，也造成了男女比例严重失衡，引发了一系列深层次的社会问题。1946—1947 年，俄罗斯再次出现大饥荒，此次饥荒也给俄罗斯人口发展造成了一定的冲击。相关统计显示，1940 年，俄罗斯的人口总数约为 1.1 亿人，到了

① 程亦军. 俄罗斯人口安全与社会发展研究 [M]. 北京：经济管理出版社，2007：2.
② 程亦军. 俄罗斯人口安全与社会发展研究 [M]. 北京：经济管理出版社，2007：3.

1946 年，这一数字已经骤减到 9800 万人。①

俄罗斯第四次人口危机发生在 20 世纪末期，同过去的三次人口危机不同，它不是由于战争或饥荒等原因导致的，而是在长期的社会发展过程中在多重因素的作用下累积爆发的——国家政局动荡、经济改革失败导致的人民生活水平下降，传统家庭观念崩塌导致离婚数量激增及国家扶持新生儿家庭政策缺失等都被认为是导致俄罗斯此次人口危机的原因。从人口数据上看，自 20 世纪 70 年代开始，苏联（俄罗斯前身）人口增长便开始出现颓势——出生率显著下降，人口自然增长率也相应走低。到了 20 世纪 80 年代后，苏联（俄罗斯前身）人口再生产能力进一步被削弱，人口自然增长率持续走低，从 20 世纪 70 年代的 6‰，下降到 80 年代的 5‰，进入 90 年代，这一数据已经降到 1‰。② 1992 年，俄罗斯人口首次出现负增长，并且一直没有得到有效遏制。因此，1992 年也被人口学界视为俄罗斯第四次人口危机的爆发时间。此后，虽然俄罗斯政府出台了一系列鼓励生育的政策，但是收效甚微，这也直接导致了 21 世纪以来俄罗斯持续的人口危机。根据 2002 年第一次全俄人口普查数据，俄罗斯人口总数约为 1.452 亿人，在世界人口总数排名中占第七位；到了 2010 年第二次全俄人口普查时，这一数据下降至 1.429 亿人，世界排名也退至第八位；2021 年时，俄罗斯重启了因为新冠疫情而停滞的第三次人口普查工作，数据显示，俄罗斯人口总数为 1.434 亿人，虽然相比第二次人口普查时略有增长，但是其世界排名已退至第九位。③

（二）"无子女税"争议与俄罗斯人口政策发展

作为苏联唯一的继承国，俄罗斯人口发展受苏联时期相关政策影响颇深。如前所述，苏联解体以前，由于战争、政治变革和自然灾害等因素，就已经遭遇了多次人口危机的侵袭。为了解决人口持续下滑带来的政治、经济和社会危机，早在 20 世纪初期，苏联政府就已经开始在少数官方文件中直接或间接提到生育政策的重要性。1941 年，苏联政府甚至推出了无子女税以刺激年轻一代生育孩子。无子女税，原称"未婚、独身和少子女公

---

① 许凤才，梁洪琦. 俄罗斯人口危机及相应政策研究 [J]. 辽宁师范大学学报，2020 (2)：1-8.

② 程亦军. 俄罗斯人口安全与社会发展研究 [M]. 北京：经济管理出版社，2007：5.

③ 俄罗斯历年人口总数统计，https://www.kylc.com/stats/global/yearly_per_country/g_population_total/rus.html .

民税"。根据该项政策，那些单身或无子女的年龄在 20~50 岁的男性公民及 20~45 岁女性公民需缴纳工资总额 6% 的无子女税。1944 年，苏联最高苏维埃主席团作出决定，将此税扩大到少子女的公民，即扩大到有 1 个或 2 个孩子的公民家庭。此后，经过多次修改，1957 年 12 月后，征税范围只限于已婚无子女公民，故简称无子女税。尽管无子女税自推出以后就饱受争议，受到了诸多批评，却切实改善了这一时期苏联的人口水平。根据相关数据统计，实施无子女税前，即 1939 年，苏联人口总数为 1.084 亿人，随后经过 50 多年无子女税政策的推动，1991 年这一数字已经达到 1.483 亿人。高达 36.81% 的人口增长率说明了无子女税对于战后人口发展具有重要意义。但是由于民间反对的声音过大，加上政治因素的影响，1990 年，时任苏联总书记的戈尔巴乔夫签署了关于逐步停止对苏联公民征收单身、独身和无子女税的法律，根据该法律，无子女税将于 1993 年 1 月 1 日废除。事实上，由于苏联解体，1992 年无子女税就已经被取消了。

俄罗斯独立后，由于无子女税的取消，生育率开始立刻下降。在无子女税实施期间，俄罗斯的总和生育率一般维持在 2.0 左右，但是无子女税取消后，截至 2006 年，其总和生育率再也没有超过 1.4（见图 1），远远低于人口更替水平。

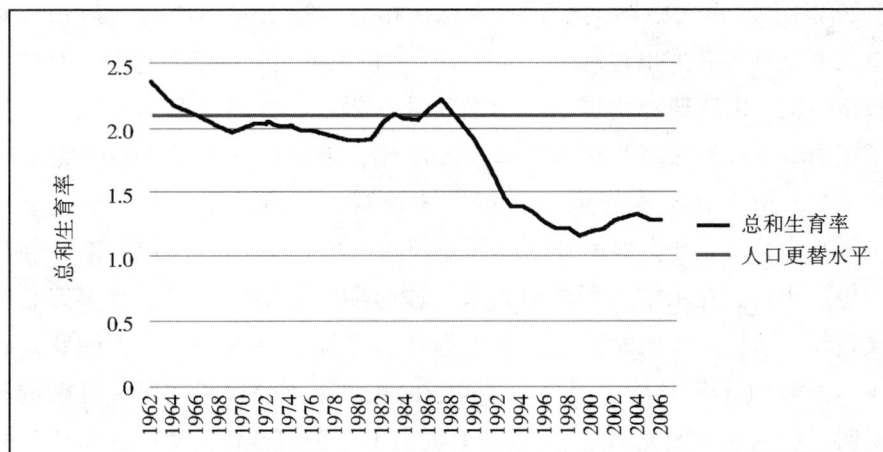

图 1　俄罗斯人口总和生育率变化趋势（1962—2006 年）

数据来源：快易数据，https://www.kylc.com/stats/global/yearly_ per_ country/g_ population _ fertility_ perc/rus. html。

持续走低的生育率使俄罗斯人口进入持续负增长时期。据有关数据统计，自1992年开始，俄罗斯的死亡率便开始超过出生率，人口以每年100万人的速度在持续减少。① 2000年，俄罗斯的总和生育率降到1.21%的历史最低点。长期持续的人口低增长、负增长，给了独立后的俄罗斯一个艰巨的任务：必须尽快出台持久而有力的政策以降低人口数量的快速减少和代际人口结构的失衡对社会发展、社会制度及整个社会政治经济体系的负面影响。为了实现这一目标，俄罗斯政府分别于2001年和2007年出台了《2015年前俄罗斯联邦人口政策的战略构想》《2025年前俄罗斯联邦人口政策的战略构想》。在政策方向上，主要包括鼓励生育、降低死亡率和适当吸纳外来劳动移民等内容。而在所有的政策当中，鼓励生育政策被俄罗斯政府认为是改善俄罗斯人口危机的最有效政策。一如时任俄罗斯总统普京在2006年发表的一次讲话中所提到的："如果我们不为提高我国的出生率创造应有的条件，也不采取鼓励措施，并且不通过扶持母婴和家庭的有效计划，那么任何移民措施都解决不了我们的人口问题。"② 从内容上看，俄罗斯的生育政策可以笼统地分为两种类型：一种是以货币补贴为主的经济刺激类政策，另一类是以家庭支持为主的非经济类政策。下面逐一述之。

1. 以货币补贴为主的经济刺激类政策

20世纪40年代中期，苏联政府就在相关政策法律中提到"鼓励大家庭"的必要性，并推出对有5个或5个子女以上的大家庭给予道德奖励的相关政策措施。俄罗斯独立以后也沿袭了这一做法，并将其写入宪法，使其有了国家根本法的保障。具体说来，1993年，俄罗斯颁布了首部《宪法》，该法第7条第2款明确规定："国家为家庭、儿童、母亲及父亲提供支持……并为其设立社会保护补贴和其他保障措施。"同年，《俄罗斯联邦政策构想》出台，显示俄罗斯政府未来一段时期的主要任务在于改善家庭的物质条件，帮扶低收入家庭及降低家庭贫困率等。1995年5月，俄罗斯政府颁布了第81号联邦法说明——《关于向抚养子女公民发放国家补贴的补充说明》（No.81-Φ3），该法首次公开提出了"公民养育子女家庭福利"的概念，并对各类生育补贴如产妇津贴等的计算方法、发放条件和发放对象

① 于小琴. 俄罗斯人口问题研究 [M]. 哈尔滨：黑龙江大学出版社，2012：21.
② 俄罗斯新闻社. 今年俄罗斯将驱逐出境上百万非法移民 [N/OL]，2006年12月5日，ht-tp：//www.rusnews.cn.（最近访问日期：2022年11月20日）

等做了系统的规定。需要指出的是，虽然相关措施出台的时间较早，但是由于国家经济发展水平的限制，独立之初的俄罗斯国民子女养育补贴水平普遍较低。后来，随着国家经济实力的逐渐复苏，相关补贴的额度也在逐步提高。2008 年以后，俄罗斯政府开始根据通胀水平对生育补贴额度进行指数化调整。具体说来，俄罗斯的生育补贴主要包含以下几种类型：

（1）孕产补贴

俄罗斯的孕产补贴是为有资格享有法定孕产假的女性设立的物质补贴，主要包括怀孕前缴纳强制社会保险的工作女性、在校学生。此外，孕产假期间因公司注销或解散而失业的女性及自愿缴纳社会保险的个体户也可以领取孕产补贴。孕产补贴按日计算，在孕产妇无特殊情况下，该补贴的发放时长为产前、产后各 70 天，共计 140 天；若女性在分娩过程中出现难产状况，产后补贴支付日数可增加 16 天，总计 156 天；对于生育双胞胎或多胞胎的女性，孕产补贴领取时间在产前、产后分别再增加 14 天和 40 天，合计 194 天。① 除此之外，国家还会为在怀孕早期阶段在医疗机构登记的妇女提供最长 12 周的医疗津贴用于孕前医疗检查和产后恢复等。补贴发放标准会因孕产妇身份不同而不同。其中，工作女性的补贴标准为其休产假前 24个月的 100% 日平均工资，最低发放标准不低于国家规定的最低劳动报酬；全日制在校学生补贴则与助学金挂钩；而个体户则按照国家规定的最低发放标准发放。在俄罗斯，收养月龄未满 3 个月的婴儿也可以领取孕产补贴，领取时长为领养之日起的 70 天。

（2）一次性生育补贴

与孕产补贴不同，一次性生育补贴没有缴纳强制社会保险的相关要求，所有生育的女性均有权领取，并且该补贴的发放对象不局限于产妇本人，孩子的父亲也有权领取，但二者只能择其一领取。一次性生育补贴政策施行之初，补贴金额为国家最低工资标准的 10 倍，后来被修改为固定数额，并随着社会经济的发展而不断调整。生育双胞胎或多胞胎的相关补贴数额可以累积增加。收养子女也可以领取相同数额的补贴，补贴数额根据收养子女的数量而累计增加。②

---

① 王佳. 当代俄罗斯人口危机问题研究［D］. 北京：北京外国语大学博士论文，2019：160-161.
② 王佳. 当代俄罗斯人口危机问题研究［D］. 北京：北京外国语大学博士论文，2019：161.

（3）月度育儿补贴

根据俄罗斯《关于向抚养子女公民发放国家补贴的补充说明》，在生育或收养的子女满 16 周之前，俄罗斯所有有孩家庭都可以领取月度育儿补贴，补贴额度为国民最低劳动报酬的 70%。后来，随着国民经济发展压力的逐渐增大，月度育儿补贴开始逐渐向低收入家庭倾斜。1998 年，俄罗斯政府规定人均收入超过当地最低生活保障标准 2 倍以上的家庭不能再领取该补贴。1999 年 7 月，该补贴的发放对象被缩小至人均收入低于当地最低生活保障标准的家庭。2005 年之后，月度育儿补贴开始改为由地方财政供给，补贴对象为家庭人均收入低于当地最低生活保障标准的家庭。在补贴金额方面，俄罗斯月度育儿补贴金额普遍偏低，2009—2010 年间，俄罗斯大部分地区的月度育儿补贴只有 100~300 卢布。①

（4）照顾子女的月度补贴

俄罗斯现行法律规定，女性可享受最长不超过 4.5 年的育儿假期。为了解除因照顾子女而全职在家的女性的后顾之忧，俄罗斯政府为休育儿假期间的工作女性设立了照顾子女的月度补贴。根据《关于向抚养子女公民发放国家补贴的补充说明》规定，工作女性在休假照顾未满 1.5 周岁子女期间，可以领取相当于最低劳动报酬的补贴。自 2007 年起，产前无工作女性也被纳入俄罗斯月度育儿补贴领取对象的范畴，其中照顾第一胎子女的补贴标准是 1500 卢布/月，照顾第二胎及以上胎次的子女补贴标准是 3000 卢布/月，补贴最高不超过 6000 卢布/月。② 同年，照顾子女的月度补贴开始与职业女性休假前的月度平均工资挂钩，平均工资的计算标准为女性休产假前 24 个月的平均工资，最低发放额度不得低于无工作女性领取的相关补贴标准，最高标准根据国家规定的当年社保缴费基数上限确定。同时照顾多个未满 1.5 岁的子女时，补贴可以叠加领取，但最高不能超过平均月工资的 100%。当子女年满 1.5 岁后，职业女性可以选择继续休假在家照顾子女至 3 岁，对于照顾 1.5~3 岁子女的工作女性，俄罗斯政府也有设置物质补贴，但额度很低，每月仅为 50 卢布。③

---

① 王佳. 当代俄罗斯人口危机问题研究 [D]. 北京：北京外国语大学博士论文，2019：163.

② 王佳. 俄罗斯生育补贴机制探析 [J]. 西伯利亚研究，2019（2）：39-49.

③ Указ Президента Российской Федерации от 30 Мая 1994 г. № 1110 《 О Повышении РазмераКомпенсационных Выплат Отдельным Категориям Граждан》[EB/OL].（2019-02-23）.http: / /www.kremlin. ru /acts/bank /6204.

（5）"母亲基金"

根据《俄罗斯联邦宪法》第 246 号补充说明——《对养育子女家庭基于国家扶持的补充措施法》的规定，自 2007 年 1 月 1 日起，国家将为生育或收养第二个及以上子女的家庭设立金额为 25 万卢布的物质补贴，即施行"母亲基金"计划。该计划原有效期为 10 年，后又经过多次延期，基金的具体数额也随着国家的通胀水平进行适当的指数调整，截至 2021 年，基金的额度已经增长至 48.38 万卢布。[①] 该项补贴不直接以现金形式向公民发放，使用范围也有限定：根据相关法律规定，领取人只能将其用于改善住房条件、子女教育支出、母亲本人养老储蓄金积累及残疾子女的医疗康复费用抵偿等领域。2017 年，俄罗斯政府颁布了关于联邦宪法的第 418 号补充说明——《关于向养育子女家庭发放月度补贴的联邦法》。根据该法，2018 年 1 月 1 日后生育或收养第二个子女的低收入家庭（低收入标准为家庭人均收入不超过当地最低生活保障标准的 1.5 倍），每月可从"母亲基金"中支取相当于当地儿童最低生活标准的现金补贴，直至子女年满 1.5 岁。除了联邦层面的"母亲基金"外，自 2011 年起，俄罗斯大部分地区政府也推出了旨在鼓励国民生育第三个及以上子女的地区"母亲基金"。相比联邦"母亲基金"，地区"母亲基金"在补贴对象、资金使用范围方面更加灵活，有些地区甚至允许家庭利用该基金购买汽车、家具等家庭生活必需品。

（6）初胎子女月度补贴、三胎及以上子女月度补贴

根据前述的《关于向养育子女家庭发放月度补贴的联邦法》，俄罗斯政府将为 2018 年 1 月 1 日生育或收养第一个子女的低收入家庭发放初胎子女月度补贴。满足相关条件的家庭，每月可领取额度为当地儿童最低生活标准的补贴，直至子女年满 1.5 周岁。由于各地区经济发展水平各不相同，所以在补贴额度上各地区也存在差异。从全国范围来看，2018 年，全俄范围内儿童最低生活保障标准平均值为 10523 卢布，2019 年为 10863 卢布，2020 年为 11143 卢布。[②]

除了对初胎子女进行补贴外，对于养育第三胎及以上子女的多子女家

---

① 俄罗斯早就鼓励三胎了，可是年轻人为啥一个都不愿生？https://baijiahao.baidu.com/s?id=1701533296508940040&wfr=spider&for=pc.（最近访问日期：2022 年 11 月 20 日）

② 王佳. 当代俄罗斯人口危机问题研究 [D]. 北京：北京外国语大学博士论文，2019：163.

庭俄罗斯也推出了相应的奖励补贴政策。自 2013 年起,俄罗斯政府在人口总和生育率低于全俄平均水平的 50 个联邦主体设立了养育第三个及以上子女的月度补贴。根据相关法律,上述 50 个地区的多子女家庭在 2012 年 12 月 21 日后生育或收养第三个及以上胎次子女时,每月可领取额度为当地儿童最低生活保障标准的补贴,直至子女年满 3 周岁。2018 年,实行多胎次子女补贴政策的地区已扩展至 60 个。[①]

2. 以非货币化保障为主的生育支持政策

众所周知,生育和养育子女需要家庭尤其是女性投入大量的金钱和时间成本。随着时代的发展,女性的受教育水平和劳动就业水平不断提高,相比从前,当代女性更加重视个人社会价值的实现,因此其花费在养育子女方面的时间就必然会受到挤压。也就是说,在当今时代,女性在生育决策时会面临是履行家庭生育责任还是谋求事业发展的矛盾。此外,妇女是生育的主体,儿童是社会的未来,妇女和儿童能否得到有效的保护也决定着一个国家人口发展的可持续性。基于以上原因,为了鼓励国民生育,俄罗斯政府还推出一系列非货币化的生育支持政策,比如孕产假期、弹性工作制、多子女家庭住房保障机制、婴幼儿看护机制和妇女儿童保护机制等。

(1)孕产假与育儿假制度

自俄罗斯独立以来,女性就业水平就一直维持在 50% 左右。[②] 为了解除女性养育子女和兼顾工作的两难矛盾,俄罗斯政府推出了较长时间的孕产假及育儿假制度。根据俄罗斯现行法律,孕产妇可以享受全薪、半薪及无薪产假。其中全薪产假为 140 天,包括产前 70 天和产后 70 天;如果产妇在生育过程中遭遇难产,产后假期将增加至 86 天,总计 156 天;如果产妇生育双胞胎或多胞胎,产前假期可增加至 84 天,产后假期可增加至 110 天,总计 194 天。在此期间,用人企业或单位需要全额支付产妇薪水。在休完全薪产假以后,产妇还可以根据自身及家庭状况继续休半薪产假,一直至孩子满 1.5 周岁。休半薪产假期间,产妇可领取额度为原月平均工资 40% 的育儿补贴,补贴由国家社会保险基金支付。在休完半薪产假之后,产妇还可

---

① Об утверждении перечня субъектов Федерации, в которых в 2018 году будут софинансироваться расходные обязательства по поддержке семей в связи с рождением третьего ребёнка или последующих детей. 27. 11. 2017. http://government. ru/docs/30276/. (最近访问日期:2022 年 12 月 31 日)

② 王佳. 当代俄罗斯人口危机问题研究 [D]. 北京:北京外国语大学博士论文,2019:169.

以无薪继续照顾子女至 3 周岁。在此期间，用人单位需为其保留工作岗位和职位，休假时长可计入工龄和专业工作年限。2013 年，俄罗斯国家杜马审议通过了关于延长产假修订案的审议。根据该议案，从 2014 年 1 月 1 日起，生育第三胎的产妇可以继续再享受 1.5 年的半薪产假。也就是说，从 2014 年起，俄罗斯可享受的半薪假期最多可达 4.5 年。而依据此前的法律，妇女如果生育第三个或更多的孩子，将不能再享受半薪假期。

（2）弹性工作制和灵活休假制度

根据俄罗斯相关法律规定，产妇在孕产假及照顾子女休假期间，可以通过兼职工作或在家工作的形式增加收入，且上述工作形式不影响产妇享受国家的孕产妇补贴。此外，为了满足哺乳期职业女性喂养婴儿的需求，俄罗斯相关法律规定，养育未满 1.5 周岁子女的职业女性，可在工作时间享受每 3 小时 1 次、每次不少于 30 分钟的哺乳休息。同时养育 2 个及以上未满 1.5 周岁子女的工作女性，工作期间的哺乳休息可延长至每次 1 小时及以上，且相关休息时间需纳入产妇工作时长。

为了保证孕期女性的安全和方便产妇照顾年幼子女，俄罗斯政府还为孕产妇设置了较为灵活的休假制度。根据俄罗斯联邦劳动法的相关规定，普通职员工作第一年需连续工作满 6 个月才可申请带薪年假，但是怀孕女性不受上述时间要求的限制。养育 3 个及以上未满 12 周岁子女或照顾未满 18 周岁残疾子女的女性在申请带薪年假时可根据自身需要灵活安排休假时间，照顾残疾子女的还可额外多申请 4 天带薪假期。此外，养育 2 个及以上未满 14 周岁子女的家庭或养育 1 个及以上未满 14 周岁子女的单身母亲，每年可根据自身时间安排，额外申请最多 14 天的非带薪假期。①

（3）支持家庭生育的住房保障机制

住房是家庭的物理空间，没有满意的住房也是限制俄罗斯国民生育意愿的重要原因。因此，为了解决家庭因养育子女而产生的住房问题，俄罗斯政府推出了一系列旨在鼓励家庭生育的住房保障机制。具体说来，一是为年轻家庭提供住房补贴。为了鼓励年轻家庭积极生育，俄罗斯政府于 2002 年 8 月将《保障年轻家庭住房需求》纳入《2002—2010 年联邦住房专项纲要》（以下简称《纲要》），规定夫妻未满 30 周岁的年轻家庭，在符合

---

① 王佳. 当代俄罗斯人口危机问题研究 [D]. 北京：北京外国语大学博士论文，2019：169.

相关法律规定的急需改善住房条件的相关要求时，可依法向政府申请相应的补贴，用于支付购房款首付、偿付购房贷款或修建居民自建住房，具体补贴金额根据补贴面积及当地平均房价的相应比例来计算。① 由于成效明显，在 2010 年《保障年轻家庭住房需求》子纲要到期后，俄罗斯政府又于 2011—2015 年间将相关政策推行下去。在新的《纲要》中，俄罗斯政府放宽了对年轻家庭的年龄限制，将夫妻年龄由原来的 30 周岁放宽至 35 周岁。2015 年 8 月，俄罗斯政府再次将《纲要》的有效期延长至 2020 年。2017 年 12 月，俄罗斯第 1710 号政府决议重新对《保障俄罗斯公民优惠舒适的住房和公用服务》进行了修订，其框架内含的《纲要》被调整为联邦项目模式，实施期限也从 2020 年延长至 2025 年，该项目中的一个重要政策措施就是为新生儿家庭提供足够的住房保障支持。② 二是通过"母亲基金"为养育子女家庭提供改善住房条件的资金支持。如前所述，改善住房条件是"母亲基金"支持家庭养育子女的重要手段。根据相关法律规定，凡有资格领取"母亲基金"的养育第二个及以上子女的家庭，可将基金补贴用于购买住房、建造或改造个人住房、支付购房或建房的贷款首付等在内的住房保障需求。三是为多子女家庭免费划拨建房用地。根据俄罗斯政府颁布的第 138 号联邦法修改说明，养育 3 个及以上子女的家庭可免费获得由各联邦主体划拨的土地，用于自建住宅，具体划拨要求和土地面积根据各地区法律规定执行。虽然该法案帮助俄罗斯近百万多子女家庭获得了免费的自建房建设用地，但由于各地区可供划拨的土地面积有限，许多家庭需要经过长久排队后才能领取到土地。为了解决这一问题，俄罗斯政府在 2015 年生效的《土地法修正案》中对该项内容进行了修改——只有被认定为急需改善住房条件的多子女家庭，才有资格免费获得土地。同时，在征得多子女家庭同意的情况下，可以将免费划拨土地改为其他方式，比如发放现金补贴等。③ 四是提供住房按揭贷款利率优惠。根据俄罗斯政府 2017 年 12 月发布的 1711 号决议，凡在 2018 年 1 月 1 日至 2022 年 12 月 31 日期间生育或收养第二个

---

① 王佳 . 俄罗斯生育补贴机制探析 [J] . 西伯利亚研究，2019（2）：39-49.

② 丁超 孙懿 . 国家规划视角下的俄罗斯住房保障政策效果及其启示借鉴 [J] . 国际城市规划，2022：3.

③ Федеральный Закон от 29 Декабря 2014 г. № 487-ФЗ "О Внесении Изменения в Статью 39 -5 Земельного Кодекса Российской Федерации" [EB/OL] . (2019-02-23) . http：//www. kremlin. ru /acts/bank /39264.

及以上子女的家庭，在缴纳新建住房的按揭贷款时，只需支付 6% 的贷款利率，差额部分由国家负担。在此期间养育第二个子女的家庭可享受 3 年的贷款利率补贴①，养育第三个及以上子女的家庭可享受 5 年的贷款利率补贴。2018 年前已经生育子女的家庭，如果满足在此期间生育子女数量的要求，也可享有相同年限的贷款利率补贴。2022 年 5 月，为扭转房地产市场低迷的态势，俄罗斯总理米舒斯京宣布提高优惠贷款额度，其中对于符合上述出生日期的有孩家庭可以在 2023 年底前继续申请年利率为 6% 的优惠贷款。②

（4）妇女儿童保护制度

女性是生育的主体。为了保护孕产妇的健康与安全，《俄罗斯联邦劳动法》在工作安排上为孕产妇提供了一系列优惠政策。例如，孕妇可凭医院证明申请缩短工作时长或减轻工作量；如果孕妇认为其工作内容会对其身体造成不良影响，可要求雇主为其调整工作岗位，在雇主落实换岗前，孕妇可暂停工作，停工期间仍可保留此前岗位的平均工资。女性在照顾未满 1.5 周岁子女期间，如无法胜任此前的工作岗位，也可申请调换岗位，且在子女满 1.5 周岁前，其换岗后的工资应不低于此前工作岗位的平均工资。雇主不应安排怀孕女性加班、出差或要求其在夜间和节假日值班；如确需安排子女未满 3 周岁的工作母亲出差、加班等，雇主必须获得工作母亲本人书面同意，并确认雇主所安排的工作强度符合医疗机构出具的孕产妇相关安全保障要求。③ 除了对于孕产妇工作时间的灵活安排外，俄罗斯的妇幼保健制度也是最引人注目的鼓励生育的措施之一。俄罗斯的妇幼保健工作主要由各医疗机构承担，主要内容是在怀孕期间对孕妇提供帮助及提供包括怀孕、分娩、产后护理和孕产妇心理健康等方面的咨询服务等。此外，医疗机构还会开设专门针对新生儿的门诊，以为新生儿提供有针对性的治疗。

儿童是社会发展的未来。在生育率持续下降的背景下，儿童生存、保护和发展问题被认为是国家社会管理的优先事项。为了实现这一目标，俄罗斯政府参考联合国 1990 年发布的《儿童生存、保护和发展世界宣言》，

① 王佳. 俄罗斯生育补贴机制探析 [J]. 西伯利亚研究，2019（2）：39-49.
② 俄罗斯住房优惠贷款额度上调 有孩家庭更有利. http://www.dragonnewsru.com/static/content/home/headlines_home/2022-05-19/976922004110585856.html.（访问日期：2022 年 11 月 25 日）
③ 王佳. 当代俄罗斯人口危机问题研究 [D]. 北京：北京外国语大学博士论文，2019：169.

在 1992 年发布了《关于实施 90 年代〈儿童生存、保护和发展世界宣言〉的优先措施》的法令。依据该法令，俄罗斯政府制定了“俄罗斯儿童”计划，目标是为儿童的正常成长和发展创造条件，确保他们在基本的社会经济转型和改革时期得到保护，以免受到暴力、政治和自然灾害等带来的迫害。具体说来，该项计划的内容主要包括：保护未成年人就业的权利、优先帮助未成年人解决劳动纠纷；制定法律以降低青少年犯罪率；对聘请未成年员工的企业提供税收优惠等。为了加强对于有子女家庭的支持，俄罗斯于 2006 年推出了《2007—2010 年“俄罗斯儿童”目标计划》，旨在为改善儿童的生活和健康创造有利条件，解决有子女，尤其是有残疾子女的弱势家庭问题。为了保障俄罗斯儿童的健康、安全和受教育机会，确保俄罗斯儿童的全面发展。2018 年，俄罗斯政府推出了“儿童十年”项目。2020 年该项目第一阶段完成，并取得良好成效。根据俄罗斯国内相关调查显示，在该项目执行期间，俄罗斯儿童的生活质量和幸福感得到很大提升。2021 年 1 月，俄罗斯总理米舒斯京签署了第 122 号政府令，批准了“儿童十年”的第二阶段行动计划，提出了 129 项具体措施，涉及儿童健康、教育、社会福利等方面。[①] 此外，为了解决俄罗斯长久以来的婴幼儿看护机制缺少的问题，俄罗斯政府还在 2018 年出台的《2019—2024 年国家人口项目》中专门设立了《兴建托儿所——促进女性就业》的子项目，将保障 2 个月至 3 岁婴幼儿的学前教育需求作为人口发展的主要工作方向。

除了经济和社会保障方面的因素，俄罗斯国民家庭、婚姻和生育观念的转变也是导致当代俄罗斯人口出生率下降的重要因素。如俄罗斯总统普京所言：“如果不改变全社会对待家庭的态度和居民的家庭观念，就无法解决低出生率的问题。”[②] 所以，除了推行各项鼓励生育的政策措施外，俄罗斯政府还采取多项措施培养国民重视婚姻、家庭和生育的观念。比如设立“俄罗斯家庭”奖、在家庭年框架内从中央到地方推出了一系列复兴家庭价值观的纪念活动、设立“家庭、爱情和忠贞日”、利用宗教文化传播反堕胎观点等。

---

① 俄罗斯发布“儿童十年”第二阶段行动计划. http：//untec. shnu. edu. cn/38/7b/c26039a735355/page. htm.

② Послание Федеральному Собранию Российской Федерации. 10 мая 2006 года. http：//www. kremlin. ru/events/president/transcripts/23577. （最近访问日期：2022 年 11 月 20 日）

二、总结

在积极的鼓励生育政策引导下，自 2000 年起，俄罗斯人口出生率扭转了自独立以来持续下降的趋势，开始逐步回升。2003 年，人口出生率一直维持在 10‰以上，在 2012—2016 年间甚至一度回升至 13‰左右。从俄罗斯总和生育率来看，虽然在独立初期经历了低迷并一直没有达到人口更替率水平，但是在积极生育政策的影响下，总体上一直呈上升趋势（见图 2）。

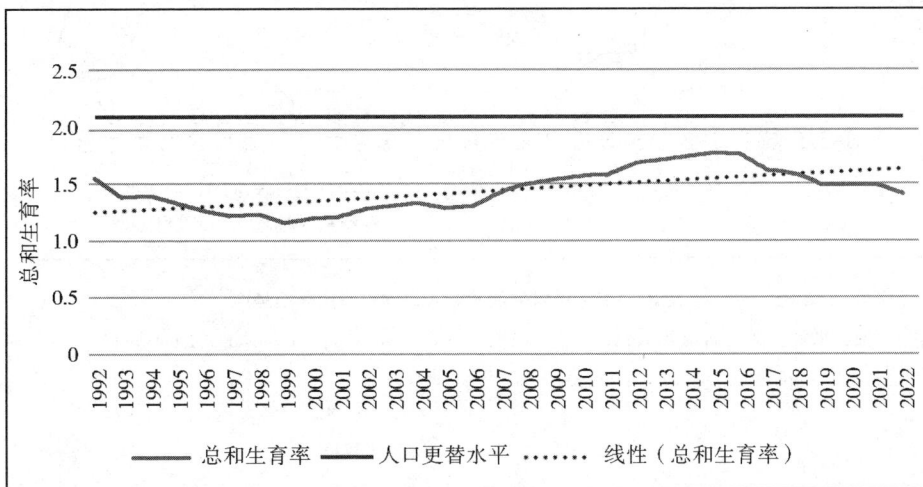

图 2　1992—2022 年俄罗斯人口总和生育率变化趋势

数据来源：俄罗斯历年总和生育率统计，https：//www.kylc.com/stats/global/yearly_ per_ country/g_ population_ fertility_ perc/rus. html。

需要指出的是，虽然俄罗斯政府一直十分关注人口发展问题，但是就俄罗斯社会的普遍观点来看，其鼓励生育的人口政策的正式实施是从 2006 年时任俄罗斯联邦总统普京发表致联邦会议刺激生育计划咨文开始的。从人口增长率来看，自 2006 年推出积极的鼓励生育政策以来，俄罗斯人口终于逐渐摆脱了负增长局面，实现了人口总量的正增长（见图 3），虽然 2020 年以后，俄罗斯人口增长率又开始出现负增长情况，但考虑到新冠疫情导致的人口死亡率激增，所以不能因此说明现阶段俄罗斯鼓励生育政策的低效。

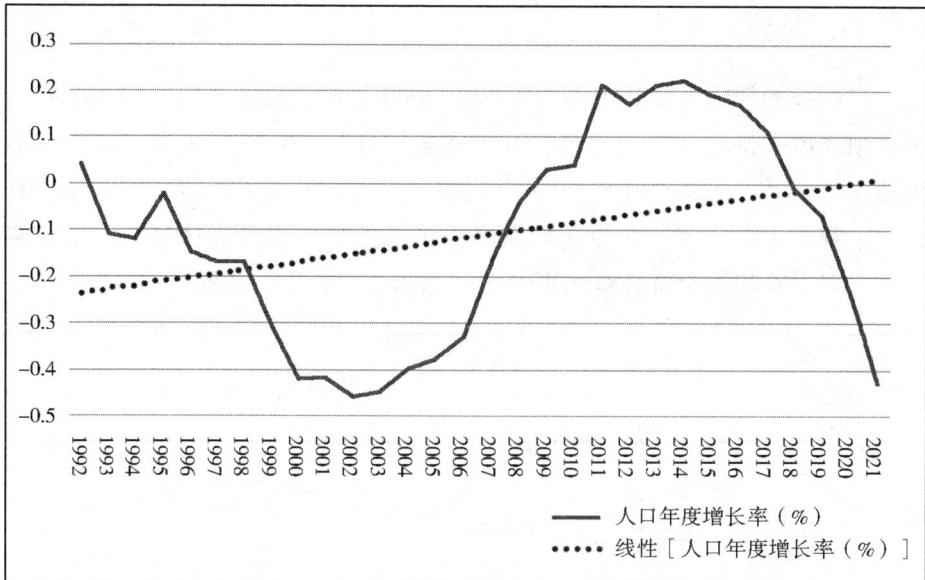

图3　1992年以来俄罗斯人口增长率变化趋势

数据来源：俄罗斯历年人口增长率统计，https：//www.kylc.com/stats/global/yearly_per_country/g_population_growth_perc/rus.html。

参考文献

［1］于小琴．俄罗斯人口问题研究［M］．哈尔滨：黑龙江大学出版社，2012．

［2］程亦军．俄罗斯人口安全与社会发展研究［M］．北京：经济管理出版社，2007．

［3］王佳．当代俄罗斯人口危机问题研究［D］．北京：北京外国语大学博士论文，2019．

［4］［俄］谢尔盖·弗拉基米洛维奇·扎哈洛夫．俄罗斯鼓励生育政策为何影响有限［J］．社会科学战线，2020（10）．

［5］陈卫民．中俄人口问题比较与国际经验借鉴［J］．欧亚经济，2016（3）．

［6］阚唯，梁颖，李成福．国际鼓励生育政策实践对中国的启示［J］．西北人口，2018（5）．

共建"一带一路"国家
公共卫生政策的变迁与最新进展

文　宏　黄莉婷[*]

摘　要： 自 2013 年共建"一带一路"倡议提出以来，共建"一带一路"国家开展公共卫生合作经历了初步探索、变革调整、扩大发展和新时期四个阶段。自 2013 年正式提出共建"一带一路"倡议后，共建国家在公共卫生政策沟通上日益密切、政策实施上日趋精准、政策评估上日益完备。共建"一带一路"国家在公共卫生领域携手同心、行而不辍，利用对话沟通凝聚合作共识，借助资金融通推动互利共赢，通过民心相通深化多边会谈，将中国倡议转化为邻国行动。但在看到周边外交形势向好、经济发展阶段互补和公共卫生事件频发等发展机遇的同时，亦不容忽视地缘政治冲突、投资建设风险和共建参与不足等问题带来的挑战。以史为鉴，新时期下共建"一带一路"国家公共卫生政策需不断优化基础设施建设，完善公共卫生服务体系；深化国际交流合作，搭建信息互联互通平台；加大科学技术投入，加强医疗战略技术储备；构建人才培育体系，推进医护人员队伍建设，向着构建人类卫生健康共同体的正确方向不断迈进。

关键词： "一带一路"；公共卫生政策；公共卫生合作

---

* 文宏，华南理工大学公共管理学院教授、博士生导师，主要研究方向为社会风险与政府治理；黄莉婷，华南理工大学公共管理学院硕士研究生，主要研究方向为社会风险与政府治理。

　　共建"一带一路"倡议在 2013 年提出之际便包含卫生健康领域的相关内容。随着 2015 年《国家卫生计生委关于推进"一带一路"卫生交流合作三年实施方案（2015—2017）》的出台，共建"一带一路"在公共卫生领域的合作进一步推进。2016 年"健康丝绸之路"的正式提出，更是为完善各国公共卫生治理提供了新思路。近年来，在国家的大力推动下，共建国家、国际组织和国际社会积极响应，"一带一路"已成为当今世界范围最广、规模最大的国际合作平台。

　　目前，专家学者们对共建"一带一路"的相关研究多集中在经济、政治领域，而对于公共卫生领域的研究则开展较少，但随着重大公共卫生事件的突发，各国随时面临着公共卫生危机的威胁，新冠疫情的暴发更是暴露了共建"一带一路"国家公共卫生治理能力的不足。人类健康是社会文明进步的基石，人民安全是国家安全的基石，加快共建人类卫生健康共同体迫在眉睫。中国政府根据对国际形势的准确把握和迅速研判，早在 2013 年共建"一带一路"倡议提出时就指出要与合作伙伴提高协同处理突发公共卫生事件的能力，共同推动理念转化为一系列行动举措，并且有效提高了部分地区的应急管理能力，但公共卫生合作仍任重道远。

　　共建"一带一路"根植于历史，本文接下来将梳理共建"一带一路"国家开展公共卫生合作的四个不同阶段，即初步探索、变革调整、扩大发展和新时期，进一步从政策沟通、政策实施和政策评估的视角出发，再现共建"一带一路"国家公共卫生政策的变迁史，帮助读者正确了解和把握共建"一带一路"国家公共卫生政策的生发逻辑、历史进程和丰富内涵。共建"一带一路"更面向未来，文章将从对话沟通、资金融通和民心相通三个角度出发，讨论共建"一带一路"国家公共卫生政策的最新进展。同时，从国际和国内两个角度入手，聚焦共建"一带一路"倡议在公共卫生领域建设上面临的机遇和挑战。国际形势波诡云谲，新时代下如何推动共建"一带一路"倡议在公共卫生领域的建设行稳致远？本文从服务体系、信息平台、战略技术和人员队伍四个方面入手，为加强共建"一带一路"国家在公共卫生领域的建设建言献策。

一、共建"一带一路"国家开展公共卫生合作的历史阶段

　　随着中国综合国力的显著增强和国内经济的飞速发展，中国的国际影

响力逐步提升，开始以更加积极主动的姿态参与国家公共卫生合作。2013
年共建"一带一路"倡议提出后，国家发展改革委、外交部、商务部于
2015年3月联合发布了《推动共建丝绸之路经济带和21世纪海上丝绸之路
的愿景与行动》，指出要强化传染病疫情信息沟通、防治技术交流、专业人
才培养等方面的合作。① 2017年，习近平主席在日内瓦访问世卫组织时提
出，中国欢迎世界卫生组织积极参与"一带一路"建设，共建"健康丝绸
之路"，宣告着开展国家公共卫生合作步入新时期，至此"健康丝路"正式
走向世界。2020年新冠疫情这一全球突发公共卫生危机更是推动了各国加
强公共卫生合作的步伐。

在合作平台拓展上，中国积极参与全球卫生健康等相关国际会议，加
强与共建"一带一路"国家在卫生体系政策方针、卫生领域国际标准和国
际规范等方面的沟通协商；以"丝绸之路经济带"为方向，打造了中国—
中东欧合作新模式，先后举办了两届中国—阿拉伯国家联盟卫生合作论坛
和四届中国—中东欧卫生部长论坛，发布了一系列联合公报；以"海上丝
绸之路"为方向，与东盟举办了四届卫生合作论坛，和非洲召开了三届卫
生合作部长级会议，并达成了《达喀尔行动计划（2022—2024）》；同时，
邀请世界卫生组织出席中国与共建"一带一路"国家举办的相关会议论坛。
目前，公共卫生合作已成为共建"一带一路"必不可少的一部分，在共建
国家的通力合作之下，有效推动了各国在传染病防控、跨境卫生医疗合作、
卫生人才培养等领域的突破性进展，奠定了中国与共建"一带一路"国家
增进战略互信、促进繁荣发展的重要基础。

在合作行动开展上，中国不断创新合作模式，密切交流合作内容。一
是开展形式丰富多样的卫生援助，国家卫生和计划生育委员会在充分调研，
了解共建"一带一路"国家卫生需求的基础上，有针对性地向部分欠发达
国家和地区提供符合其发展阶段的卫生援助。中国与20多个国家建立了30
余个"对口医院"，在30多个国家开展"光明行"免费白内障义诊，在加
纳、坦桑尼亚等国开展"爱心行"免费心脏病义诊，组建并委派国内卫生
专家赶赴利比里亚、马达加斯加、几内亚等国家，大力抗击埃博拉、黄热

① 中华人民共和国国务院. 推动共建丝绸之路经济带和21世纪海上丝绸之路的愿景与行动[EB/OL]. [2015-03-28]. http://www.scio.gov.cn/31773/35507/35519/Document/1535279/1535279.html.

病、鼠疫、寨卡疫情，帮助其提高疫情防控能力，减缓疫情蔓延速度。二是培养公共卫生领域的专业人才，国家卫生和计划生育委员会致力于加强与其他共建"一带一路"国家在公共卫生领域的人才培养合作，累计投入过亿元人民币，与其他共建"一带一路"国家合作培养公共卫生治理和疫情疾病防控人员数千余名。多次举办"中国—东盟公共卫生高级行政管理人才培训班""中国—东盟现场流行病学专业人才培训班""大湄公河次区域边境地区疟疾登革热实验室检测技术培训班"等，帮助建设了一批一流的公共卫生专业人才队伍。

二、共建"一带一路"国家公共卫生政策的变迁进展

全球范围内的公共卫生危机频发，给各个国家的应急处置能力带来了严峻挑战，公共卫生问题日益成为全球关注的焦点。共建"一带一路"建设横跨多个国家和地区，具有显著的公共卫生协作性和互相溢出性特征。作为一项跨区域、跨文化、跨领域的合作体，面对全球范围内突发公共卫生事件的冲击，共建"一带一路"国家需要将公共卫生合作纳入自身的基础性工作中，积极推动共建国家在医疗设施、疾病防控、紧急救援、医药研发等方面的互利合作，不断优化各国的公共卫生处置能力，夯实公共卫生产业集聚合作，不断促进共建国家的公共卫生事业互惠互助发展，最终提高共建"一带一路"国家应对突发性、全球性、复杂性公共卫生事件的整体协调能力和处置水平。

因此，本部分旨在梳理共建"一带一路"国家公共卫生政策的变迁进展，围绕变迁、进展、机遇、挑战四个专题系统展开，探讨在全球性公共卫生突发事件冲击下，如何推进共建"一带一路"国家的应急处置能力建设，高质量共建"一带一路"人类卫生命运共同体。

（一）共建"一带一路"国家公共卫生政策的变迁

中国提出共建"一带一路"倡议以来，积极发展对外合作领域，拓宽合作深度，与各国在政治、经济、环境、卫生等发展领域展开了广泛而深入的合作，尤其是全球性新冠疫情暴发以来，中国勇担负责任的大国形象，与共建国家在公共卫生健康领域展开深入交流，充分体现了团结合作、互助互信的丝路精神，不断推动公共卫生政策的创新和实践。下面从政策沟通、政策实施和政策评估三个方面入手，对共建"一带一路"国家公共卫

生政策的变迁展开详细论述。

1. 政策沟通日益密切

有效的政策沟通对促进目标群体的政策理解具有重要的意义，在共建"一带一路"国家公共卫生政策的变迁中，中国牵头与共建"一带一路"国家积极开展政策交流，积极开展各层级、各领域、多形式的对话协商，各国之间的政策沟通与协调日益密切，交流趋向频繁，不断在共同协商中达成区域一致性的政策行动和目标。具体来说，"政策沟通日益密切"主要体现在以下三个方面：

一是政策主体沟通方面的日益密切。在新冠疫情全球蔓延的背景下，中国主动带头同共建"一带一路"国家进行政策沟通，共建国家加强公共卫生政策的合作。共建"一带一路"国家纷纷参与其中，体现出了共建人类卫生健康共同体的决心。中国政府充分认识到共同合作的政策理念，充分认识到政策沟通对于促进目标群体政策理解的积极影响①，因此主动发起同各个国家间的政策沟通活动，积极推动共建国家交流，加强在国家层面上的深度合作，与有关国家签署多份合作文件，涵盖共建"一带一路"大多数国家和多个发展维度，多方政策主体确认了共同应对公共卫生事件目标的行动路径，表达了各自在共建"一带一路"公共卫生领域下的原则和指导。除此之外，政策沟通主体的日益密切还体现在与国际组织关系上，在共建"一带一路"国家的共同推动下，共建"一带一路"公共卫生合作的倡议已经载入联合国、亚太经合组织及二十国集团等重要机构的文件和决议中，共建国家在政策制定、执行、评估及反馈过程中密切与联合国等多边机构保持联系，积极参与和筹办同国际组织之间的政策沟通活动，有效对标《联合国2030年可持续发展议程》等重要文件和国际倡议，推动了全球公共卫生事业的大发展。

二是政策内容沟通方面的日益密切。共建"一带一路"国家积极寻求深度合作，在公共卫生领域开展政策对接、规划制定和机制建设等合作内容，沟通日益密切。中国作为共建"一带一路"倡议的发起者，主动同各成员国家加强政策内容的对接和协作，发布了共同应对公共卫生事件应急处置措施等多项文件，在基础医疗设施建设、医护用品出口、对口医务资

---

① 李燕，母睿，朱春奎. 政策沟通如何促进政策理解？——基于政策周期全过程视角的探索性研究 [J]. 探索，2019，207（3）：122-134.

源支持等领域开展了多项标准化合作，在政策沟通内容方面取得了巨大成果。在中国的主导下，共建"一带一路"国家积极开展密切合作，在共建"一带一路"框架下建立公共卫生安全网络、建设区域性传染病防控中心、开展跨境流行病监测等项目，提高各国应对突发公共卫生事件的能力，并在各成员国家内部实现医疗物资、医护人员、医疗技术、疫苗研发等资源的共享互通，实现深层次、多领域、宽项目的政策内容沟通。

三是政策手段沟通方面的日益密切。全球范围新冠疫情的肆虐虽然割裂了共建"一带一路"国家在空间沟通上的渠道，却倒逼各国不断创新技术赋能，建立全新的政策沟通渠道，密切联系各国的政策交流。在公共卫生政策区域合作上，共建"一带一路"国家不断实现沟通手段和技术的现代化，利用现代通信设备、实时转播技术、互联网会议平台等手段，促使各国政策沟通在方式上的日益密切。各国政府部门牵头建立起对外的常态化政策沟通机制，以及时有效地应对公共卫生事件的突发性和复杂性，在技术赋能下，"一带一路"共建国家的政策沟通方式日益精准化，有效缩短了传统沟通方式的信息传递路线，实现了政策沟通在手段上的少成本、多频率、低失真、高效率、双向性和密切化。

2. 政策实施日渐精准

共建"一带一路"国家公共卫生政策变迁的另一个特征是政策实施日益精准。其基本释义是，在面对全球公共卫生事件突发的大背景下，共建"一带一路"国家不仅在行动目标、合作理念等宏观层面上达成共识，还将这一理念进行积极实践，从微观上转化为具体细致的合作项目和政策行动，有效地推动了共建"一带一路"国家在公共卫生各领域的互联互通和合作共赢。

首先，是在项目建设方面。共建"一带一路"倡议是对当前全球公共卫生事件肆虐发展困境下的一次努力突破，在共同应对突发公共卫生事件、提升国家整体抗逆力的共识下，共建"一带一路"国家在公共卫生领域开展一系列具体完备的项目建设工作。2022 年，由中国带头签署的《区域全面经济伙伴关系协定》（RCEP）实现了对共建"一带一路"国家经济发展的协作互通，与多个国家建立了自贸试验区，推动了贸易投资自由化、便利化，促进了市场开放和竞争，实现了各个行业、领域的协调与对接，在很大程度上促进了各经济体的经济发展，助力后疫情时期各国的经济民生恢复工作。除此之外,中国与共建"一带一路"国家根据各自公共卫生产业的发展实际,不断进行区域内各经济体医疗物资生产的对接和协调,开展了一大批医疗基础设施、救护物资对口援助等合作项目,形成了一系列标志性项目,提升了共建国家的公共卫生发展水平和民生保障能力。

其次,是在人才培养方面。共建"一带一路"公共卫生政策实施的日益精准化为共建各国家人才流动提供了契机,促进了先进医疗卫生技术的交流和增长,为共建整体公共卫生事业的发展提供了新的历史机遇。近十年来,其他共建"一带一路"国家和地区来华留学生的数量显著增多,中国公共卫生领域的人才培育做到了"引进来"和"走出去"相结合,各个国家之间的人才培养环境不断提升,为共建"一带一路"公共卫生政策的科学化制定和实施提供了坚实的人才后备,支撑起公共卫生健康共同体建设的强力发展。通过采取合作办学、师资培训、人才联合培养等措施,共建"一带一路"国家纷纷共享各自的优势医疗卫生技术,交流应急处置经验,培育了一大批具备国际语言、具有全球视野、通晓专业能力的公共卫生领域国际化人才,从整体上提升了区域公共卫生水平。例如,中国科学院于2016年初制定了《共建"一带一路"国际科技合作行动方案》,通过科技合作与科学人才培养与培训,在公共卫生政策的知识界、科学界培养了一批青年骨干人才和高层次人才,成为新时代国家公共卫生事业发展的主力军。

最后,是在技术转移方面。共建"一带一路"国家公共卫生政策的精准实施促进了域内卫生技术的转移交流,为共建国家提供了一个技术互动与学习的合作平台,为共建国家公共卫生事业水平的全方位提升提供了技术性动力。中国作为共建"一带一路"倡议的提出者和主要参与者,具备显著的技术优势,积极发挥公共卫生技术创新与交流等机制的作用,支持各国在公共卫生领域开展联合研究、技术攻关、技术嫁接等合作,不断面向共建"一带一路"国家展开广泛的国际技术转移专项行动,促进公共卫生成果的转化,实现跨区域医疗卫生产品的产业化发展,在疫苗研制、药物制备等方面进行有效的技术转移和推广示范。

3. 政策评估日趋完备

公共政策评估是指公共政策评估主体按照一定的政策评估标准和程序对政策系统、政策过程和政策结果的品质、收益、影响等进行评价或判断的一系列活动。① 通过对公共卫生政策展开科学细致的评估工作，不断改善公共卫生政策的内容系统，进一步提高后续政策制定的科学性，提高决策质量，最终促进政策目标的高质量完成。共建"一带一路"公共卫生政策经过长期的实践和发展，日益形成了完备的政策评估流程和标准，提高了共建"一带一路"国家在公共卫生政策领域合作所取得的社会经济效益。

首先，在评估准备阶段，针对共建"一带一路"公共卫生政策的执行情况，各国逐渐成立完备的政策评估小组，确定现行的公共卫生政策为评估对象，共同探讨针对公共卫生政策的系列评估标准，并设立预期的评估目标，选择采取何种评估手段或工具展开工作。通过对政策评估目的、主客体、标准、手段及目标的确立，共建"一带一路"国家可以形成系统的政策评估行动指南，指导后续评估工作的有序开展，进而保证评估效果科学公正。

其次，在评估实施阶段，依据事先确定的政策评估计划和指南，共建"一带一路"国家针对各国公共卫生政策展开实地调查，运用各种调查方式，以各国现行的公共卫生政策为对象，展开全面细致的资料收集工作，贯穿整个公共卫生政策的制定、执行、反馈、效益及终结等各个环节。在这一过程中，政策评估小组依据实事求是、因地制宜、客观公正的原则，全面细致地收集各类公共政策执行信息，选择合适的评价手段进行评价，既要顾及共建"一带一路"国家的各国国情参差带来的政策偏差结果，也要体现公共卫生政策执行的客观性标准，做到评价过程的普遍性与特殊性相统一。

最后，在评估总结阶段，共建"一带一路"公共卫生政策评估的最终目的是做出及时的反馈，进而有针对性地调整共建"一带一路"国家后续的政策行动，因此各国依据收集到的政策评估信息，撰写系统客观的政策评价报告，并对整个评估工作展开评价。共建"一带一路"各国在完成各自的政策评估工作后，要积极展开政策评估交流和协商，共享评估信息，借鉴优秀范例，不断完善共建"一带一路"国家整体公共卫生政策发展质量，最终推动"一带一路"公共卫生事业的全方位提升和高质量发展。

（二）共建"一带一路"国家公共卫生政策的进展

共建"一带一路"国家公共卫生政策经过长期的实践和反馈调整，在

---

① 高兴武 . 公共政策评估：体系与过程 [J]. 中国行政管理，2008，272（2）：58-62.

整体性政策体系上取得了长足的进步,各国的公共卫生政策取得重大进展,尤其是在对话沟通、资金融通和民心相通三个方面硕果累累,为促进区域和全球健康事业发展、维护人类卫生健康安全、构建人类命运共同体作出了重要贡献。

1. 对话沟通凝聚合作共识

通过在公共卫生政策领域的通力合作,中国以政策沟通搭建起对外交流的桥梁,与共建"一带一路"国家不断凝聚合作共识,实现共建国家公共卫生事业可持续发展的有效对接,形成促进公共卫生事业整体进步的政策合力与价值导向,不断推动公共卫生政策落地落实。

在后疫情时代的经济复苏大背景下,共建"一带一路"国家对发展经济、保障民生具备更强的意愿和合作取向,积极寻求对外的公共卫生领域合作,形成区域卫生合作共同体,在此契机下,中国与共建"一带一路"国家就公共卫生合作展开积极对话,成立共建"一带一路"卫生政策研究网络,不断凝聚各国的公共卫生治理诉求和合作共识,推动构建人类命运共同体,促进共建"一带一路"公共卫生事业的整体协调发展,与各国在通力合作的基础上携手共面全球公共卫生突发事件带来的巨大挑战。

在共识凝聚的过程中,中国始终遵循着"共商共建共享"的原则,与共建"一带一路"国家展开深入合作和探讨,充分尊重各国的发展道路选择和主权完整性,不断采取灵活多样的方式进行合作沟通,力求合作的开展达到科学务实的目的。在中国秉持包容开放的合作态度下,越来越多的国家纷纷响应,形成共建"一带一路"公共卫生政策发展的正确义利观和合作共识,在新冠疫情抗击过程中形成了显著的合作成果。在此期间,中国累计签署了203份共建"一带一路"合作文件,合作对象覆盖138个国家和31个国际组织,共向120多个共建"一带一路"国家和11个国际组织提供防疫物资援助和医护人员支持①,并积极为共建国家提供新冠疫苗等重要医疗物资的帮助,针对技术落后的国家,派遣专项医护专家组前往实地进行具体技术指导,实现线上经验分享与线下技术转移相结合、远程医疗服务与医护物资援助相结合的合作格局。

在产业链合作上,中国发布《标准联通共建"一带一路"行动计划

---

① 中华人民共和国国家发展和改革委员会"十四五"规划《纲要》[EB/OL].[2021-12-25]. https://www.ndrc.gov.cn/fggz/fzzlgh/gjfzgh/202112/t20211225_1309711_ext.html.

（2018—2020 年）》，以"五通"为核心内容，搭建起完整的公共卫生产业链条，实现公共卫生领域发展的国际分工，不断提升区域突发事件卫生应急的协调和合作能力，成立共建"一带一路"公共卫生合作网络以实现对区域性公共卫生事件的监测、预防和应对。中国与共建"一带一路"国家加强了公共卫生基础建设产业的分工和产品链整合，提高了应对突发公共卫生事件的物资供给力。同时，不断开展药品、口罩等物资生产设备对接、分工合作对接，以及生产标准对接，在高效医疗物资研发、生产和分配方面展开国际合作，为共建"一带一路"国家融入公共卫生发展产业链提供机遇和平台共同探讨优化产业链、价值链、供应链和服务链，在促进共建"一带一路"国家和地区产业互补、互动和互助中，实现其全球价值链分工地位的提升。[①]

2. 资金融通推动互利共赢

"和衷共济、守望相助。"中国作为共建"一带一路"国家中最大的发展中国家，始终秉持人道主义精神，在扶贫、贸易、健康卫生等领域开展国际合作，积极回应共建国家经济社会发展的需求，加大对于减贫、减灾、卫生等领域的投入，通过资金融通推动共建国家的互利共赢。据《2019 年度中国对外直接投资统计公报》，2013—2019 年中国在共建"一带一路"国家的累计投资达到了 1173.1 亿美元。这一数据表明，中国在这一领域的发展取得了显著成效，对共建"一带一路"国家的直接投资存量为 1794.7 亿美元，占中国对外直接投资存量的 8.2%[②]。同时，根据习近平总书记在"一带一路"国际合作高峰论坛开幕式上的讲话可知，我国计划在共建"一带一路"国家实施 100 个"幸福家园"、100 个"爱心助困"、100 个"康复助医"等项目，并向南南合作援助基金增资 10 亿美元。

其一，中国致力于消除共建国家贫困。中国在扶贫和改善民生方面，主要是在发展中国家开展了一系列的民生项目，使发展中国家获得更多的收入和财富。在共建"一带一路"国家，实施一批包括住房、饮水、卫生、教育、农村公路、贫困人口救助在内的民生工程，以弥补基础建设和基本

---

① 戴翔，宋婕. "一带一路"倡议的全球价值链优化效应——基于共建"一带一路"参与国全球价值链分工地位提升的视角 [J]. 中国工业经济，2021，399（6）：99-117.

② 中华人民共和国商务部、国家统计局和国家外汇管理局.《2019 年度中国对外直接投资统计公报》[EB/OL].［2020 - 9 - 16］. http://www.mofcom.gov.cn/article/tongjiziliao/dgzz/202009/20200903001523.shtml.

公共服务方面的不足。为科特迪瓦、喀麦隆、埃塞俄比亚、吉布提等国家修建了饮水工程，以缓解人民生活用水和生产用水的困难。帮助斯里兰卡、塞内加尔、几内亚、尼日尔、莫桑比克、刚果（金）、南苏丹、牙买加、苏里南、多米尼克等国家建立医院，提升地方卫生保健水平，方便了人民就医。协助白俄罗斯建设保障型房屋，提高贫困人口的生活水平。

其二，中国致力于推动卫生发展。为进一步强化非洲公共健康服务，加快建立非洲疾病预防控制中心，同时派遣疾病预防控制专家，在非洲疫情暴发时期的紧急指挥、流行病学分析和疫情防控等方面都发挥了重要作用。此外，目前已在刚果（布）、卢旺达、津巴布韦、柬埔寨、吉尔吉斯斯坦等国家开展了50多项医疗保健工程，在提高国民身体素质、培育医疗人才方面发挥了积极作用；为相关国家提供了大量的医疗设备、药物和医用消耗物资，从而缓解了各国的卫生资源短缺问题。同时，中国在20余个国家的卫生服务体系中成功开展卫生服务。例如，在特立尼达和多巴哥建立显微神经外科和内镜神经外科，在驻多米尼克医疗队首创微创手术的先例，将先进的观念带入了地方，填补了加勒比地区多项医疗技术的空白。

其三，中国助力共建国家恢复与重建工作。新冠疫情给共建"一带一路"国家带来了较大的影响，不但减缓了各国的经济发展速度，而且阻碍了中国与共建国家之间的贸易。一方面，中国迅速向欠发达的国家输送了大量防疫物资，协助当地建设公共健康系统，提高当地的公共健康管理能力。疫情期间，我国向27个国家派出29个医疗专家组，向150个国家和4个国际组织提供了援助，同时将远程医疗、视频会议及援外医疗队的作用发挥到了极致，推动医疗与科技人员的交流，构建公共卫生应急管理网络。另一方面，中国还将重点放在共建国家的重点项目上，在充分考虑受援国发展需求的同时，进一步聚焦重大基础设施建设，以帮助欠发达国家加快"复工复产"。例如，2020年1月，在中国国内疫情防控压力剧增的情况下，中国援中非光伏电站项目仍如期启动，这一工程有效地解决了中非地区的能源短缺问题，对中非地区的工业化和现代化建设起到重要作用。

3. 民心相通深化多边会谈

"亲仁善邻、协和万邦。"秉持着"授人以渔"的理念，中国在共建"一带一路"公共卫生政策的发展中，对其他发展中国家的资源禀赋、发展水平和发展诉求进行充分的考量，并以各种形式将发展经验和行业技术与其他发展中国家共享，贡献中国经验与中国方案，尽力为其培养本土人才和技术力量；加强同世界卫生组织等多边机构和第三方合作的对话交流、资源整合、能力建设，增强共建"一带一路"其余国家的自身"造血"能力，发掘成长潜能，追求多元、自主和可持续发展。

其一，实施规划援助。中国主动为其他发展中国家提供了科学的发展方案，共派遣39位资深规划顾问协助各国制订了经济发展、基础设施建设、能源发展等方面的发展计划，制定了相应的政策，提高各国的规划与协调发展能力。例如，协助格林纳达制定《关于2017年实现格林纳达目标的全国发展战略计划》；为促进埃塞俄比亚和柬埔寨的贸易和投资，派遣了海关、税务和农业方面的资深专业咨询人员；与古巴合作，共同制订了工业发展的中长期计划，并就机械工业、冶金、资源回收、化学等方面的发展方向进行了阐述；协助柬埔寨制定全国公路网络计划及发展现代化农业计划，协助该国改进综合性运输系统，提高农业生产力。

其二，打造区域合作机制。"健康丝绸之路"倡导各国政府、国际组织、高校、民营企业、民间组织及社会大众等多个领域广泛参与，中国作为倡议方，已与多个相关国家签署多项协定，目前已有41个计划正在推进，包括中国—东盟百人健康培训计划和中非公共健康合作计划。中国在"中非合作论坛""上海合作组织""中国—葡语国家经贸合作论坛""中国—阿拉伯国家经贸合作""中国—拉共体""中国—加勒比地区经贸合作"和"中国—太平洋岛屿国家经济发展合作"等论坛和合作中，为推动相关国家经济和社会发展、改善人民生活提供了一系列的援助举措。习近平主席在2020年6月举行的中非团结抗疫特别峰会上表示，中国将继续支持非洲各国的疫情防控工作，与非方共同努力，加速推动中非北京首脑会议取得的进展，推动双方在医疗卫生、复工复产和改善民生等领域的合作，推动建立一个更密切的中非命运共同体。

其三，开展医疗合作。中国同中东欧各国在传染病的预防和控制、慢性病的预防和疫苗的接种方面进行了广泛的合作；与东南亚各国，如缅甸、越南、老挝、柬埔寨、泰国等共同实施抗疟药物的联合研发计划；加强与中亚地区肺结核防治等方面的合作，建立共建"一带一路"国家的医疗机构联盟，在医疗科技前沿、重大疾病预防和治疗、疫苗研发、临床研究等方面进行联合研究，共同解决相关问题。同时开展共建"一带一路"国家援外医疗队派遣工作,与当地的医疗机构协作,以"光明行""微笑行"等短期义诊及捐献药械等方式,为共建"一带一路"国家提供医疗服务。近5年来,中国已向国外派遣了200多个批次和近4000名援外医疗队员,累计诊治1100万名患者,大大改善了当地的医疗救治水平。

(三)共建"一带一路"国家公共卫生政策的机遇

共建"一带一路"国家公共卫生政策的机遇是指在共建"一带一路"的框架下,中国与共建国家在公共卫生领域开展合作,促进各国人民健康福祉,应对全球性公共卫生挑战,推动构建人类命运共同体的有利条件和前景。下面主要从国内外交形势、经济发展政策与国际公共卫生事件三个角度分析"一带一路"背景下客观形势为公共卫生政策提供的丰富资源与强大支持。

1. 周边外交形势向好

周边外交形势向好,是共建"一带一路"国家公共卫生政策的重要基础。在共建"一带一路"的框架下,中国与共建国家通过政治、经济、社会、文化等多个领域的合作,增进公共卫生政策领域的互信互利,推动构建人类卫生共同体。目前,中国已形成"两条腿、一个圈"的大外交。其中,"两条腿"是指同美国、俄罗斯、印度等国家共同构建一种新的大国关系,以及面向发展中国家的"一带一路";"一个圈"则指针对亚洲邻国的周边外交。三者互相交接、相辅相成。

中国外交政策的宗旨是构建人类命运共同体。中国注重以"真实亲诚"的精神,以"正确的义利观"与发展中国家开展紧密合作,维护共建"一带一路"国家发展的共同利益,搭建一个全新的国际地区合作平台,通过"政策沟通""设施联通""贸易畅通""资金融通""人心相通"的"五通"建设,为共建"一带一路"国家带来市场机会、投资资本、技术人才等各种生产要素。同时,在抗击新冠疫情中,中国先后向参与共建"一带一路"的120余个国家及11个国际机构等提供了应急救援,并承诺在自己的能力范围内,把新型冠状病毒疫苗当作一项全球性的公益事业,对有需求的发展中国家给予有力的支援。这种开放包容、灵活务实的合作理念体现了东方智慧,符合各方利益诉求。

中国的外交政策为深化周边文化交流提供了新思路和新模式。在构建"健康丝绸之路"的同时,还将大力促进健康领域的合作与对接,重点构建一体化的、网络化的健康管理体系，在健康基础设施和相关能力建设方面加大投资力度。例如，在基建方面，如今中国从事基础设施建设的能力堪称世界第一，可以在多个国家承建水库、电厂、超高压输电网、深水港、机场、工业区、传统铁路、高速公路、高速铁路、移动通信网络等项目。中国还可以帮助该区域（如东南亚）建立跨国的基础设施网络，让各国跨越自身局限，促进区域内的产业分工，从而形成跨国产业集群。

在国际协作方面，中国以"金砖五国"为平台，积极推动世界健康问题的解决。2011 年，在北京召开了首届金砖国家卫生部长会议，就如何解决诸如传染病、NCD（Noninfectious Chronic Disease，慢性非传染性疾病）之类的公共健康安全问题进行了深入探讨。《金砖五国计划》还提出了加强对疾病的治疗，提高治疗的能力，以及通过使用信息和通信技术来加强对公众健康的能力；建立肺结核研究网络，以提高共同反应的能力；在 2018 年，"金砖五国"再次明确了设立"疫苗研究与开发中心"的目标。由此可见，中国在"共商共建共享"理念的指导下，在共建国家广泛开展公共卫生治理，倡导构建人类卫生健康共同体，为全球公共卫生治理前景注入了更多确定性因素。

2. 经济发展阶段互补

经济发展阶段互补，是共建"一带一路"国家公共卫生政策的重要保障。在共建"一带一路"的框架下，中国与共建国家根据各自的经济特点、优势、需求和潜力，开展多层次、多领域、多方式的合作，与共建国家实现互利共赢、共同发展。

自由贸易区建设助推中国与世界合作共赢。目前，中国已经与 26 个国家和地区签署了 19 个自贸协定，立足于周边，辐射于"一带一路"，面向世界的自由贸易区网络已初步形成。《中国"一带一路"贸易投资发展报告 2022》显示，2013—2021 年，中国同共建国家的商品贸易额达到了 11 万亿美元，对共建国家的直接投资达到了 1613.1 亿美元，主要集中在口岸和其他基础设施、电子商务、通信技术和金融等方面。目前，已在"丝绸之路"上的 24 个共建国家设立了 79 个对外经济贸易合作区域，在货物贸易、服务贸易、对外投资方面发挥了重要作用，成为推动共建"一带一路"甚至全球经济增长的重要引擎。

后疫情时代促进中国与共建国家进行深入合作。新冠疫情对各成员国造成了严重的经济影响,使一系列的产业链和供应链断裂,工程建设受阻,金融市场动荡,经济陷入衰退,出现了严重的债务危机。中国在疫情防控与发展社会经济所取得的重要成就给共建"一带一路"的继续发展带来了信心与力量,也给共建国家乃至全球疫情防控与经济社会的恢复与发展送去了重大机会。中国自疫情暴发以来,便把抗击疫情作为共建"一带一路"国家通力合作的重心,通过共建"一带一路"的平台,共同构建了"陆、海、空、网、管五位一体"的"生命通道",保证了沿途各国所需要的医药、防疫物资能够得到及时、高效的供应。在卫生方面,进一步加强医疗保健方面的合作,分享疾病预防、治疗的经验,并在疫苗的开发、生产方面进行合作,共同为沿途地区的民众提供其可以承受的抗疫药物和疫苗;充分利用生物医学、互联网、智慧医疗等技术手段,加强对疾病的检测、预防、隔离、救治等各方面的合作,推动疾病的联防联控,构建共建"一带一路"国家疾病预防和控制系统,为保护共建国家人民的生命和健康作出贡献。

通过经济的互补发展,中国方案能为成员国家提供新的发展动力和增长模式,弥补成员国家在地理位置、资源禀赋、文化传统等方面的不足,改善其基础设施不足、融资渠道不畅、技术水平不高等制约问题,在保持自身特色的基础上进行改革创新,加快自身公共卫生政策产业的升级和结构调整。

3. 公共卫生事件频发

近 20 年来,随着全球化进程的加速,国际公共卫生事件的影响范围远大于 21 世纪前发生的公共卫生事件。此次新冠疫情的传播速度远快于本世纪初的"非典"疫情,30 天内新冠阳性确诊人数相较于当年同期"非典"感染人数达到了 5 倍之多。当今公共卫生危机具有传染性强和持续时间长的特点,高速发展的现代化医疗技术制度都难以遏制事件的暴发速度。

总的来说,共建"一带一路"国家出现的公共卫生事件主要分为国内公共卫生事件与国际公共卫生事件两类。在本文中,国内公共卫生事件定义为"造成或者可能造成社会公众健康严重损害的重大传染病疫情、群体性不明原因疾病、重大食物和职业中毒及其他严重影响公众健康的事件"。国际公共卫生事件定义为"通过疾病的国际传播构成的其他国家公共卫生风险,并可能需要采取协调一致的国际应对措施的不同寻常的事件"。该定义暗示了公共卫生的影响很可能突破区域性，并需要立即采取国际行动的发展趋势。面对国内外公共卫生事件，国家公共卫生政策亟须与时俱进，以积极的态度及时应对现实变动。这是难以应对的问题，亦是取得突破的机遇。

国际上，自 2005 年《国际卫生条例》生效以来，世界卫生组织共宣布了七次国际公共卫生应急事件，分别为 2009 年的甲型 H1N1 流感疫情、2014 年的小儿麻痹症疫情、2014 年的西非埃博拉病毒疫情、2016 年的塞卡病毒疫情、2018 年的刚果基伍埃博拉病毒疫情、2020 年的新型冠状病毒感染肺炎疫情及 2022 年的猴痘疫情。以传染病暴发为主要表现形式的公共卫生事件持续发酵，其所衍生的其他卫生危机也极大地影响着既有的卫生系统，不断改变着卫生系统的理想要求，这无疑需要上层的卫生政策给予宏观的指导与调控。在共建"一带一路"的持续推进下，共建国家人员的交流和贸易往来愈发频繁，病毒在这些媒介的携带下，其跨区域传播的风险大幅增加，传染病的传播路径无疑也更加复杂。但就目前情况而言，共建"一带一路"倡议下共建国家间在公共卫生合作领域的关注重点仅放在传染病威胁上，实际还存在非感染病方面的健康风险；偏重于暴发后的救治活动，预防机制也需要进一步完善。从历史经验来看，这些次要部分对突发卫生事件都有着举足轻重的影响。卫生风险多种多样，其中各因素的多重影响使得相关风险的复杂性随之增加，政策的板块仍需进一步补齐。

未来，公共卫生事件的暴发频率有升高趋势，国际突发公共卫生事件的影响也将持续加深。不同卫生治理机制间进行横向协调和纵向整合，既是现实的客观要求，也是主体主观的突破机遇。国家公共卫生政策的发展，不仅可以提升共建"一带一路"公共卫生治理的整体效果，还有利于推动世界公共卫生治理的转型。

三、共建"一带一路"国家公共卫生政策的未来展望

在全球化的大背景下，公共卫生事件所带来的风险危机无疑呈现出无界化的特征，全球卫生治理已不再是传统视角下的独立治理，而应转变为多边合作治理。"一带一路"是跨越地理限制、突破文化差异、融合发展需求的全球性合作平台，既是顺应经济全球化的历史潮流和全球治理体系变革的时代要求，也是共建"一带一路"各国提高国家治理韧性和治理活力

的重要发展手段。公共卫生作为共建"一带一路"的重点内容,面对未来可能的公共卫生风险事件,国家公共卫生政策应从完善公共卫生服务体系、搭建信息互联互通平台、加强医疗战略技术储备和推进医护人员队伍建设四个方面展开。

(一)优化基础设施建设,完善公共卫生服务体系

一是要推进卫生基础设施建设。良好的公共卫生服务依赖于完善的公共卫生基础设施,只有卫生基础设施完善才能提高公共卫生服务的效率和效能。首先,我国要加大对共建"一带一路"国家公共卫生基础设施的投资,比如开展医院援建项目、医疗设备援助等医疗援助,通过建设卫生基础设施,达到助推提高公共卫生服务能力、经济发展和加强综合国力的目的。其次,建立公共卫生基础设施管理专门团队,及时对公共卫生基础设施进行检测、修理及替换,提高公共卫生基础设施的使用率及有效性。最后,健全医疗资源供给和处理体系建设,确保医疗资源的生产、运输、储存、使用无障碍化,完善医疗废弃物收集转运处置体系,提高公共卫生服务质量。

二是要完善公共卫生治理机制和方法体系。公共卫生治理涉及方方面面,环环紧扣,因此需要完整的体制机制及科学的方法手段打通全过程链条。一方面,需要巩固完善公共卫生应急管理体制,包括公共卫生重大风险预防机制、预警发布机制、应急响应机制和应急保障支撑体系,坚持防治结合、平战结合的原则,推动公众参与和社会协同。另一方面,需要优化公共卫生应急创新机制,提倡更科学、更具备效率的应急管理手段,构建完整的相互嵌套的应对方法体系,确保应对突发事件有器可用,提高应急管理治理效能。

三是要加强监测预警和应急响应能力。对于突发公共卫生事件而言,做好事前的监测预警及事后的应急体制建设是实现有效应对的重中之重。首先,加强统筹规划与动态监管,根据历史经验及海量数据对公共卫生事件进行推演监测、动态预估,并针对不同情况分类做好应急预案。其次,锻造完善的应急反应链条。在事前阶段的应急预案基础上,进行实况模拟,打通所涉及各个部门的协同壁垒,对部门响应速度及预案的实施效率有初步预估。最后,加大对行政人员应急素质的培育。行政人员的应急素质在很大程度上决定了应急预案的实施效果及部门协同效率,因此,需要对其进行专门的应急能力培训。

四是要完善公共卫生法律法规体系。当前我国的重大公共卫生事件风险预警和信息发布仍存在漏洞，这体现出我国公共卫生风险防控体系机制的不足。对此，首先要强化公共卫生风险防控法律体系的顶层设计，从法律角度划定专职公共卫生机构的权责体系，细化其职责范围和相应职权，强调公共卫生指挥中心的统筹协调功能。其次，赋予地方适当的公共卫生事务法定应急权限，促进在应急压力下的多层级政府协同及公共卫生事件高效、有效处置的能力培育。最后，确保公共卫生应急协调方面的法律保障。以法为尺、以律为绳，增强应急资源的联动与共享，优化公共卫生风险防范机制，明确应急风险相关部门的权责划分，提高资源利用效率，为重大公共卫生事件的风险防控提供有力的物资支撑。

五是要健全重大疫情救治体系。首先，建立以分级、分层、分流为特征的重大疫情救治体系，强化救治体系的分点应对能力，缓解集中的应对压力，从而提高疫情救治效率。其次，建立健全科学化、规范化、精细化的运营管理体系，从医保支付方式、人事编制、薪酬体系、人才培养等角度进行改革以激发创新活力。最后，充分利用大数据、互联网等高新技术发展远程医疗和互联网诊疗，建设智慧医院。

（二）深化国际交流合作，搭建信息互联互通平台

一是要建立健全卫生信息共享系统。各个国家因其文化传统、科学技术及数据处理等方面存在较大差异，建立一个可供交流和快捷使用的数据信息平台，有利于避免各个国家之间存在的信息不对称问题，增强交流的实时性和即时性，从而提高彼此之间的沟通效率及治理效能。但在使用该系统时，也应注意加强数字信息的安全防护，提升公共卫生信息共享系统的安全性，以有效应对境外势力恶意的网络攻击行为。同时，也可以将各地应对公共卫生事件的成功经验载入系统，供其他国家参考。

二是要建立共建"一带一路"公共卫生联合应急机制。首先，塑造战略互信，通过顶层设计在国家层面达成合作共识。积极促进多方沟通交流，以"共商共建共享"为原则，形成合作共赢的良好氛围。其次，建立联合实验室和理论研究中心，加强区域性合作，打破国家之间的壁垒，推进共同研发，全面有效地应对公共卫生安全问题。最后，成立专门的应急委员会以协调各方工作。多方联合应急体制的建立千头万绪，不仅涉及各个国家，还涉及各个部门，通过建立统一的应急管理中心来协调推进各个部门的工作，可以有效减少摩擦，提高效率。同时，应急委员会应由不同国家中具备应急管理能力和知识储备的专业人才构成，在控制规模的情况下，应急管理委员会应是专职而非临时设置。

三是要建立共建"一带一路"公共卫生智库。良好的实践离不开理论的指导，科学完善的公共卫生管理体系凝聚着专业人才的智慧。凝聚多方共识，吸纳多方人才。中国要加强智库合作，巩固国际丝绸之路智库协会的地位，并鼓励区域合作和来自政府、国际和区域组织、大学、私营部门、民间组织的广泛参与，引导开展全方位、多维度的研究，强化智库高端人才建设，构建共建"一带一路"智力支撑体系。同时，提高智库国际影响力，组建公共卫生事件培训会、交流会，为不同国家的专家学者提供相互交流的机会，提升智库组建人员的整体素质，提高建议的科学性和创新性。最后，完善传播机制，加强智库成果的转化，推动形成现实有效的治理方法和生产技术，为共建"一带一路"，特别是公共卫生领域的基础设施建设提供有力支撑。

（三）加大科学技术投入，加强医疗物资战略储备

一是要加大科学技术投入，发挥科技在应对重大公共卫生事件中的支撑作用。科学技术在突发公共卫生事件的防控中发挥着重要作用，在"防"阶段，通过对与重大公共卫生事件相关的数据进行收集分析预估事件发展趋势；在"控"阶段，通过对供给需求的精准匹配，有效提升医疗物资的使用效率和使用效能。首先，提高医疗资源技术水平。通过加大药品和疫苗研发投入、建立完善生命支持系统、创新完善手术设备、增加特种医疗设备的方式，构建医疗资源供给体系，保证医疗资源的供给质量。其次，明确技术合作和健康教育的重要性。通过加强沟通合作，建立和完善跨境公共卫生事件联合监测、预防和控制机制，实现传染病控制，加强和深化世界各地合作。最后，加大数字化技术投入，助推智慧医疗。利用我国良好的数字化技术和基础设施能力建立智慧医院，通过高新技术实现远程医疗，构建跨境医疗合作平台、网络健康服务平台等，实现医疗资源供需的有效匹配。

二是强化医疗数据体系建设。首先，完善医疗数据收集处理体系。医疗数据产自公共卫生服务的各个方面，包括病人就医过程产生的信息、临

床医疗研究、制药企业数据、智能穿戴设备对健康的实时监控等,海量的数据要求建立完善的数据收集和处理体系,以构建良好的医疗数据体系。其次,加强健康医疗大数据共享交换体系建设。坚持"互联网+医疗健康"的发展目标,利用物联网、人工智能、云计算等高新技术进行医疗数据共享交换,推进医疗联合体内信息系统统一运营和互联互通,加强数字化管理。最后,建设多元化医疗数据综合监管体系,创新监管方式,确保医疗数据得到有效且安全的使用,加快健康医疗数据安全体系建设,强化数据安全监测和预警,提高医疗卫生机构数据的安全防护能力,加强对重要信息的保护,构建医疗数据保障体系。

三是做好应急物资储备中心建设。应急物资储备中心需要围绕"储什么""怎么储"两个方面来建设。首先,明确国家医疗物资战略储备范围和数量。医疗物资储备包括产能储备和实物储备,其中产能储备要求形成顺畅高效的药物、设施、人员等医疗治疗要素再生产储备,实物储备则包括现有的、可及时调动的医护人员、应急药物、应急设施储备。其次,完善应急物资储备中心的分层、分级、分点建设。建立国家储备、区域储备、省市县储备和医疗机构储备相结合的立体化储备格局,确保公共卫生事件发生时可以及时进行定点支援。将政府储备与社会储备相结合,把一定的应急物资提供和储备交由市场来负责,达成政社合作,构建全方位一体化的应急物资储备中心。最后,安排合理的国家医疗物资储备地点、运送和提供方式。确定物资储备中心地点需要充分考虑地理状况、经济情况、交通情况等多方面因素,因此需要通过数据分析、采纳专家意见的方式进行选址,并针对不同的物资储备需求确定运送和提供方式。

(四)构建人才培育体系,推进医护人员队伍建设

一是要建立专业的医护人员培育体系,确保医护人员后备力量供给。当前共建国家医护人员无论是现有的人力资源储备,还是后续人力资源储备均处于紧缺状态。对此,要实现公共卫生领域的有序治理,首要加强培育公共卫生医疗领域的主体。共建国家应加强医护人员职业宣传,提升医护人员的社会地位。建立医护人员的职业荣誉制度,营造全社会尊重医护的良好氛围,提高医护人员的社会荣誉感。同时,建立分层的人才培养模式,优化更新医疗人才培育资料,促进国际交流沟通,使共建国家人才培养体系与现实、国际接轨。在保证质量的前提下,凝练基础课程知识,增加医护人才的实践机会,缩短医护人才培育时间,提高人才培育效率。

二是要提高医护人员交流和培训的频率,提升医护人员专业素养。首先,需健全医护人员培训制度,确保医护人员有接受继续教育和再培训的机会,拓宽学习渠道,加强对医护人员复合型能力的培养,提高医护人员的专业价值。其次,扩大医疗服务前沿领域和疑难领域的学术交流活动。除了基础性增加医护人员的数量和质量外,还需要在特定领域发展培育"高精尖"人才,促进国际交流与合作,增加向国际输出公共卫生产品的能力。

三是维护医护人员的合法权益,完善医护人员激励体制。首先,拓宽医护人员的职业发展空间,构建完善的职业晋升机制和多样化的从业机制,充分调动医护人员作为生产要素的自由流动的积极性,弥补医护人力资源缺口,增加社会医护人员体系的整体灵活性。其次,合理提升医护人员的薪酬水平。当前医护职业呈现着培养周期长、职业风险高、技术难度大、责任担当重的特征,医护人员的薪酬水平应与其工作任务和责任相匹配,因此需要建设合理且动态的医护人员薪酬体系。最后,完善医护人员人才评价机制。要遵循医疗行业的特点和人才成长规律,分阶段、分层次地确定医护人员的评价标准,确保人尽其才、才尽其用。同时,还应当细化评价标准,增设额外为社会服务、雷锋事迹等工作事项以外的评价标准,提高医护人员的积极性。

四、结论与讨论

共建"一带一路"国家公共卫生合作的构想,从提出到现在成为全球最大的国际合作平台虽不到 10 年,但其公共卫生合作历史已有 70 余年,历经了初步探索、变革调整、扩大发展和新时期四个阶段,为公共卫生事业的发展夯实了基础。在逆全球化浪潮汹涌的当下,"一带一路"的稳步建设显然给发展中国家注入了"强心剂"。

自 2013 年首次提出共建"一带一路"倡议以来,共建国家间的公共卫生合作愈发密切,形成了一系列可视性成果,积土成山、积水成渊,推动公共卫生合作不断走深走实。共建"一带一路"国家在政策主体、内容和手段沟通上日益密切,在项目建设、人才培养和技术转移等方面的政策实施日渐精准,在政策的评估准备、实施和总结阶段日趋完备。"一带一路"合作重点是"五通",即政策沟通、设施联通、贸易畅通、资金融通和民心相通。其中，共建"一带一路"国家公共卫生政策在政策沟通、资金融通和民心相通上取得了长足进步。具体而言，一是在政策沟通上凝聚合作共识，中国利用论坛、会议等平台交流，签署了一系列合作项目、工程建设文件，共同应对突发公共卫生事件；二是在资金融通上推动互利共赢，中国不是简单局限于"授人以渔"，而是大量兴建公共卫生设施，提升共建"一带一路"国家应对灾害的韧性；三是在民心相通上深化多边会谈，中国根据共建"一带一路"各国的具体国情，提质提效、增长补短，推动多元自主和可持续发展。

在新时代中国特色大国外交基本方略的指引下，共建"一带一路"国家公共卫生政策硕果累累。其中周边外交形势不断向好、各国经济发展阶段互补和重大公共卫生事件暴发，为共建"一带一路"国家公共卫生政策的发展提供了动力源。但要推进"一带一路"向纵深发展仍面临着许多挑战，大国博弈导致地缘政治冲突激化、经济下行引发投资建设风险增加等一系列问题，若处置不当将带来巨大的连锁反应。共建"一带一路"的画卷正在徐徐展开，中国在不断向全球输送公共产品的同时，许多项目仍需进一步落实，许多细节仍需进一步推敲。对此，共建"一带一路"国家公共卫生政策应不断优化基础设施建设，完善公共卫生服务体系；深化国际交流合作，搭建信息互联互通平台；加大科学技术投入，加强医疗战略技术储备；构建人才培育体系，推进医护人员队伍建设。

"孤举者难起，众行者易趋。"共建"一带一路"国家公共卫生政策发展蹄疾步稳，向世界宣告了中国与世界各国合作共赢的决心。这一项艰巨而伟大的事业为完善全球公共卫生治理、提升卫生健康水平开拓了新路径，有力地推进了"卫生健康共同体"和"人类命运共同体"的建设，为全球合作发展提供了新的契机。

参考文献

[1] 中华人民共和国中央人民政府. 中法联合声明［EB/OL］.［2004-01-27］. http：//www. gov. cn/gongbao/content/2004/content_ 63114. html.

[2] 中华人民共和国国务院. 推动共建丝绸之路经济带和21世纪海上丝绸之路的愿景与行动［EB/OL］.［2015-03-28］. http：//www. scio. gov.

cn/31773/35507/35519/Document/1535279/1535279. html.

［3］李燕，母睿，朱春奎．政策沟通如何促进政策理解？——基于政策周期全过程视角的探索性研究［J］．探索，2019，207（3）：122-134.

［4］高兴武．公共政策评估：体系与过程［J］．中国行政管理，2008，272（2）：58-62.

［5］中华人民共和国国家发展和改革委员会"十四五"规划纲要［EB/OL］.［2021-12-25］. https：//www. ndrc. gov. cn/fggz/fzzlgh/gjfzgh/202112/t20211225_ 1309711_ ext. html.

［6］戴翔，宋婕．"一带一路"倡议的全球价值链优化效应——基于沿线参与国全球价值链分工地位提升的视角［J］．中国工业经济，2021，399（6）：99-117.

［7］中华人民共和国商务部、国家统计局和国家外汇管理局. 2019 年度中国对外直接投资统计公报［EB/OL］.［2020-9-16］. http：//www. mofcom. gov. cn/article/tongjiziliao/dgzz/202009/ 20200903001523. shtml.

［8］解楠楠，邢瑞磊．从公共卫生危机到地缘政治危机——新冠肺炎疫情地缘政治化的生成机制、影响与对策研究［J］．上海对外经贸大学学报，2021，28（3）：112-124.

［9］刘稚，黄德凯．地缘政治权力结构冲突下的孟中印缅经济走廊建设［J］．南亚研究，2018（1）：27-49，157-158.

［10］康欣．地位认知、权力结构与国际冲突［J］．世界经济与政治，2012（2）：99-118，159-160.

［11］黄莺．中国的金融安全：理论构建、时代挑战和应对思考［J］．国家安全研究，2022（5）：100-116，163.

［12］王林聪，李绍先，孙德刚，等．推动人类命运共同体建设 促进中东繁荣发展与持久和平［J］．西亚非洲，2023（2）：3-24，156.

［13］肖晞，宋国新．共同利益、身份认同与"一带一路"建设［J］．吉林大学社会科学学报，2019，59（6）：158-169，223.

［14］孙杰．不对称合作：理解国际关系的一个视角［J］．世界经济与政治，2015（9）：122-146，160.

［15］杨庆龙．新冠疫情下关于人类命运共同体的思考［J］．河南理工大学学报（社会科学版），2023（3）：1-7.

印度和泰国公共卫生
服务项目的管理研究

汤兆云　刘科成*

摘　要：随着共建"一带一路"倡议的持续推进，该倡议不断在各个方面由理论深入落实至行动。在近年全球公共卫生事件侵袭的大背景下，为使共建"一带一路"国家地区民生福祉不断稳定提升，各国公共卫生政策发展推进至关重要。本报告着眼于公共卫生政策下的公共卫生服务，选择了印度、泰国两个国家。第一部分首先介绍两个国家公共卫生服务部分项目的基本情况及各项目的历史发展和变化；第二部分根据所选国家公共卫生服务近年来的变化，对所选各国之间进行横向比较，发现各国问题；第三部分对公共卫生政策、公共卫生服务项目的未来发展趋势进行展望，得出对世界各国公共卫生政策具有学习借鉴价值的经验。

关键词：共建"一带一路"倡议；公共卫生服务项目；印度；泰国

在共建"一带一路"倡议的不断推进发展下，越来越多的国家融入世界大环境中，共同面对复杂难题。面对全球性卫生健康问题，各国需要相互借鉴合理经验，结合各国自身国情，不断发展公共卫生政策下的公共卫生服务项目，以有效应对严峻的公共卫生问题。本文以印度和泰国两个亚洲国家为研究对象，探究各国可借鉴的经验与不足之处，为共建"一带一路"国家公共卫生政策的未来发展提供方向性指导和理论经验支持。

---

* 汤兆云，华侨大学政治与公共管理学院教授、博士生导师，研究方向：社会保障、公共政策；刘科成，华侨大学政治与公共管理学院硕士研究生，研究方向：社会保障、公共政策。

一、印度与泰国公共卫生服务项目管理的现状

（一）印度公共卫生服务项目管理的现状

印度一直以来都是最大的发展中国家之一，是世界第二人口大国。按照联合国的预测，2023 年印度人口将超过中国，而且数量差距有继续扩大的趋势。根据世界银行"一天一美元"的贫困标准衡量，2014 年印度的贫困人口占到了总人口的 44%，而在 2021 年印度进行的人口普查数据显示，农村人口已经达到了该国总人口数的 70%。尽管印度的城市化进程在加速推进，但麦肯锡在一份报告中指出，到 2025 年，印度农村人口数仍然可能占据总人口数的 63%。

对于作为人口大国且农村人口占比非常大的印度而言，长久以来实行全民免费医疗卫生制度实属不易，且其医疗卫生资源状况总体上仍然比较匮乏。① 印度医疗卫生资源主要分布在只有不到 1/4 人口的城镇中，然而农村的发病率是城市的 2 倍左右。印度的农村尤其是偏远的贫困地区，依旧有许多地方没有建立卫生保健站。即便有建立，多数保健站也缺少医护人员、药物资源及必需的卫生设备设施。而部分城市公立医院同样存在卫生设备设施及药品严重短缺的现象。为改善公共卫生服务事业的落后现状，印度政府提出了国家提升农村健康目标（2005—2012），重点解决传染病疾病防治、改善卫生环境、营养政策、营养摄入和保障安全饮用水等一系列公共卫生服务问题。

1. 印度老年人健康管理

印度人口问题非常突出，并正快速进入人口老龄化初级阶段。据印度在 2001 年的普查资料显示，当年印度全国老年人数量约为 7060 万人，预计到 2026 年将达到 1.73 亿人，而到 2050 年后，印度老年人占全国人口的比重将会超过儿童占比，印度的社会结构也会发生逆转。老年人脱离社会生产活动后，身体功能也在渐渐退化，这就需要国家给予老年人一定的关怀，不仅保障老年人身体健康，同时还要有娱乐活动场所使老年人生活幸福。在解决养老问题方面，建立养老院是普遍做法之一。在 21 世纪初，印度不论是卫生服务中心还是养老院都缺乏专门的老年卫生保健基础设施，老年

---

① 陈昱方. "金砖四国"医疗卫生体制的比较研究 [D]. 武汉：华中科技大学, 2011.

人生活设施项目单一且资源缺乏，而在体格检查方面由于医疗卫生服务人员的专业性不够，对很多老年人的身体检查不彻底，无法发现老年人身体潜在的卫生疾病问题。

伴随印度国民中老年人的比重不断增加，老年公寓越来越受到欢迎。与先前的养老院缺乏设施相比，印度老年公寓得益于未来老年人市场需求的不断增大，房地产商针对这一方面，为老年公寓提供了俱乐部、图书馆、游泳池及寺庙等设施，避免了老年人保健基础设施的单一性，多样化的卫生保健基础设施可以更好地满足老年人的各类需求。

此外，印度政府也进一步加大了养老保障的支出，在建设社会养老设施的同时，加强家庭养老的补助。[①] 印度政府积极推动社会保护方案，特别是为国家贫困线以下尤其是农村偏远地区的老年人提供了社会保障，如为老年人建立保健服务中心，来保证老年人可以更方便地获取各种保健服务与健康支持，使得老年人体格检查结果更为准确，在健康指导方面获取的知识更为权威。

2. 印度慢性病患者健康管理

传染病、母婴疾病和营养缺乏性疾病，慢性病，伤害被称为三大类疾病。根据 GBD（全球疾病负担）2019 的研究数据，在 2009 年，印度总死亡人数为 866 万人（见表 1），其中慢性病死亡人数达到了 454 万人，超过了印度总死亡人数的一半，为三大类疾病中死亡人数最多的。[②] 慢性病是指由长期积累所形成的难以治愈的一类疾病，一旦防治不及时，便会危害生命。慢性病的医疗费用价格昂贵，会增加患者家庭乃至全社会的经济负担。而老年人的慢性病患病概率高于年轻人，如心脑血管疾病、高血压及呼吸系统等慢性病在老年人中的增加趋势较为明显。对年轻人来说，慢性病的尽早发现不但有利于节省后期的公共卫生服务成本，而且对于病患本身来说也是尽快痊愈的关键。

① 李超民，史煦光 . 印度人口老龄化、养老政策及对中国的启示［J］. 上海商学院学报，2015，16（6）：48-54，78.
② 龙政，刘威，王黎君，等 . "一带一路"沿线主要国家 2009 年与 2019 年居民期望寿命及死亡状况比较［J］. 中国公共卫生，2022，38（8）：1048-1053.

表1 2009年、2019年印度和泰国居民三大类疾病的死因构成情况

国家	年份	总死亡人数/万人	传染病、母婴疾病和营养缺乏性疾病		慢性病		伤害	
			死亡数/万人	构成比/%	死亡数/万人	构成比/%	死亡数/万人	构成比/%
印度	2009	866 (826~908)	323 (293~363)	37.3	454 (423~484)	52.5	89 (75~96)	10.2
	2019	939 (843~1043)	235 (200~282)	25.0	610 (534~689)	64.9	94 (78~109)	10.1
泰国	2009	39 (36~42)	6 (5~6)	14.9	28 (25~30)	72.1	5 (4~6)	13.0
	2019	50 (39~63)	7 (6~9)	14.1	38 (29~48)	76.3	5 (4~6)	9.6

资料来源：龙政，刘威，王黎君，等. 共建"一带一路"国家2009年与2019年居民期望寿命及死亡状况比较 [J]. 中国公共卫生，2022，38（8）：1048-1053.

在慢性病治疗公共卫生服务项目中，对病患的筛查、健康体检及分类干预极为重要。而老年人能否获得价格合理、供应有保障的基本药物很关键。健康体检是筛查疾病的有效方法。印度的健康体检项目不会涉及外科和内科，仅仅涉及一般检查、问诊问卷等检查项目。在病患筛查与分类干预方面，印度对非传染病筛查的项目更为详细，其中会针对患者不同的性别、年龄、不同慢性非传染性疾病进行系统性的分层设计。[1] 考虑到印度国家疾病负担和老年人能力衰退程度更大，因此基本药物及慢性病药物的匮乏表现得较为明显。

GBD 2019数据显示，相较于2009年，2019年印度慢性病死亡人数达到610万人，在939万死亡人数中占比64.9%。10年间，三大类疾病死亡人数中，慢性病死亡人数上涨近12%。由于印度老龄化程度10年间不断加深，且慢性病主要发病在老年阶段，因此将死亡率进行标化处理后，发现人数变化率为-7.6%（见表2）。10年间，印度慢性病死亡人数占比更大，而标化死亡率却减少。2019年，印度国民慢性病标化死亡率比未标化死亡

---

① 李鹏，杨文秀. 慢性病现状流行趋势国际比较及应对策略 [J]. 天津医药，2009，37（4）：254-257.

率降低，说明 2019 年印度国民年龄构成相比较于 2009 年更老，在慢性病防治上取得了较为显著的成效。

表 2 2009 年、2019 年印度和泰国居民三大类疾病标化死亡率比较

国家	传染病、母婴疾病和营养缺乏性疾病			慢性病			伤害		
	2009 年标化死亡率/(1/10 万)	2019 年标化死亡率/(1/10 万)	变化率/%	2009 年标化死亡率/(1/10 万)	2019 年标化死亡率/(1/10 万)	变化率/%	2009 年标化死亡率/(1/10 万)	2019 年标化死亡率/(1/10 万)	变化率/%
印度	359.4 (317.7~415.5)	223.4 (187.8~271.5)	~37.8	653.9 (602.7~699.5)	604.4 (530.7~680.5)	~7.6	92.7 (78.2~100.7)	78.8 (65.3~90.9)	~15.0
泰国	91.1 (82.7~101.7)	81.5 (65.8~98.5)	~10.5	432.3 (396.2~469.1)	389.6 (301.0~492.7)	~9.9	69.9 (62.9~76.9)	60.5 (47.3~76.6)	~13.4

资料来源：龙政，刘威，王黎君，等. 共建"一带一路"国家 2009 年与 2019 年居民期望寿命及死亡状况比较 [J]. 中国公共卫生，2022，38（8）：1048-1053。

伴随人口数量的上涨，慢性病死亡占比呈扩大趋势。对于国民慢性病的筛查和体检等公共卫生服务项目，印度做的相对到位，但对于患者所需基本慢性病药物的供应仍存在不足，印度的慢性病治疗问题仍然严峻。

3. 印度传染病和突发公共卫生事件报告和管理

数据显示，2019 年印度在传染病方面标化死亡率数据相比 2009 年减少了 37.8%，说明印度在传染病防治方面取得了巨大成效。这与 10 年来印度加大对公共卫生事业的投入及改善印度城乡卫生状况有很大关系。然而近年来，新发传染病频繁出现及大范围传播成为全球传染病防治的重点问题。根据印度卫生部公布的数据，2021 年 4 月 6 日至 4 月 18 日，印度日增确诊传染病已经连续 4 天保持在 10 万例以上，印度全国累计"新冠"病例数已经超过巴西，仅次于美国。

对于这类突发公共卫生事件，印度政府选择采取封城措施。传染病扩散情况极为严重的城市如首都新德里、马哈拉施特拉邦宣布将在规定时间内实施"全民宵禁"，居民不得外出；由于居家隔离患者对氧气的需求量较大，2021 年 5 月 15 日，印度新德里市政府宣布在该市的各个地区设立氧气供应站对所需患者提供氧气。同时，印度总理办公室发表声明，为应对突

发公共危机事件，采取多项措施，包括在制氧厂附近建立临时患者护理中心，并在全国额外建立约 1500 家制氧厂，将部分现有制氮厂改造为制氧厂，以应对公共卫生事件和传染病的不断恶化。

在医疗卫生方面，印度政府还采取了减税、增援及建造更多隔离设施等措施。印度财政部于 2021 年 5 月 3 日宣布，即日起免除传染病治疗的关键医疗设备和药品的所有进口关税与国内税费，以缓解公共卫生事件带来的医疗压力；同日，印度政府宣布允许医学本科专业的学生在特定员工的监督下，对病患进行远程监测会诊。同时，为激励医学专业的学生参与公共卫生事件的防控工作，政府表示在未来的政府定期招聘中，优先招聘完成 100 天以上公共卫生事件相关工作任务的医疗人员；在传染病状况严重而导致印度多地医院压力过大、不堪重负的情况下，在新德里，一处寺庙被改造成隔离设施；而在瓦拉纳西，当地政府在大学校园内建造了一座拥有 750 张床位的临时医院，甚至将火车车厢改造为隔离场所，以缓解病患过多的压力，收治在医院找不到空床位的病人。

（二）泰国公共卫生服务项目管理的现状

泰国 70% 的人口为农业人口。卫生方面，泰国在 21 世纪初就基本实现了全民医保覆盖。不同于印度医疗卫生条件的匮乏与城乡分布不均，泰国拥有国际上先进水平的医疗团队和现代化医疗器械。泰国的医疗卫生服务提供者大多为公立的医疗机构，公立医院数量约占全国医院总数的 75%，其所拥有的病床床位占医院床位总数的比例近 80%。除公立医院以外，泰国还有 400 多家私人医院，其中如曼谷国际医院、曼谷康民医院都是十分有名的国际化私立综合医院。但绝大部分的私立医院规模较小，其中床位数在 100 张以下的私立医院占私立医院总体的 69%。曼谷国际医院、曼谷康民医院大型私立医院坐落在曼谷等大城市中，其费用也处于较高水平。因此，泰国普通居民大多会选择公立医院等医疗卫生机构。

在健康教育方面，早在 2001 年泰国便成立了健康促进基金会，负责向国民群众宣传各种健康风险，引导健康的生活方式，从而起到预防疾病的效果。泰国政府在 2017 年 9 月 16 日颁布的新税收法案中，规定对危害人民身体健康的物品征收"罪恶税"，如烟草税、酒税，不仅在一定程度控制了人们嗜酒、吸烟等不良习惯，也为国家增加了约 120 亿泰铢（约 24 亿元人民币）的税收，而增加的税收又可以继续用于医疗卫生服务的发展建设，促进医疗保健计划平稳运行。

1. 泰国老年人健康管理

经济越发达的地区，人的寿命预期相对更长，出生率更低，因此人口老龄化在发展中国家出现的较晚。根据联合国的传统标准，一个国家 60 岁及以上人数达到全国总人口的 10%，则意味着该国进入"老龄化社会"（Aging Society）。根据联合国人口司国际研究中心 2017 年的统计数据，2005年泰国 60 岁及以上人数已达到总人口的 11%，进入"老龄化社会"。而预计在 2035 年，泰国老龄人口将达到 30%。50 年前，泰国人口年增长率为3%。而在过往 20 年里，泰国人口年增长率为 0.5% 左右，增长率持续走低。另外，公共卫生情况的改善使得泰国人的预期寿命提高较快。这些都使得泰国成为东南亚发展中国家中最早进入"老龄化社会"的国家之一，老年人健康管理成为泰国最需要解决的重大问题之一。在老年人健康指导项目方面，泰国政府早在 1992 年出台了《国家养老长期行动计划（1992—2011年）》，给出了老年人福利保障拟定政策措施，包括向 60 岁及以上的老年人宣传身体安全预防与健康保健知识，培养老年人"自立谋生"的相关技能与意识。泰国政府主张赡养老人不应仅仅依赖政府机构，而应由家庭、社区及社会共同承担责任。①

在老年人社会福利方面，泰国也有相关举措。泰国劳动部和社会福利部管理部分养老院，这些养老院为老无所依的老年人提供照顾，并且大部分养老院不断改良设施，具备了基本的护理服务及医疗服务，使老年人可以更为便利地获取体格辅助检查。泰国也兴建了老年人俱乐部，其中绝大多数俱乐部建立在政府医院内，为老年人提供闲暇娱乐设施的同时，也为老年人提供专门健康计划、锻炼计划和医疗检查，不仅保证了老年人生活方式丰富健康，还能及时对老年人的健康状况进行评估。② 截至 2022 年，泰国全国范围内已有 4000 多家老年人俱乐部。此外，泰国老人协会也创办了老年热线，其工作人员来自各个领域，但都具有一定的老年人健康管理经验，旨在解决生活困难的老年人所遇到的问题。泰国 60 岁及以上的老人可获得免费医疗服务卡，在就近的政府医院内，凭借这张卡他们便可以享受到免费的医疗服务。随着泰国社会保障制度覆盖面的不断扩大，老年人

---

① 张锡镇. 泰国人口老龄化问题与养老制度 [J]. 东南亚纵横，2021，312（4）：5-15.
② 孙春莲. 泰国社会保障制度研究 [D]. 昆明：云南大学，2013.

普遍受益，基本生活得到了保障。

2. 泰国慢性病患者健康管理

根据 WHO 的调查，慢性病 60% 的发病原因取决于个人的生活方式，其次为医疗条件、社会条件等原因。烟草使用过量、有害使用酒精、膳食不合理不规律、身体运动量不足是慢性病不断发展的主要因素。[①] 20 世纪 50 年代，泰国政府就意识到烟草和酒精对人体会造成不可估量的危害，并会引发一系列社会问题，对社会乃至国家带来经济负担。为此，泰国政府决定采用征税的方式来控制使用烟草、酒精过度及赌博等一系列不健康行为，且所征税可以增加国家财政收入，这部分税收被称为不道德税。1986 年，WHO 的《渥太华宣言》提出一系列以保障人类身体健康为目标的健康促进理念，这些理念当年在泰国得以广泛推广。因此，泰国需要成立一个以承担人民健康促进为职责的组织。2001 年 11 月 8 日，泰国健康促进基金会（Thai Health）正式成立，其宗旨为"保持泰国人民健康"。《泰国健康促进法》规定 Thai Health 有权使用征收烟草与酒类消费所得税的 2% 来开展健康促进活动。[②]

截至 2008 年，Thai Health 开展了超过 2000 个项目来针对影响人民健康的最主要危险因素。在排名前 10 的因素中，吸烟与饮酒分别排在第 2 位和第 3 位，高血压作为最常见的慢性病之一，位列第 5。不难看出，Thai Health 对于慢性病诱发的主要因素是重点关注的。因而 Thai Health 在禁烟、限酒、倡导健康生活等方面取得了巨大的成效：在 1981—2001 年，泰国有近 42000 人死于吸烟所引起的慢性病疾病。Thai Health 成立前的 2000 年，泰国吸烟家庭的比例为 86%。在禁烟控烟措施开展后的 2006 年，这个数据便降至 59%。2008 年，香烟总销量由预期的 20.54 亿包下降至 18.41 亿包。Thai Health 的健康知识宣传让 94% 的烟民认识到了吸烟引发慢性病的危害性，其中 75% 的烟民有戒烟的打算。泰国也是世界上第 3 个强制禁止香烟广告营销的国家。

饮酒也是引发慢性病的主要因素之一。在 2003 年这一年，泰国人均酒

---

① 李雪梅，夏雅娟.国内外慢性病防控策略［J］.公共卫生与预防医学，2021，32（3）：117-121.

② 刘蒲，徐望红，付朝伟，等.慢病防控成功案例的剖析与借鉴——泰国健康促进基金会案例分析［J］.中国慢性病预防与控制，2013，21（3）：374-377.

精消费量为 58 L，成为当时世界上酒精消耗量排行第 5 位的国家。Thai Health 采取了一系列应对措施：提倡无酒精体育运动、建立了多方位禁酒康复服务系统，同时还响应了教育部关于在教育机构周围无酒类出售和无酒水广告的条例等。这些努力也取得了一定成果：在 2009 年的一项调查中显示，15 岁以上饮酒人数占全国总人口的 23.9%（14900 万人），相比 2004 年 32.7%（16200 万人）的比例降低近 9%。

身体运动量不足与膳食不合理、不规律也是引发慢性病的因素。Thai Health 促成教育部将学生体育锻炼的时间由每周 1 小时延长至 2 小时，这使得泰国 11 岁及以上民众参加体育锻炼的人数逐渐增加；在儿童饮食方面，由于糖尿病也是主要的慢性病，Thai Health 颁布法令取缔了婴幼儿和青少年饮用奶中过量的糖分，同时也限制了儿童甜食的过量生产销售。

Thai Health 成立以来，十几年内成功地降低了泰国吸烟和过量饮酒人数，提高了参与体育锻炼的人群比重，在很大程度上促进了泰国人民的身体健康。GBD 2019 年数据显示，2009—2019 年，泰国慢性病标化死亡率变化为 -9.9%，标化死亡率的降低说明 Thai Health 对慢性病患者的身体健康促进是成功的。

3. 泰国传染病和突发公共卫生事件报告和管理

根据 GBD 2019 年发布的调查数据，泰国在传染病、母婴疾病和营养缺乏性疾病方面，2019 年标化死亡率的数据为 81.5，相比 2009 年变化 -10.5%。该数据表示泰国 10 年间对于传染病和突发公共卫生事件的处理取得了正面的成效，而泰国公共卫生事业的成效也是长期不断发展的结果。东南亚地区曾经被称为新兴传染病潜在的"热点地区"，由于东南亚属于热带季风气候和热带雨林气候，独特的气候类型使得其物种多样性极高，客观上提供了丰富的现有及潜在的病原体库。另外，东南亚人口密度一直以来始终处于世界较高水平，因此尽管近年来区域卫生治理和健康状况有了显著的改善，但传染病仍然是主要问题，卫生安全的治理问题显得尤为重要。作为东南亚地区社会经济发展程度和公共卫生发展水平相对较高的国家，位于该区域中心位置的泰国在传染病防控和突发公共卫生事件的应对处理上发挥了较大影响力。

2003 年，严重急性呼吸综合征（SARS）病毒（"非典"）在东南亚扩散至全球，是一次严重的全球性传染病疫潮。为有效应对重症急性呼吸综合征（SARS）病毒，泰国在一系列东南亚国家联盟（Association of Southeast Asian Nations，ASEAN）及中、日、韩三国的专门会议中，发挥了东南亚区域传染病防控的领导作用。而世界卫生组织多份文件也明确指出，泰国对于东南亚地区卫生治理甚至全世界卫生治理都十分重要，对于全球卫生治理的改善也起到了突出作用。而近年来，随着多种传染病的出现与流行，泰国也充分认识到传染类疾病对国家内部及不同国家间安全的影响及卫生安全治理的重要性。例如，艾滋病的出现及广泛传播对卫生、旅游和贸易等方面产生了影响，而泰国基于此，在艾滋病早期响应迅速，高层领导人也做出正确的决策，通过发布相关的政策和推行应对措施来限制艾滋病的传播。同时，泰国的政府部门、公共卫生机构、军队、非政府组织、社区等多方通力合作，共同参与艾滋病的防控。泰国成为少数几个扭转艾滋病严重流行的国家之一，在应对艾滋病方面取得显著成就。因此，泰国也曾被世界银行称为应对艾滋病的成功案例国。泰国通过参与东南亚和全球卫生安全治理，在提高了国家自身卫生水平的同时，也使得国民健康状况和人民生活福祉大幅提升。

2020 年以来，公共卫生事件频发，各类传染病在全球范围扩散。在对传染病的发现与相关信息报告方面，泰国政府的应对是及时的——2020 年初，早在国外报告传染病病例的几天内，泰国卫生部疾病控制司便激活各级紧急行动中心，于 1 月 13 日起设立入境口岸检测点，对入境的外国游客进行严格检测。为控制公共卫生事件的传播，泰国政府采取了一系列强制及自愿措施，如取消民众集会活动、采取远程线上工作措施、关闭娱乐场所等。3 月 26 日，泰国正式实施紧急状态法，关闭了所有边境口岸，并关闭学校、禁止举办研讨会、关闭所有国际旅客航班并强制隔离境外旅客等。

整体来看，泰国的公共卫生事件防控主要有以下策略：首先，泰国在医疗基础设施与劳动力方面投入大量资金用于建设。在医疗基础设施方面，泰国政府建立了地区医院与保健中心来提供农村和社区保健服务。在劳动力方面，泰国全国范围内有超过 105 万村卫生志愿者，负责监测社区内居民的健康状况，并进行传染病防控宣传，提高居民的公共卫生意识。其次，传染病的大范围传播，增加了医务工作者及民众被感染的风险，泰国公共卫生部和政府制药组织对医疗需求与供应缺口进行了仔细查询，以采购基本的医疗用品。在各大私营部门和发展伙伴的支持下，防护用品供应量不足的情况得到了一定改善。最后，除了提高医院的临床救治能力外，泰国政府还采取控制与缓解相结合的策略来延迟重症患者的人数激增，并鼓励各类医院为病人提供远程医疗服务，在减少医院拥挤的同时，也有效降低了传染病扩大蔓延的可能性。①

二、印度与泰国公共卫生服务项目管理的内容

印度与泰国分别处在南亚与东南亚，都是共建"一带一路"国家。不同国家不同的国情客观上会造成各国公共卫生政策之间的差异。本报告的第一部分已经对印度和泰国两个国家各自的公共卫生服务项目变迁发展的历史与现状进行了概括，下面将对这两个国家进行对比，分析两个国家公共卫生服务项目的内容，发现项目之间的共同点与差异。

（一）老年人健康管理

1. 共同点

全球人口老龄化的高峰已然到来，未来20多年也将是世界老年人口数量急剧增长的时期。1999年，在172个已建立不同社会保障制度的国家中，有167个已经建立了养老社会保障制度，占总量的97.1%，可以看出，老年人相关问题越来越被国际社会重视。印度和泰国在老年人健康管理的公共卫生服务方面主要有以下共同点：

第一，都突破了传统意义上养老院只负责老人日常起居的层面。进入老年后，老年人几乎一直处于闲暇时间，不需要为了生活奔波劳累。马斯洛的需要层次理论中最低的两个层次需求便是生存与安全需求，传统的养老院可以满足老人这两个层次的需求。而之后，老年人也会开始重视精神需求，追求情感、社交，发展个人兴趣爱好及参与各种社会活动以实现自我价值方面的需求，传统养老院在这个层面上的提供存在不足。而印度的老年公寓、泰国的老年人俱乐部都能让老年人结识更多朋友，参加老年集体活动，在集体中发展非正式社会关系，使心理需求和社会需求得到了一定程度上的满足。

第二，各国政府都主张家庭养老与社会养老共同作用，为老年人的健康福利提供社会帮助。随着年龄的增长，老年人活动力下降客观上也会增

① 张静宁，寒露，涂舒，等．泰国参与全球和区域卫生安全治理的经验和启示［J］．中国卫生政策研究，2021，14（9）：76-82.

加出现意外的概率。在传统的农业社会，家庭照顾是老年人主要的养老依赖。在进入工业化社会后，社会照顾伴随家庭结构的变化逐渐凸显作用。印度政府在大力建设老年公寓的同时，还加强老年人健康管理中家庭照顾部分的补助；泰国政府也主张老年人健康管理不应仅由家庭负责，还应当有一定程度的社会援助，家庭与社会共同承担老年人健康管理的责任。

2. 不同点

两个国家都为本国老年人提供了可以满足精神需求和社会需求的场所，但是提供主体存在区别。印度的老年公寓由印度本国的房地产商负责提供，而泰国的老年人俱乐部大多数由政府负责，并建立在政府医院内，方便老年人在满足精神需求的同时，可以及时有效地获取个人身体报告。

此外，泰国政府在老年人健康指导这一项目上有所举措：1992年《国家养老长期行动计划（1992—2011年）》的出台便对老年人的福利保障拟定了政策措施，如通过向60岁及以上老年人宣传身体安全预防与健康保健知识来培养老年人的自我保护、自理能力，印度政府在健康指导方面则有所欠缺。此外，泰国的医疗团队和现代化医疗器械在国际上都享有高度评价。而印度城市与农村的医疗卫生资源条件极度不平衡，因此不同于泰国，印度特别为国家贫困线以下的老年人提供社会保障，建立老年人保健服务中心来保证农村偏远地区的老年人也可以享受到与城市居民相同的医疗卫生及健康管理条件。

印度和泰国老年人健康管理的共同点和不同点见表3。

表3　印度和泰国老年人健康管理的共同点和不同点

共同点	不同点
都突破了传统意义上养老院只负责老人日常起居的层面。 各国政府都主张家庭养老与社会养老共同作用，为老年人的健康福利提供社会帮助	为老年人群体提供满足精神需求和社会需求场所的主体不同： 印度老年公寓——印度房地产商； 泰国老年人俱乐部——政府
	泰国政府在老年人健康指导这一项目上有所举措，而印度在健康指导方面则有所欠缺
	不同于拥有足够医疗卫生资源条件的泰国，印度特别为国家贫困线以下的老年人提供社会保障，建立老年人保健服务中心来保证农村偏远地区的老年人也可以享受到与城市居民相同的医疗卫生及健康管理条件

（二）慢性病患者健康管理

慢性病患者健康管理主要有筛查、随访评估和分类干预及健康体检三个方面的内容。印度在慢性病患者的健康体检方面筛查项目十分详细，会针对年龄展开分层设计，结合患者性别、年龄、不同慢性病种类进行分层设计，因此体检结果更为准确。

此外，慢性病在越来越多人的认知中从"成人病"转向了"生活习惯病"。早期许多国家的政府都认为慢性病的治疗是第一位的，而泰国政府在慢性病管理过程中发现，导致慢性病的大多数原因来自不健康、不规律的生活习惯，如过度吸烟、酗酒、饮食不规律等。因此，慢性病的提前预防随着时间演进，逐渐摆在了更为重要的位置，泰国政府采取了征税的方法来控制吸烟饮酒等不良嗜好。此外，泰国还专门成立了 Thai Health 来促成泰国教育部将本国学生体育锻炼时间由每星期 1 小时提升至 2 小时，同时颁布法令取缔饮用奶中过量的糖分，这些举措不仅增加泰国 11 岁以上民众参与体育健康锻炼的人数与时间，还减少了过度肥胖的情况。

（三）传染病和突发公共卫生事件报告和管理

1. 共同点

面对传染病和突发公共卫生事件，印度和泰国两个国家在应对上主要有如下共同之处：

第一，两国政府都能够及时做出应对措施。如 2020 年面对新冠疫情这种传染性疾病类型的公共卫生事件时，印度首先选择采取了封城措施，实行"全民宵禁"，禁止居民外出；泰国早在 2020 年 1 月 13 日便设立了入境口岸检测点，3 月政府实施全面管理防控，采取了如取消民众集会活动、关闭娱乐场所等强制及自愿措施。3 月 26 日，泰国实施了关闭所有边境口岸，并且关闭学校、所有国际旅客航班并强制隔离境外旅客等措施。

第二，都对传染病防控进行了较大的经济投入与福利支持。印度政府采取了如减税、增援和建造更多隔离设施等措施来保证所需物资的供应量；泰国政府建立了地区医院与保健中心来提供农村和社区保健服务，在公共医疗卫生物资急剧短缺之时，泰国公共卫生部和政府制药组织对民众的医疗需求与供应缺口进行了仔细查询，根据查询结果采购所需基本医疗用品，使得防护用品与医药卫生资源供应量缺乏的情况得到了一定程度的缓解与改善。

2. 不同点

由于各国国情不同、具体情况存在差异，因此不同国家在应对传染病和突发公共卫生事件上所采取的措施与制定的政策也有所不同。印度作为世界人口大国，过于庞大的人口也使得传染病患者基数更大，印度多地医院无法承担许多的患者，便就地在多地大学校园内建造临时医院，甚至将寺庙、火车车厢等改造为隔离场所，以缓解病患过多带来的压力。

对于医疗条件更为发达的泰国，其对于传染病和突发公共卫生事件的前期防控效果较好。泰国运用国家卫生数据库平台中的综合病人数据库来收集各种传染病患者症状的诊断结果、医疗及个人防护设备分发和治疗费报销的数据。信息数据的有效收集为泰国政府开展传染病的早期检测和监测提供了极大便利。同时，泰国政府还采取控制与缓解相结合的策略来延迟重症患者的激增，并且鼓励各类医院为病人提供远程医疗服务，在减少医院拥挤的同时，有效防止了传染病的蔓延。

三、印度与泰国公共卫生服务项目管理的启示

公共卫生政策作为政府在配置医疗卫生资源、解决医疗卫生问题、在预防疾病的同时保护和促进健康等方面的一系列规定与行动的总称，涉及广大人民群众的利益。这其中，国家基本公共卫生服务项目是以社会中的老年人、慢性病患者、儿童等为重点人群，面向他们提供最基本的公共卫生服务。本报告的前两个部分围绕印度、泰国两个国家的公共卫生服务项目展开了论述，并发现由于不同国情与医疗卫生条件的差异，两国公共卫生服务项目都存在利弊。共建"一带一路"倡议合作建设在不断推进，作为共建国，印度和泰国在公共卫生服务项目中存在的不足不仅是这两个国家自身需要完善的，同时也是为参与共建"一带一路"的国家提供可借鉴的经验。

（一）建立本国特有的公共卫生服务组织机构

对于发展中国家能否建立具有本国特色的公共卫生服务组织机构这一问题，泰国政府做出了回应。Thai Health 一经建立，便以"保持泰国人民健康"为宗旨。作为具有泰国本国特色的公共卫生服务组织，Thai Health通过征收不道德税控制过量使用烟草与酒精的人群，并在之后的十几年内成功地降低了泰国吸烟和酗酒的人数，提高了参与体育锻炼的人群比重，

在很大程度上促进了泰国人民的身体健康。

（二）注重大健康产业融合项目投资

大健康产业作为当今世界发展到一定阶段的必然产物，其不仅需要在传统产业中发挥重要作用，还应对培育新型产业起到积极的作用。一方面，在医疗卫生领域中大力投资。例如，印度的房地产商开发的老年公寓，各国可以适当借鉴这方面的经验，以多种形式推动医疗卫生领域中各项目的融合发展。另一方面，需要积极开发新型产业，而不应只是停留在传统领域范围之内。例如，可以尝试将人工智能在内的现代信息技术与传统医疗卫生模式相结合，共同推动大健康产业的转型与升级。

（三）加强居民公共卫生相关知识技能的宣传教育

任何与公共卫生相关的知识技能都可以进行分层设计，并对针对性人群进行宣传教育。本报告中所提到的泰国老人协会创办的老年热线的工作人员虽然来自不同岗位，但是他们都具有一定的老年人健康管理经验。泰国的老年热线便是针对老年人群体设计的。因此，各个国家可以根据本国需要，对公共卫生服务相对薄弱的环节进行国民教育与技能培训，以减少公共卫生事件带来的损失。

公共卫生政策及公共卫生服务项目与每一个居民息息相关，因为几乎每个人都会在不同阶段遇到各种各样的健康管理问题。而对于每一个国家及政府而言，在人口老龄化出现全球化的趋势下，公共卫生健康管理是一个无法规避的大考题。尽管许多国家和地区的公共卫生服务项目或多或少存在共同点，但是国情等客观条件的不同决定了公共卫生管理的模式不会是统一的模式，因此更需要各国之间进行借鉴学习和针对性的比较，选择适合本国国情与客观情况的政策与服务项目对本国的薄弱环节进行补充。共建"一带一路"倡议旨在积极发展经济合作伙伴关系，并且打造经济、政治和文化方面互相融合的命运共同体、责任共同体，对于各国社会保障事业进行研究借鉴是必要的，公共卫生服务健康管理事业作为大健康背景下最为重要的领域之一，也应该在各国之间进行讨论交流，打造各国互通的共同服务项目，同时对比得出适用本国的政策项目，有针对性地加强本国公共卫生服务水平，以便更好地响应共建"一带一路"倡议。

参考文献

［1］陈昱方．"金砖四国"医疗卫生体制的比较研究［D］．武汉：华中科技大学，2011．

［2］李超民，史煦光．印度人口老龄化、养老政策及对中国的启示［J］．上海商学院学报，2015，16（6）：48-54，78．

［3］龙政，刘威，王黎君，等．"一带一路"沿线主要国家2009年与2019年居民期望寿命及死亡状况比较［J］．中国公共卫生，2022，38（8）：1048-1053．

［4］李鹏，杨文秀．慢性病现状流行趋势国际比较及应对策略［J］．天津医药，2009，37（4）：254-257．

［5］张锡镇．泰国人口老龄化问题与养老制度［J］．东南亚纵横，2021，312（4）：5-15．

［6］孙春莲．泰国社会保障制度研究［D］．昆明：云南大学，2013．

［7］李雪梅，夏雅娟．国内外慢性病防控策略［J］．公共卫生与预防医学，2021，32（3）：117-121．

［8］刘蒲，徐望红，付朝伟，等．慢性病防控成功案例的剖析与借鉴——泰国健康促进基金会案例分析［J］．中国慢性病预防与控制，2013，21（3）：374-377．

［9］张静宁，寒露，涂舒，等．泰国参与全球和区域卫生安全治理的经验和启示［J］．中国卫生政策研究，2021，14（9）：76-82．

共建"一带一路"与东南亚贫困治理研究[*]

陈　辉　丁嘉琳[**]

摘　要：贫困问题是"一带一路"国家经济与社会发展所面临的重大挑战，东南亚国家贫困化呈现区域广、人口多、不平衡等诸多特点。随着国际形势不确定性的加剧，政治共识缺失及社会安全问题凸显，进一步加剧了东南亚国家经济的脆弱性。中国积极参与全球贫困治理，不断深化国际减贫领域的探索与实践。如何推动建立以相互尊重、合作共赢为核心的新型国际减贫交流合作体系？本文在分析东南亚贫困现状与治理困境的基础上，探究以"一带一路"区域性公共产品供给为路径建立可持续性、互惠互利的贫困治理新机制，从而激活贫困区域的经济活力，有效助推贫困治理。

关键词："一带一路"；东南亚；贫困治理；区域性公共产品

一、引言

贫困问题是全球发展面临的共同挑战，消除贫困是各国人民追求幸福

---

* 本报告受到江苏高校哲学社会科学研究基金重大项目（2020SJZDA090）、国家社科基金项目（20BZZ050）的资助。

** 陈辉，南京师范大学公共管理学院教授、东南大学人文学院教授，博士生导师，南京大学亚太发展研究中心研究员，主要研究方向：公共行政学、中国政府与政治研究；丁嘉琳，南京师范大学公共管理学院研究生，主要研究方向：中国政府与政治研究。

生活的基本权利。世界银行报告指出，共建"一带一路"将使相关国家760万人摆脱极端贫困、3200万人摆脱中度贫困，"一带一路"成为"减贫之路""增长之路"。① 东南亚与我国地理位置毗邻，东南亚区域有1亿多贫困人口，中国已经成为东南亚区域最重要的贸易伙伴，也是东南亚最大的进出口市场。"一带一路"倡议的实施填补了长期以来为西方国家投资所忽视的东南亚区域，2022年参与"一带一路"倡议东南亚国家的中国投资同比增长151%，建设项目增长76%，推动了区域经济社会发展合作。②

中国积极参与全球贫困治理，不断深化减贫领域的探索与实践。如何推动建立以相互尊重、合作共赢为核心的新型国际减贫交流合作体系？本文在分析东南亚贫困现状与治理困境的基础上，探究以"一带一路"区域性公共产品供给为路径建立可持续性、互惠互利的贫困治理新机制，从而激活贫困区域的经济活力，有效助推贫困治理。

二、东南亚贫困现状

东南亚区域受产业结构调整与发展选择等因素的影响，根据经济实力与发展状况的差异，东南亚国家分为四个层级，各国人均 GDP 如图1所示。

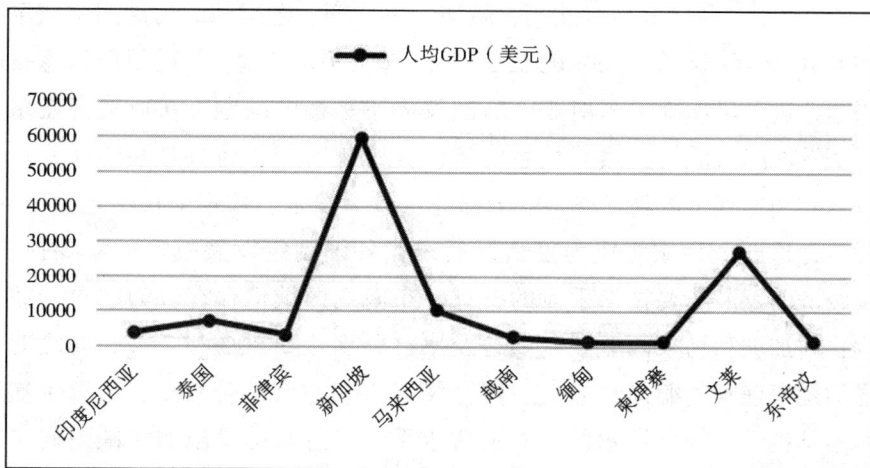

图 1 东南亚区域经济发展

资料来源：世界银行 2021 年。

---

① 习近平. 习近平谈治国理政（第四卷）[J]. 北京：外文出版社，2022：494.
② 埃玛·康纳斯. 中国加强对东南亚区域投资 [N]. 参考消息，2023-03-28（16）.

由图 1 可见,第一层级是以新加坡、文莱为代表的城市国家。新加坡以面向出口工业化战略为抓手完成经济的迅速起飞,凭借马六甲海峡的地域优势发展国际贸易。文莱是东南亚仅次于新加坡的富裕国家,由于单一依赖油气的产业结构导致国内失业问题严峻,形成"国富民穷"的局面,财富在阶层间的分配极为不均。第二层级是以马来西亚、泰国、越南、印度尼西亚、菲律宾等国为代表的转型国家。第三层级是以柬埔寨、缅甸为代表的农业国家。农业是其国内经济发展最重要的支柱,农业产出占到了总GDP 的 1/3,柬埔寨、缅甸被联合国列为最不发达国家。东南亚 11 国中唯一不归属于东盟的东帝汶属于第四层级。东帝汶是一个成立刚满 20 年的新生国家,产业结构远远落后于世界水平,农业是东帝汶维持经济的支柱产业,落后的社会发展水平和薄弱的工业基础使得东帝汶长期位列世界最不发达国家行列。

(一) 区域间贫富分化问题严重

东南亚区域面临贫富差距大、经济发展失衡等问题。以 2020 年世界银行公布的数据为例,新加坡以近 6 万美元的人均 GDP 位列东南亚区域榜首,凭借巨大的优势与别国拉开了明显的差距,文莱、马来西亚人均 GDP 都在 1 万美元以上,紧随其后;然而,越南、柬埔寨、老挝和缅甸这四个国家的人均 GDP 甚至都不足 3000 美元,与第一梯队相距甚远。伴随目前信息技术的兴起,进一步加剧了东南亚区域间发展不平衡的问题。新冠疫情使东南亚经济发展陷入僵局,然而数字经济以其跨越时间、地域界限的优势在这一特殊时期得到了蓬勃发展,电子商务、数字娱乐、数字支付、远程医疗、远程教育这五个领域将成为疫情过后东盟各国制定发展战略的主要抓手。数字经济的发展需要技术手段的支撑,东南亚区域仍存在较为明显的数字鸿沟,新加坡和马来西亚互联网普及率已分别达到 80% 和 71%,与之对比明显的是柬埔寨、缅甸和老挝三国,仅有 20% 左右的普及率,这源于贫困区域不具备适应信息技术发展的消费水平,信息基础设施的欠缺阻碍了互联网的铺设。①

东南亚城乡贫富分化的二元结构加剧,东南亚贫困人口中有 83.7% 居

---

① 陈迎春. 东盟经济分析与展望 [C]. 国际经济分析与展望 (2017~2018),2018:114-129.

住在农村，城镇占比为12.5%。① 老挝80%以上的人口居住在农村，生活条件差、基础设施落后、教育资源缺失等因素使得当地的贫困问题很难得到根本解决，由此引发了农村人口大面积向城市流动，以期改善生活水平。但是盲目涌入城市的农村人口受劳动力素质、教育水平等多方面因素的限制，使得城市贫富分化日益加剧。

（二）产业发展滞后，失业问题严峻

由于历史原因，农业始终在东南亚的经济体系中占据着重要地位，即使是在战后，这种单一、脆弱的畸形产业结构仍未得到改善，这也奠定了东南亚区域工业进程落后的基调。随着制造业的兴起，即使东南亚的殖民经济开始向工业经济转变，但这一进展仍然非常缓慢，就业渠道也并未得到有效拓宽。此外，东南亚区域人口稠密且增长速度较快，发展缓慢的产业结构无法满足不断增多的就业需求，愈加严重的失业问题进一步加剧了东南亚区域的贫困状况。

东南亚区域旅游资源丰富，旅游业是其支柱性产业。世界旅游组织2018年公布的数据显示，泰国、柬埔寨两国的旅游业生产总值已达到国内生产总值的近20%，衍生而来的就业岗位占总数的5%。在旅游带动出口方面，2019年东南亚凭借旅游业创造了超过1500亿美元的出口价值，约占东南亚各国国内生产总值的12.1%。② 受疫情影响，2020年全球旅客人数较往年减少80%，损失高达1.2万亿美元，这使高度依赖旅游业的东南亚国家迎来了"至暗时刻"，加之防疫措施成本高、入境流程复杂、疫情的不确定性等多重因素的影响，使东南亚的实体经济在短期内无法迅速回暖，严重延缓了当地经济的增长。据亚洲开发银行报告显示，东南亚区域传统经济增长部门（酒店业、旅游业）在2021年新冠疫情大流行期间遭到重创，工作岗位的消失导致930万人陷入失业困境，如此波动使得东南亚极端贫困人口升至2430万人（以每日生活费不足1.9美元为标准），达到了总人口数的3.7%，而这一数字在大流行前已经保持多年下降趋势，可见疫情进一步削弱了东南亚的减贫成果。

国际形势变化冲击东南亚区域劳动力市场。俄乌冲突进一步加剧了对

---

① 吴良，钟帅，BOUDMYXAY Khampheng，李鹏."一带一路"倡议背景下东南亚贫困及减贫开发模式研究［J］.科技促进发展，2017，13（6）：463-471.

② 王敏.东南亚各国推动可持续旅游良性发展［N］.中国社会科学报，2022-11-07（007）.

发展中国家的经济冲击,对东南亚区域经济领域的重要影响体现在大宗商品的传导上,受干扰的供应链导致油价、粮价节节攀升,尤其是泰国、菲律宾这类高度依赖石油进口的国家不得不面对货币贬值、资本外流、经济增速减缓的问题。在全球经济增速放缓的大背景下,东南亚各国于 2022 年先后宣布下调经济增长预测,其中泰国的下调幅度最大,因其高度依赖石油进口和旅游业这两方面而导致泰国在上述复杂国际环境下受牵制最大,经济复苏处于被动局面。此外,俄乌冲突引发的经济紧缩局面制约了欧美消费者在服装方面的购买力,而诸多知名服装品牌的生产地正是东南亚,因此,东南亚各国不得不面对"裁员潮",这在一定程度上削弱了东南亚区域的经济发展前景。

(三)社会保障体系落后,公共服务不完善

社会保障制度和国家经济发展水平密不可分,经济发展水平决定了社会保障制度的完善程度,社会保障制度又反过来影响当地居民的生活水平,牵制经济的发展。"二战"后,东南亚国家往往延续殖民统治时期的权力形态,处于"强政府"的统治之下,与之相伴的则是薄弱的工人阶级力量,涣散的组织架构和政治上的依附性使得工人阶级无法真正参与政治生活,对社会保障制度这类公共政策难以施加影响。① 受此影响,东南亚区域的社会保障制度与经济发展水平呈现不同步的态势,即使是新加坡、马来西亚这类新兴工业化国家,在战后的一段时间内也并未做到福利保障制度的社会全覆盖,发展速度远远落后于经济发展速度,社会保障制度存在覆盖范围小、制度水平低的特点,其中失业保险制度的发展尤为不均衡,呈现出多层次的特点②:文莱凭借着富足的国家资产,已建立起相当发达且完善的社会保障体系,为当地百姓提供免费的教育、住房和医疗;新加坡、马来西亚和菲律宾失业率低,社会保障制度已经较为完善,但是老挝、柬埔寨、缅甸由于经济发展滞后性,尚未完善失业保险制度的准线。

三、东南亚贫困治理面对的困境分析

东南亚区域在贫困治理中面临的困境主要有以下几个方面:

首先,依赖"输血式"扶贫,减贫内驱力不足。贫困人口的积极性和

---

① 张霞 . 东南亚国家社会保障制度研究 [J]. 东南亚纵横,2009(4):27-31.
② 冯奕强,黎雄辉 . 东盟国家失业保障制度研究 [J]. 东南亚纵横,2011(6):83-87.

参与性弱是影响东南亚贫困治理成效的重要因素。发展中国家往往缺乏立足本国国情开展减贫工作的自主能力,过度依赖"输血式"扶贫使得这些国家只注重短期利益而忽视国家层面的全盘考虑,最终导致减贫工作难以持续且收效甚微,无法真正改善民生。凭借着丰富的自然资源,东南亚区域完成了最初的资本积累,然而,也正是这一局限性使得该区域的产业结构单一,工业、服务业、基础设施都十分落后,社会发展水平低下,丰富的能源资源并未能给当地带去有效的生产力,从而加深了贫困程度。基于积贫积弱的现实,东南亚各国不得不面对由此引发的人员流失问题,这不仅包括高端人才的外流,还包括普通百姓选择去海外充当劳工,仅印度尼西亚就有600万海外劳工在亚洲富裕国家工作,菲律宾为解决就业压力自20世纪70年代起就开始实行海外就业计划,其中"菲佣"就发轫于此,目前国际菲佣已达300万人次。本土企业的缺位、人才的流失,使得东南亚的贫困治理处于被动局面,只能依靠大国提供资金、设施、技术等支持。自20世纪60年代以来,发达国家对发展中国家的国际援助是国际减贫的主要方式,但这种单一的推进经济增长的援助方式无法使低收入国家大幅度减少贫困,且减贫效果不具有可持续性。[①]

一般认为,向低收入国家提供经济援助是解决当地贫困问题的重要途径之一。对于贫困区域来说,要改变贫困现状则需要原始投资来解决本国固有的地方性问题,然而因为贫穷,他们无法支付这些投资回报,最终落入"贫困陷阱"。[②] 外来援助之所以重要,就在于其可以为本国的经济注入活力,通过在关键领域进行投资启动经济的良性循环,由高投资引发高收入,再由高收入带动新一轮高投资,从而提升当地的产业生产力,实现收益的螺旋式上升。诺贝尔经济学奖获得者安格斯·迪顿提出的"援助错觉"质疑"只要穷国得到更多的钱,它们的情况就会更好"这一基本假设,他认为援助会破坏国家能力的发展、掩盖制度的缺陷、消磨落后者的意志。而这些问题的解决——即国家能力的发展、制度的完善以及人们意志的激发——才是真正解决社会不平等、促进经济增长的根本原因。当落后国家

---

① 吴振磊,康颜钰,王泽润. 中国特色反贫困理论对"一带一路"低收入国家减贫的启示 [J]. 学习与探索, 2022 (3): 107-116.

② [美] 阿比吉特·班纳吉,埃斯特·迪佛洛. 贫穷的本质 [M]. 北京:中信出版社, 2018: 4.

具备经济发展的客观条件时，援助对其帮助其实是微乎其微的。①

其次，合作共识淡薄，信任赤字问题严重。中国的和平崛起既体现了综合国力的提升，也引发了"冷战"后世界地缘政治和经济格局的一次大变动，引起了世界各国的广泛关注，但这其中也不乏负面评价。基于这一假设来看东南亚国家的外交战略选择，可以得出双边层面的信任赤字削弱了"一带一路"减贫成果的结论。21世纪以来，东南亚国家出于优化经济利益同时最小化安全风险的需要，采取一种务实的"对冲"策略②，即一边大力促进与中国的贸易往来以期帮助自身融入世界贸易秩序，一边与日本、美国保持军事上的往来以补充其缺乏的军事影响力，这一战略选择体现了东南亚国家有意应对由中国作为经济和军事大国崛起所带来的不确定性环境的态度。"对冲"策略体现了东南亚各国对"一带一路"倡议的不信任且矛盾的态度，一方面想借助中国的力量改善国内经济落后、生活水平低的贫困现状，尤其是凭借中方资金和技术来建设他们本无力负担的基础设施，但另一方面又忌惮中国日益增长的综合国力和国际地位——曾受西方列强殖民掠夺的东南亚国家对于主权及领土高度重视，然而随着东南亚国家民族主义的滋长及传统安全问题的突出，例如南海问题引发的岛礁主权争端和海域划界争端，使得矛盾相关国滋生安全焦虑，质疑"一带一路"倡议的合理性。

从东南亚各国对"一带一路"倡议关注点的不同进行分析，可以将东南亚国家分为三类③：第一类持拥护意见，以柬埔寨、老挝、泰国为代表，这类国家与中国有着频繁的经济往来，可以从"一带一路"中受益；第二类持中立意见，代表国家有马来西亚、菲律宾、印度尼西亚，这些国家由于国内政治压力（政权更迭）因而对"一带一路"倡议持观望态度；第三类国家持怀疑态度，如越南和缅甸，南海争端引发的国土安全问题导致中越之间缺乏政治信任，而缅甸民间对中国投资活动存疑，担心自身安全利益受损，此种负面情绪导致"一带一路"倡议在这些国家的推行受到较大

---

① ［美］安格斯·迪顿．逃离不平等：健康、财富及不平等的起源［M］．北京：中信出版社，2014：226-276.

② Chien-peng Chung. Southeast Asia-China Relations：Dialectics of "Hedging" and "Counter-Hedging"，Southeast Asian Affair, 2004, pp. 35-36.

③ 李明江，李倩如．"一带一路"倡议在东南亚的进程与展望［J］．边界与海洋研究，2019，4（2）：74-88.

阻碍。

最后，区域安全形势复杂，削弱治理效能。东南亚区域存在产业结构落后、基础设施欠缺、教育水平低下等诸多贫困问题，除去殖民统治造成东南亚经济落后的历史原因，更应该立足国情探究其更深层次的根源。东南亚国家的治理体系十分脆弱，因此当既有的贫困问题叠加新生社会危机时，现有的治理体系无法应对新形势下的新问题与挑战，从而造成社会失序、发展动力不足甚至停滞和倒退，贫困正是治理赤字的衍生品。[1]

东南亚国家大多党派林立，政局动荡问题突出，泰国政变导致中泰"大米换高铁"项目被叫停，缅甸政府单方面宣布暂停密松水电站项目导致中资惨遭损失[2]，这种突发的公共危机事件极大地加剧了贫困治理的艰巨性。同时，东南亚也是世界上宗教种类最多、信仰宗教人群比例最高、宗教信仰最复杂的区域之一，其中菲律宾主要信仰罗马天主教，越南、柬埔寨、老挝、泰国、缅甸等国主要信仰佛教，马来西亚、印度尼西亚、文莱主要信仰伊斯兰教[3]，再加上近年来肆虐的恐怖主义与宗教存在千丝万缕的联系，导致不同宗教信仰间的冲突难以避免，使得"一带一路"在东南亚区域的建设面临着风险考验，阻滞了减贫工作的高质量发展。国家的政治动乱伴随社会秩序的混乱，这直接削弱了减贫实践的成效及减贫项目的可行性，对依赖第三产业的国家影响尤为严重。"政府的缺位造成了在减贫领域的社会凝聚力不足，以及对促进减贫的跨区域基础设施和公共服务投入不足。"[4] 因此，贫困治理落到实处，东南亚区域需要充分发挥政府的引领作用，建设更紧密的"一带一路"伙伴关系，通过可操作性区域政策改善政府的治理效能。

四、区域性公共产品助推东南亚贫困治理的路径优化

"一带一路"国家以建设经济走廊、打造基础设施、搭建投融资平台、

① 东盟减贫脱贫的现实困难与未来选择 [EB/OL]. 中国日报网, (2022-11-16) [2023-02-25]. http://cn.chinadaily.com.cn/a/202011/16/WS5fb20916a3101e7ce972fb4a.html.
② 谷合强. "一带一路"与中国——东盟经贸关系的发展 [J]. 东南亚研究, 2018 (1): 115-133.
③ 王志章, 李梦竹, 王静. 中国与"一带一路"国家合作反贫困研究 [M]. 北京: 人民出版社, 2018: 147-148.
④ 张晓颖, 王小林. 参与全球贫困治理: 中国的路径 [J]. 国际问题研究, 2019 (3): 125-136.

促进人文交流四个维度为抓手,推动"一带一路"的高质量建设和务实合作,构建互联互通高度发达的人类命运共同体。东南亚与中国相邻,自古以来双方保持着较为频繁的贸易往来,且在产能合作、经济贸易、文化交流等领域具有很大的互补性,因此,在"一带一路"框架下为东南亚提供能切实解决贫困问题的区域性公共产品,建立区域间的政治信任,成为双方合作发展的必由之路。区域性公共产品的产生往往源于某特定区域内国际公共产品的不足,有别于国际公共产品旨在解决人类共同面对的问题,区域性公共产品更侧重于促成区域间合作,促进一体化进程。特定区域内的国家出于共同的需求和利益,倾向于联合起来制定一套机制或制度,提供为彼此共同认可、共摊成本、共享收益的产品和服务①,以弥补该区域内国际公共产品的缺失,谋求区域内的繁荣与稳定。国家主席习近平指出,欢迎周边国家搭乘中国发展的列车,共享中国提供的发展机遇和空间。这不仅体现了中国作为发展中大国负责任的态度,更彰显了国家所具备的强大供给能力。中国作为公共产品供给体系中的后来者,供给内容应该聚焦规模较小的倡议、次领域的安排和局部的创新,供给对象应该优先考虑我国的邻近国家,因为往往是看似比较小的贡献最终却促成了国际社会的进步。②"一带一路"倡议是中国开拓新型区域合作机制的一大举措,它有别于传统的以欧美国家为主导的霸权供给模式,不以改变别国制度为目的,通过建立凝聚合作共识的对话机制为实现区域合作创造条件。

东南亚区域经济水平差距过大的现实因素决定了区域性公共产品在该区域的供给应遵循差异性原则,针对不同层级的经济体开展不同种类的公共产品合作。基于此,中国在不同领域开展合作帮助东南亚实现资源的整合与共享,助推贫困治理:在基础设施欠缺的国家建设现代化铁路,实现规模化的国际货运,加速区域间的互联互通,为经济繁荣创造条件;在面对新冠疫情时提供技术产品的支持,在减少赤贫人口的同时为当地注入能激发经济活力的助推剂;建立合作论坛,为发达经济体开展政治磋商、贸易往来搭建平台,传播价值理念促成减贫共识。

(一)深化互联互通,跨越贫困陷阱

基础设施建设向来是中国与东南亚区域合作的重点领域,作为世界产

---

① 黄河,杨海 . 区域性公共产品与澜湄合作机制 [J]. 深圳大学学报(人文社会科学版),2017(1):130-137.

② 王逸舟 . 用国际贡献赢得世界认同 [N]. 环球时报,2018-10-10(11).

业大国的中国，与东南亚区域共建基础设施不仅是振兴当地实体经济的重要举措之一，也是推动国际产能合作的重要手段。根据《"一带一路"国家基础设施发展指数（2022）》和《"一带一路"国家基础设施发展指数报告（2022）》提供的数据，东南亚区域经济发展势头良好，即使在疫情期间也保持强劲，基础设施发展指数在"一带一路"国家中持续领先，位列区域第一，其中印度尼西亚、菲律宾、马来西亚位居国家指数前三名。近年来，东南亚区域仍然积极抓住"一带一路"带来的发展机遇和合作空间，先后制订了相关发展计划以进一步推动实现亚太区域的互联互通。2021年，中老铁路的正式通车意味着老挝告别了过去没有火车的时代，是老挝从"陆锁国"转变为"陆联国"战略与"一带一路"倡议对接的纽带。根据世界银行发布的报告，中老铁路的建成从长远来看将使老挝的整体收入提升21%，可从发展贸易和旅游业两方面吸引外国投资。与此同时，中老铁路的经济辐射效应也将影响中国与泰国在基础设施建设领域的合作，客观上将推动中泰铁路的进展，进一步实现未来中老泰铁路的全面贯通，"一带一路"东南亚区域间的互联互通及协调发展也将上升到新的层面。印度尼西亚政府发布的《2020—2024年国家中期发展计划》仍将基础设施建设列为优先发展项目，包括价值60亿美元的主要在建项目——雅万铁路，并计划不断扩大高速路的覆盖范围，以交通促进当地的经济增长。

"一带一路"的高质量发展不断开拓基础设施的新兴合作。中国与新加坡共同推出的中新（重庆）战略性互联互通示范项目是在"一带一路"框架下的重点合作项目，旨在依托中心城市重庆发挥经济引领作用，建立中国西部省市区与东南亚区域之间的合作伙伴关系，通过发挥"哑铃效应"凸显中国、新加坡两地的优势。国际陆海贸易新通道是依托中国与新加坡互联互通项目，通过区域联动、国际合作打造的具有多重经济效应的战略性通道，是为中国西部区域和东盟国家提供的公共产品和公共服务。该项目实施以来，一批航空产业、信息通信、贸易物流、科技人文交流项目落地，并计划将合作范围拓展到农业、旅游等其他领域，预计到2025年打通我国西部区域与东南亚区域的战略性通道，到2035年形成与亚欧大陆衔接的互联互通网络，通过双向互动促进形成共商、共建、共享的新格局。

"一带一路"倡议的推行使得中国所具备的资金与技术可以帮助东南亚国家扭转基础设施匮乏的局面，满足东南亚区域经济共同体日益增长的市场需求。通过向东南亚供给基础设施类公共产品，充分发挥双方的比较优势，实现生产要素的优化配置。中国与东南亚区域的互联互通架构不断完善，一系列重大基础设施项目提高了区域间的联通水平，推动了区域间互利共赢格局的形成。

（二）提供技术支持，激活"造血"功能

东南亚区域大多为发展中国家，贫困人口众多，新冠疫情的暴发使得东南亚一度成为疫情重灾区，此次全球性的公共卫生突发事件进一步显示了东南亚区域的脆弱性。中国作为负责任的大国，具备研发疫苗的人才、技术和生产力，通过向东南亚区域提供疫苗等技术产品类区域性公共产品，为东南亚区域抗击疫情提供帮助，可以缓解由新冠疫情引发的贫困赤字。深化后疫情时代的发展合作是双方共识，通过不断深化与东南亚区域在公共卫生领域的合作，高质量共建"一带一路"对接东盟全面复苏框架体系，构建后疫情时代人类卫生健康共同体，为区域经济全面发展提供保障。

菲律宾电商规模的高速发展导致实体商场空置，新加坡创新线上购物模式改善了商场业绩颓势，印度尼西亚农业合作社借助电商平台大力发展数字农业，种种变化表明规模日渐扩大的电子商务正在改变人们的消费模式，潜移默化地影响并改变着东南亚各国的产业销售链。中国走在数字技术领域的前列，在数字经济合作方面与东南亚保持着密切关联，通过电商带动经济增长，在后疫情时代实现脱贫，是中国和东南亚国家共同的愿景。针对东南亚各国发展极度不平衡的问题，未来双方应该制定更具针对性的差异化发展策略，对于老挝、缅甸、柬埔寨这类极度欠发达区域，侧重关注通信网络的建设，对于较为发达的经济体则可以重点推进大数据、5G等新兴数字领域的合作。"一带一路"倡议通过向落后区域供给数字技术产品开辟出一条新时代"数字丝绸之路"，帮助东南亚国家应对全球经济大势，通过释放数字经济活力激活贫困区域的"造血"功能。

（三）传播文化理念，形塑减贫共识

贫困是东南亚区域面临的严峻挑战，若单凭其自身的力量难以真正实现脱贫，且容易面临效率低、周期长的问题，因此争取国际力量共同参与贫困治理是东南亚区域的优先选择，"一带一路"倡议正与该区域的诉求相契合，这就需要完善双边机制，达成减贫合作共识。东南亚可依托"一带一路"减贫国际合作论坛、中国—东盟（10+1）领导人会议等高层论坛开展共商共建，通过加强政策沟通寻找贫困治理的共同点和利益的交叉点，增进相互理解与信任，最终达成政治共识，为"一带一路"助推贫困治理提供坚实的政治基础与引导作用。2012 年由泰国首次提出的澜湄合作，发展至今已培育出成熟的中国—东盟战略伙伴关系，该机制以减贫为导向，将互联互通、产能、跨境经济、水资源和农业减贫作为合作优先领域，实现与"一带一路"倡议的对接，对推动全方位反贫困合作起到了重要的助推作用。中方始终坚持平等互信、包容互鉴、合作共赢的理念，顺应了和平求发展的时代潮流，不仅符合双方共同的利益，更能将合作红利惠及低收入人群。

教育是文化理念传播的载体，"一带一路"通过开展广泛的人文交流，促进中国与东南亚区域民心相通，培育合作默契的重要举措。中国与"一带一路"国家签署多项教育双边合作协议及学历学位互认协议，东南亚是中国近邻，处于亚洲文化圈，这种交融互通性使得中国与东南亚区域之间的留学规模不断扩大，对于推动教学与研究领域的互学互鉴及民心相通皆具有现实意义。教育是脱贫的根本，对人的能力与知识投资收益率远大于对物的投资收益率，这是贫困治理的关键环节。① 通过教育促进文化理念的传播与科学认知发展提升人力资本，能够促进贫困治理的可持续性发展。

总之，目前全球传统与非传统安全问题凸显，贫困治理成为中国与东南亚开展国际合作的重要领域。基于"一带一路"倡议的区域性公共产品供给，为助推东南亚贫困治理打下了坚实的基础。基于东南亚各国宗教文化、政治状况等现实因素，系统分析制约当地经济发展的困境并进行政策设计，通过构建国家间安全机制营造包容性减贫环境，为减贫工作的具体落实奠定基础。在全球安全倡议的框架下完善公共服务及社会保障体系，有效避免赤贫人口造成的"贫困—冲突—贫困"恶性循环，促进减贫成果惠及社会底层人群，助推贫困区域经济协调增长。由此可见，区域性公共产品的有效供给着眼于解决民生问题，促进国家间的相互信任合作，协调推进区域贫困治理，通过消除贫困实现区域合作的互利共赢。

---

① 陈辉. 公共行政分析 [M]. 南京：南京师范大学出版社，2016：197.

参考文献

[1] [印度] 阿比吉特·班纳吉, 埃斯特·迪佛洛. 贫穷的本质 [M]. 北京: 中信出版社, 2018.

[2] [英] 安格斯·迪顿. 逃离不平等: 健康、财富及不平等的起源 [M]. 北京: 中信出版社, 2014.

[3] 樊勇明. 从国际公共产品到区域性公共产品——区域合作理论的新增长点 [J]. 世界经济与政治, 2010 (1): 143-152.

[4] 吴良, 钟帅, BOUDMYXAY Khampheng, 等. "一带一路" 倡议背景下东南亚贫困及减贫开发模式研究 [J]. 科技促进发展, 2017, 13 (6): 463-471.

[5] 黄河. 区域性公共产品: 东亚区域合作的新动力 [J]. 南京师大学报 (社会科学版), 2010 (3): 62-68.

[6] 万秀丽, 刘登辉. "一带一路" 建设中推动沿线国家减贫面临的挑战及对策 [J]. 广西社会科学, 2020 (7): 52-59.

[7] 毕海东. "一带一路" 在东南亚面临的地缘政治风险与中国的政策选择 [J]. 战略决策研究, 2016, 7 (2): 54-68.

[8] 陈辉. 公共行政分析 [M]. 南京: 南京师范大学出版社, 2016.

共建"一带一路"视域下
俄罗斯贫困治理新进展

晏月平　谭智雄*

摘　要：贫困治理是俄罗斯社会发展与治理中的重点和难点，关系到该国发展的全局。当前俄罗斯社会的贫困率在波动中下降，社会贫富差距较大，贫困群体居于较低的劳动力市场地位，且该国贫困程度受新冠疫情影响较大。近几年来，俄罗斯通过加入"一带一路"扩大了双赢局面，以及实施积极的人口政策、推进数字化转型、完善社会保障体系与努力发挥社会组织作用等具体措施，有效地促进了减贫进程。但当前俄罗斯贫困治理仍然面临着经济发展困境、国际争端与复杂的国际形势等强作用力，以及该国社会保障制度缺陷所带来的制约，其贫困治理仍在进行时，尚需进一步努力。

关键词："一带一路"；俄罗斯；贫困治理；新进展

贫困治理是世界性难题，其治理成效关乎人类的生存和发展。尤其是近几年来受到全球新冠疫情与贸易摩擦加剧等因素影响，世界经济持续下行，贫困问题困扰着全球大多数国家。联合国自1993年起把每年10月17日定为国际消除贫困日，呼吁各国政府应高度重视贫困问题。联合国发布的《2022年可持续发展目标报告》显示，2020年全球陷入极端贫困的人口新增9300万人，2021年全球极端贫困人口从2019年的8.12亿人上升至8.89亿人，出现了全球性返贫苗头。由此可见，消除各种形式的贫困仍然是全人类面临的最大挑战之一。

---

* 晏月平，云南大学民族学与社会学学院教授、博士生导师，主要研究方向：人口经济与社会发展；谭智雄，云南大学民族学与社会学学院硕士研究生，主要研究方向：人口社会学。

　　"一带一路"成员国的贫困治理是全球减贫大业的重要组成部分。"一带一路"倡议是在世界经济发展缓慢与经济全球化逆流危机等背景下提出的，贫困治理就是该倡议中的重要议题，把减贫作为世纪愿景。自 2013 年中国政府提出"一带一路"倡议以来，各国家积极开展各种形式的合作，对促进各国经济发展、改善人民生活水平与推动贫困治理进程等作出了积极且重要贡献。世界银行研究报告指出，预计到 2030 年，共建"一带一路"将使全球 760 万人摆脱极端贫困、3200 万人摆脱中度贫困。

　　俄罗斯的贫困治理是"一带一路"减贫进程的重要推动因素，是全球贫困治理的重要组成部分。该国作为全球国土面积最大的国家及亚欧大陆地缘政治格局的支柱性力量，在"一带一路"倡议中拥有关键与核心地位，一定程度上，其贫困治理进程影响着全球减贫发展进程。2018 年，俄罗斯总统普京提出了在未来六年使该国贫困程度至少减半的目标。2019 年，普京再次强调，必须高度关注贫困问题。2020 年，普京又提出扩大国家在试点地区推行的减贫方案，并明确提出要将消除贫困作为地方官员的政绩评估指标。普京同时要求特别监测国家贫困发展状况及 2030 年贫困人口减半国家目标的进展情况。可以说，贫困治理已成为当前俄罗斯社会面临的重大课题与难题。

一、贫困的界定与分类

　　贫困是一个综合概念，1998 年诺贝尔经济学奖获得者阿玛蒂亚·森认为：贫困的真正含义是贫困人口创造收入的能力和机会的贫困。人类对贫困问题的研究涉及经济、政治与文化等多方面，在不同国家及不同发展阶段，贫困有着不同的内涵与界定标准。当前对贫困的界定与分类主要包含绝对贫困、相对贫困、主观贫困和多维贫困。

（一）绝对贫困

　　绝对贫困这一概念是由 19 世纪 90 年代英国学者朗特里提出来的，是人类认识贫困的初始阶段。绝对贫困是指个人和家庭在一定社会生活方式与生产方式下依靠其劳动所得和其他合法收入不能维持其基本的生存需要。[①]绝对贫困的界定以绝对贫困线为准，绝对贫困线在俄罗斯被称为"最低生

---

　　①　S. Rowntree, Poverty: AStudyofTownLife, London: Macmillan, 1901, p. 103.

活保障""最低消费篮子""最低消费预算""最低生活保障极限""最低生活标准"等。根据 1997 年俄罗斯颁布的《俄罗斯联邦最低生活保障法》的解释,绝对贫困线是指在社会发展阶段不能保障居民最起码的生活条件与维持人的劳动能力和健康所需要的费用。

国际上确定绝对贫困线的方法包括标准预算法、马丁法、恩格尔系数法和数学模型法等。俄罗斯采用的是标准预算法,即根据人们生存的需要制定贫困线,将贫困率定义为收入低于维持生计水平(绝对贫困线)的比例,每季度计算一次。标准预算法亦称标准法、市场菜篮子法或营养构成法等,是传统的计算贫困线的方法。根据这一方法进行统计,2022 年第四季度,俄罗斯有 1160 万人口生活在贫困线以下,比 2021 年同期减少了 800 万人,贫困率为 7.9%。[①]

(二)相对贫困

相对贫困的概念是 20 世纪 70 年代由经济学者提出的,是个人或家庭与社会平均水平相比其收入少到一定程度时维持的社会生活状况,是在满足绝对贫困线的前提下无法满足当地条件下被认为是最基本的其他生活需求的状态。相对贫困基于两个理论假设:一是在价值观念上认为人的需要同时包含物质与精神文化两个层面,二是在物质上认为生活必需品的数量与质量标准在不断变化。部分国家把低于平均收入 40% 的人口归于相对贫困人口;世界银行则认为,收入等于或少于平均收入 1/3 的社会成员便可视为相对贫困人口。

相对贫困的界定以相对贫困线为准,相对贫困线的确定方法有三种:第一种方法是收支对照法,即通过降低恩格尔系数和提高绝对贫困线水平来制定。国际上通常认为,恩格尔系数在 50%~60% 为勉强度日阶层,60% 以上为绝对贫困阶层;而在俄罗斯,恩格尔系数在 50% 以上即为贫困阶层。第二种方法是收入比例法,即把贫困线规定为占非贫困家庭平均收入的某个百分比,国际上通常把占总人口数 20% 的最低收入人口作为扶贫对象。第三种方法是国际贫困线标准。[②] 世界银行使用基于购买力平价的汇率将其选取的 15 个最贫穷国家的贫困率转换成美元,通过计算将贫困线设定在人

---

① 数据来源:俄罗斯联邦统计局。

② 马蔚云. 俄罗斯贫困线:基本概念与测定方法 [J]. 俄罗斯中亚东欧研究,2008,164(5):26-32,95.

日均 1 美元左右, 2005 年世界银行将国际贫困线上调到人日均 1.25 美元, 2015 年又提高至人日均 1.9 美元。2021 年俄罗斯政府对计算贫困和最低生活保障的制度进行了改革, 制定相对贫困线, 以人均收入中位数的 44.2% 计算最低生活费, 每年计算一次, 2021 年之后的贫困人口数据在不同的计算方法之下与前期不再具有可比性。

(三) 主观贫困与多维贫困

主观贫困是从价值判断和社会评价的角度定义与界定贫困, 是个体对自我贫困状况的评价, 个体意见决定了主观贫困线的高低。在俄罗斯, 主观贫困线测度工作由全俄舆论调查中心与列瓦达分析中心负责。列瓦达分析中心的民调数据显示, 2021 年, 俄罗斯认为自己家庭境况非常艰难的受访者占比为 44%。全俄舆情调查中心的民调数据显示, 2021 年俄罗斯持积极态度的受访者占 45%, 持负面态度的受访者占 53%, 二者相差 8%。俄罗斯人认为 2021 年的年度关键词为"冠状病毒"(38%)、"物价上涨"(34%)、"收入减少"(21%) 等, 俄罗斯民众对于整个国家的现状仍存在较为强烈的不满, 持消极评价的受访者要比持积极态度的受访者多 53%, 即 -53 分, 而且仍有 48% 的受访者认为整个国家"相对困难", 24% 的受访者认为"糟糕, 非常困难"。

多维贫困是对绝对贫困、相对贫困和主观贫困的补充与整合, 是指人的贫困包括收入贫困与可接入基础设施所提供的服务 (如道路、自来水、卫生设施)、获得的保障与社会福利, 以及这些福利的主观感受的贫困。[①] 多维贫困由多维贫困指数来衡量, 多维贫困指数 (Multidimensional Poverty Index, MPI) 由联合国开发计划署 (UNDP) 和牛津大学贫困与人类发展计划联合制定, 主要从健康、教育和生活水平这三个与人们日常生活密切相关的角度来衡量贫困。北京—联合国开发计划署于 2021 年 10 月 7 日发布了《2021 年全球多维贫困指数》报告, 根据对全球多维贫困指数的最新分析, 许多国家的不同族群间一直存在明显的多维贫困差距, 其中 9 个族群中的贫困人口高达 90% 以上, 在调查覆盖的 109 个国家的 59 亿人中, 13 亿人处于多维贫困状态。对于俄罗斯来说, 这是一种非主流的贫困界定标准, 目前尚未有学者进行相关的研究。

---

① 丁建军. 多维贫困的理论基础、测度方法及实践进展 [J]. 西部论坛, 2014, 24 (1): 61-70.

综上所述，贫困的种类与界定方法多种多样，大致经历了一个从缺失到完整、从单一到多元的发展过程，俄罗斯的贫困界定也在随着国情的变化而不断调整，使其符合自身的发展规律，尽可能全面客观、充分地反映该国的贫困治理状况。

二、俄罗斯的贫困状况及特点

俄罗斯的贫困问题由来已久，其贫困状况从苏联解体到进入 21 世纪，再到加入"一带一路"倡议过程中均发生了诸多变化。通过一系列统计数据与民意调查可以发现，俄罗斯的贫困率随时间发展呈现波动式下降，居民收入在这一过程中起到了重要作用，巨大的贫富差距与新冠疫情的暴发更是放大了上述影响，促使俄罗斯贫困状况在整体有所改善的情况下，一定时期内还出现了贫困发生率的提升。

（一）贫困率在波动中下降

俄罗斯社会的贫困状况受到其国内社会发展状况与国外经济政治环境的共同影响，无论是从年度还是从季度看，其贫困率均保持着波动下降的发展态势。

从年度贫困率来看：按 2011 年平价每天 1.9 美元衡量的贫穷人口比例衡量，俄罗斯贫困率除了 2003—2005 年有过短暂上升外，其余年份均不断下降，且 2017 年及之后一直为零；按 2017 年平价每天 3.65 美元与 6.85 美元标准衡量，20 世纪末的贫困率上升较为明显，但进入 21 世纪之后基本呈下降趋势；按国家贫困线衡量的贫困人口比例衡量，俄罗斯贫困人口在 2005 年、2008 年、2011 年、2014 年、2015 年均出现了一定程度的上升，其余年份则呈现不同程度地下降（见图 1）。

从季度贫困线来看：俄罗斯联邦国家统计局的公开信息显示，2021 年俄罗斯贫困人口数量为 1600 万人，贫困人口比例为 11%，第一季度到第四季度的贫困人口比例分别为 14.2%、12.5%、11.0%与 8.5%；2022 年俄罗斯人口总数约为 14674 万人，其中贫困人口数量约为 1530 万人，贫困人口比例进一步降至 10.5%左右，第一季度到第四季度的贫困人口比例依次为 14.3%、12.1%、10.5%与 7.9%，2022 年第一季度的贫困率高于 2021 年第四季度，而同一年内四个季度的贫困率在依次降低（见表 1）。

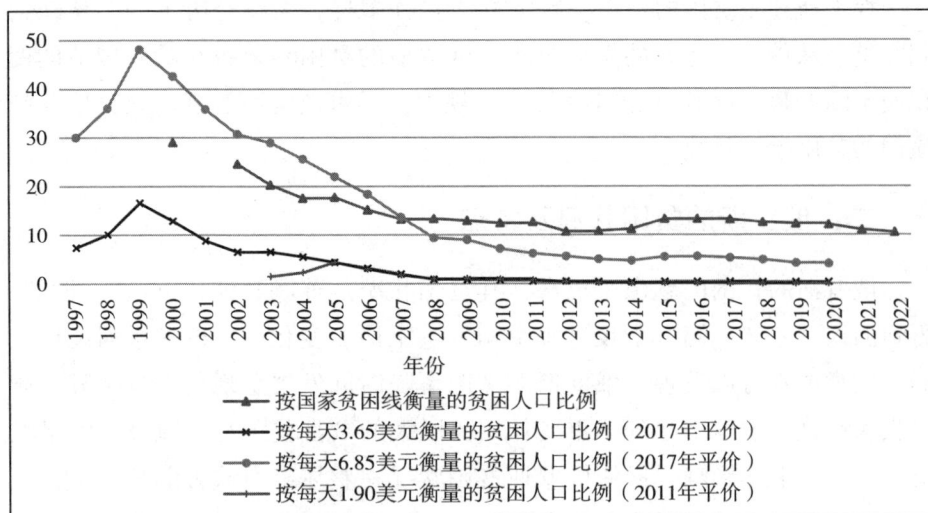

图 1　1997—2022 年不同标准下的俄罗斯贫困人口比例变化

数据来源：世界银行数据库。[①]

表 1　2021—2022 年俄罗斯各季度贫困人口数量与贫困人口比例

季度	2021 年		2022 年	
	贫困人口数量/百万	贫困人口比例/%	贫困人口数量/百万	贫困人口比例/%
第一季度	20.8	14.2	20.9	14.3
第二季度	18.2	12.5	17.6	12.1
第三季度	16.0	11.0	15.3	10.5
第四季度	12.4	8.5	11.6	7.9

数据来源：俄罗斯联邦国家统计局。[①]

（二）贫困群体的劳动力市场地位普遍较低

收入水平与消费水平是衡量贫困状况最直接的因素。俄罗斯人均 GDP 与人均居民最终消费支出受国家政策与社会发展状况的影响，从 1997 年到

---

　　① https：//data. worldbank. org. cn/country/；俄罗斯联邦国家统计局. https：//eng. rosstat. gov. ru/sdg/data/goal1.

　　② https：//eng. rosstat. gov. ru/sdg/data/goal1.

2021年变化幅度比较大。该国人均 GDP 在 1998 年、2009 年、2014 年、2015 年与 2020 年均出现了负增长,其他年份则呈现不同程度的正增长;人均居民最终消费支出的变化趋势明显受到人均 GDP 变化趋势的影响,略微滞后于人均 GDP 的增长趋势。收入的增加刺激消费,收入与消费的变化在一定程度上反映出了贫困人口比例的增减,如 2012—2015 年、2018—2020 年俄罗斯的人均 GDP 与人均居民最终消费支出均处于下降状态,同时上述年份的贫困人口比例也在不断上升;2015—2018 年,俄罗斯人均 GDP 与人均居民最终消费支出均处于上升状态,同时该时期内贫困人口的比例也在不断下降(见图 2)。

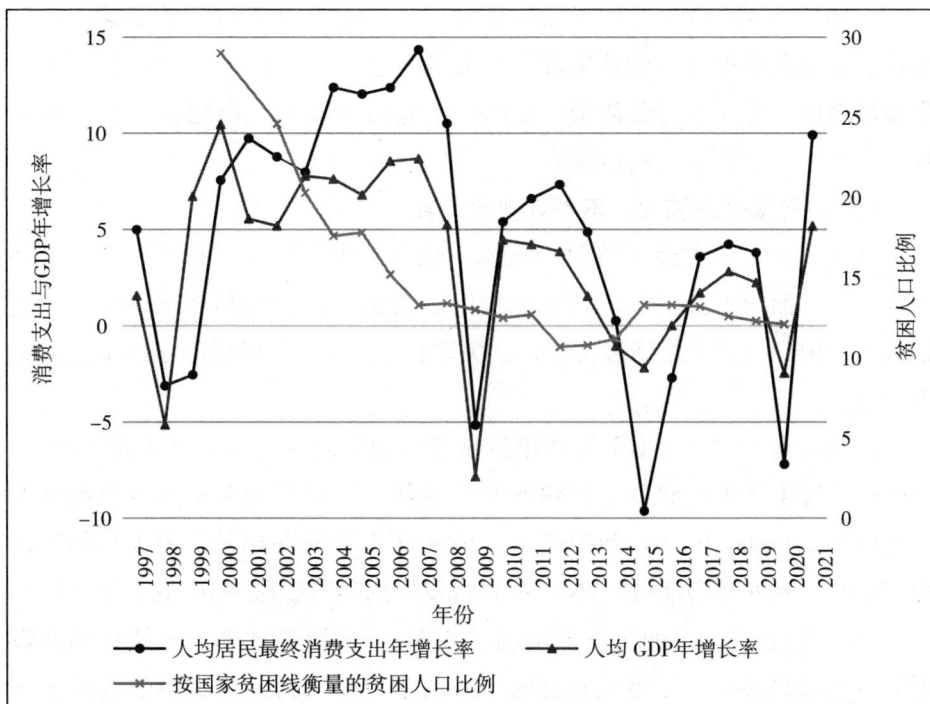

图 2 1997—2021 年俄罗斯人均 GDP、人均居民最终消费支出与贫困人口比例变化

数据来源:世界银行数据库。[①]

居民收入水平、消费结构与就业状况密不可分,人们陷入贫困的风险取决于个人的有效就业能力。较低的劳动力市场地位既是俄罗斯贫困群体

---

① https://data.worldbank.org.cn/country/.

致贫的重要原因,也是其主要特点之一。具体来看,俄罗斯的多子女家庭、失业者、患病者和低薪酬劳动者所占比例最大。首先,俄罗斯低收入贫困家庭的人口数量普遍较多,而其数量差异主要在于未成年子女的数量。其次,2019 年,俄罗斯 15~64 岁劳动力的参与率为 73.96%,2021 年该国失业人口占总人口比例为 4.72%,更多无业劳动人口一定程度上就成为社会的负担;除此之外,俄罗斯贫困人口大多身体健康状况较差,该国营养不良发生率自 2004 年开始一直稳定在 2.5%,虽然没有比重上的增加,但数量在不断增长。最后,俄罗斯贫困群体中大多为低薪酬劳动者,工资性收入较低。

上述各项因素综合导致了俄罗斯贫困人口长期处于较低的劳动力市场地位,难以获得更多的就业资源与更好的机会,从而陷入了"较低的劳动力市场地位—低收入与低消费—贫困—较低的劳动力市场地位"的恶性循环中。

(三)贫富差距较大,不平等现象严重

贫富分化是一个经济与政治概念,包含权力、政策、制度等在收入和财富分配方面的不公平性。贫富两极中的贫困一极既包括经济贫困,又包括权利贫困,且二者之间存在密切的关联性[①],这里主要指的是经济上的贫困内涵。

俄罗斯是全球社会不平等现象最显著的国家之一,贫富分化较为严重。该国科学院生活水平和质量问题实验室主任、欧洲联盟劳动经济学科学中心主任 Vyacheslav Bobkov 教授表示,2014 年俄罗斯联邦最贫困人口的比例为 13.7%,2020 年达到 17.2%,而且俄罗斯的通货膨胀率在 2022 年底达到了 11.94%,但劳动者的工资只增加了 6.3%。俄罗斯联邦国家统计局的数据显示,2022 年第二季度最富有的 10% 的俄罗斯人占人口货币收入的 30%(第二季度这些收入总计达 19.4 万亿卢布)。只有 2% 的总收入集中在最贫穷的 10% 的公民手中。而最富有的俄罗斯人的平均收入达到了 13.292 万卢布,这比最贫穷的 10% 的平均收入高出了 15 倍,后者仅为 0.886 万卢布(即 8861 卢布),比维持生计的水平低了近 40%。

根据 2021 年俄罗斯的民调数据,在"俄罗斯社会进一步发展过程中最

---

① 刘春怡. 俄罗斯贫困阶层的特征与分布 [J]. 人民论坛, 2017, 553 (11): 110-111.

迫切需要解决的任务"中,"严厉打击腐败"(近40%)、"缓解社会不平等"(37%)、"增加在社会保障领域(医疗、教育等)的预算分配"排名前三,超过一半的受访者(51%)将"社会公正"放在了首位。2021年俄罗斯科学院社会学研究所的一项研究表明,在俄罗斯人认为国家未来应建立的价值观清单中,社会正义位居首位,每两个俄罗斯人中就有一个认为俄罗斯的社会正义水平近年来没有改变,1/3的人认为情况变得更为糟糕。2022年,全俄民意研究中心(VTSIOM)的一项民意调查显示,分层问题与20世纪90年代初一样重要:大约70%的俄罗斯人认为不平等太严重,而30年前几乎有80%的人这么认为。根据法国科学家菲利普·诺科梅特的说法,俄罗斯1%的超级富豪掌握着全国43%~56%的货币资源,这是世界上最高的数字。

总之,大量不平等现象的事实促进了俄罗斯贫困特性的逐步形成,不解决这些基本问题,解决贫困就无从谈起。① 俄罗斯社会贫富分化的减小不仅是与贫困作斗争的条件,还是其生存条件。

(四)新冠疫情加深了贫困程度

新冠疫情是2020年全球性的突发事件,给各国经济与社会发展带来了巨大的冲击,引起了防疫物资供给安全风险与国际化生产供应链断裂风险,使各国经济与社会发生了深刻的变革。针对俄罗斯的贫困状况,新冠疫情对其影响巨大而深远。有数据显示,2020年该国人均GDP为10169.09美元,与2019年的11536.25美元相比下降了1367.16美元,降幅较大。且2019年该国人均GDP高于世界人均GDP的10883.08美元,2020年则比世界人均GDP水平低了713.99美元(见图3),可见新冠疫情对俄罗斯经济的影响至深。

具体来看,疫情对俄罗斯贫困状况的加深主要体现在三个方面:首先,因新冠疫情而实施的长期禁足和防疫隔离限制措施,这些措施虽然在一定程度上减缓了疫情的严重程度,但也导致了俄罗斯社会经济活动一度陷入低迷或停顿。在居民收入减少的同时消费需求也随着减少,需求下降后又抑制了生产,经济复苏的需求条件更为恶化,从而形成恶性循环。其次,新冠疫情的发生使俄罗斯与诸多国家性项目被迫中断,不但生产与投资呈

---

① [俄]K·Goulin. 俄罗斯居民的不平等和贫困问题 [J]. 江西社会科学, 2012 (9).

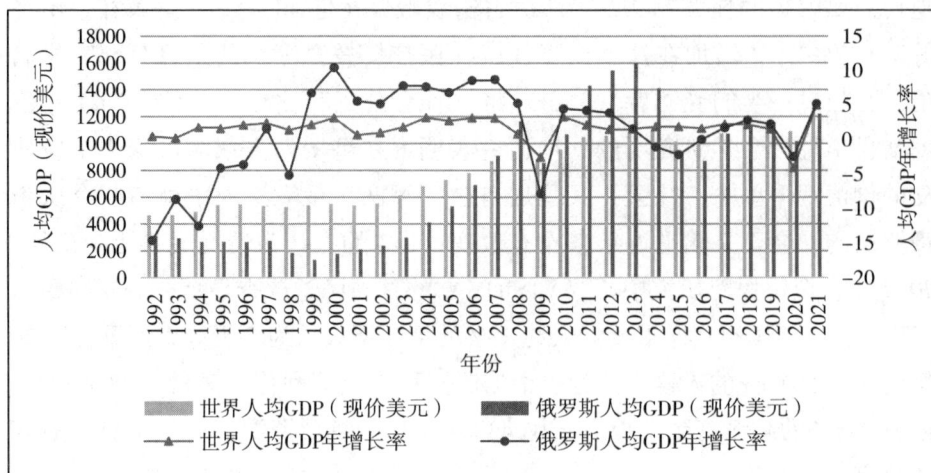

图3 世界与俄罗斯人均 GDP 及增长率

数据来源：世界银行数据库。①

现巨幅下降，其社会保障措施也遭遇了巨大危机。最后，全球新冠疫情的暴发使各国经济陷入衰退，引发能源等大宗商品价格下降，使俄罗斯能源出口收入大幅减少，从而降低了投资和政府公共支出的资金投入，深刻影响了国家转移支付。

三、俄罗斯贫困治理的主要措施与新进展

贫困治理是以国家为主导，整合各种社会力量与社会资源对贫困群体进行帮扶的过程。俄罗斯加入"一带一路"大家庭以来，为了减少贫困，该国政府采取了诸如完善政策机制与协调各种社会力量等行之有效的举措。俄罗斯的贫困率从 2016 年开始逐年下降，贫困治理成效稳步显现，彰显了其贫困治理措施的强大力量。

（一）加入"一带一路"，借外力打破减贫僵局

2012 年，俄罗斯贫困率降到 2021 年前的历史最低点（10.7%），之后几年贫困率不断上升，且幅度较大，2015 年升到 13.3%，社会面临着极为严峻的贫困状况。2016 年 6 月，中俄两国元首签署《中华人民共和国和俄罗斯联邦联合声明》，开启了"一带一路"倡议下的广泛与深化合作。多年

---

① https://data.worldbank.org.cn/country/.

来,在中俄元首的政治引领下,中俄共建"一带一路"从蓝图变成实景,双方合作不断走深走实,成为造福中俄两国的"发展带"、惠及人民的"幸福路"。对俄罗斯来说,加入"一带一路"使其远东地区与我国东北地区形成了更为紧密的合作关系,双方合作领域不断扩大、合作质量显著提升、合作范围不断拓展,有力地提振了国内经济发展。此外,俄罗斯加入"一带一路"大大地促进了该国远东与西伯利亚地区的发展,使其地广人稀的区域得到更多发展机会。再者,中俄两国进一步加深了双方的经贸关系,使得双方投资规模不断增长。俄罗斯借助这一渠道开拓了与"一带一路"其他国家新的合作领域。①

俄罗斯的远东与西伯利亚地区经济发展一向较为落后,加入"一带一路"不仅促进了该国地区差异的缩小与发展均衡,还促进了国家与居民增收,打破了新冠疫情暴发与西方国家对俄罗斯实行经济制裁造成的发展僵局,大大地推动了俄罗斯贫困治理的常态化发展进程。

(二) 实施积极的人口政策,促进多子女家庭发展

俄罗斯的贫困群体多数为多子女家庭,沉重的抚养负担是导致大家庭致贫的重要原因。20 世纪 40 年代和 90 年代人口生育低潮的叠加让俄罗斯人口出生率降低,甚至出现人口持续减少的局面。② 根据俄罗斯联邦国家统计局和经济发展部的预测,该国人口到 2030 年才有望出现正增长③,2020—2024 年俄罗斯人口将减少 120 万人以上,沉重的抚养负担使得人们不愿意生育。

2020 年,俄罗斯推出了针对 3~7 岁孩子的补助,平均额度为每月 5650~11300 卢布。2021 年 7 月 1 日,俄罗斯政府又推出了一系列支持有子女家庭的社会政策,目标是将有子女家庭的贫困风险降到最低。针对父母一方单独抚养孩子的家庭,抚养方有权获得抚养费。此类家庭中的 8~16 岁的孩子将会获得平均每月 5650 卢布的补助。政府还帮助那些正在怀孕并同时遇到经济困难的女性,准妈妈会得到国家和社会的帮助(平均额度为每月 6350 卢布),以确保她能抚养婴儿长大。2021 年 9 月,俄罗斯政府再一

---

① 王冠男. 俄罗斯对"一带一路"倡议的认知与外交政策研究 [D]. 长春: 吉林大学, 2020.
② 2021 年 10 月 15 日至 11 月 14 日,俄罗斯进行全俄人口普查,这是俄罗斯历史上第 12 次人口普查,也是第一次数字化人口普查。
③ Правительство резко ухудшило прогноз по убыли населения России, https://www.rbc.ru/economics/2020/10/15/5f8846b39a7947323dcb06c5.

次向有学龄前儿童的家庭支付一次性补助,每个家庭 1 万卢布。① 除了向有子女家庭直接发放补助的措施,俄罗斯还在教育、卫生健康等各领域建构系统性工程。在 2021 年的国情咨文中,普京呼吁州长们建立综合诊所、幼儿园、学校和就业中心。到 2024 年底,俄罗斯将新建 1300 所学校,能够容纳超过 100 万名儿童,采购至少 1.6 万辆安全的现代校车。

俄罗斯实施的积极人口政策有力地推动了其贫困治理进程。一方面,政府提供的生活补助与一系列福利措施直接改善了俄罗斯低收入人口的生活状况,持续不断地提高了贫困人口的生活水平,对贫困人口脱贫与防止脱贫人口返贫作用巨大。另一方面,积极的人口政策缓解了俄罗斯人口负增长的局面,有利于社会经济的长期发展,间接地促进了人民增收,推动了国家贫困治理进程。

(三) 社会转型推动了贫困数字化治理

从广义上看,数字经济是数字化赋能产业升级所产生的经济效应,包括 ICT 产业等数字经济核心产业、利用数字工具进行的经济活动,以及 ICT 产业赋能农业、工业、服务业所产生的贡献,即数字化农业、数字化工业和数字化服务业。②

2021 年,俄罗斯出现了包括志愿者协会、司机协会与生态保护协会等团体的平台,传统的社会组织和联合会转移至线上,成为虚拟空间自组织社群。典型案例之一发生在 2020 年新冠疫情期间,莫斯科一所名为"莫斯科父母"的学校在成立后规模迅速扩大,之后甚至成为一项社会运动,不断与官方机构进行互动。俄罗斯各个层级的政府机构都会在网络社区和社交网络上积极地与民众交换意见,社交网络逐渐成为各级政府十分重视的交流平台,在平台上可以实时形成对其活动的公众评估。截至 2020 年底,俄罗斯所有的联邦主体已经全部建立起了地区治理中心(ЦУР)。这一机构在建立后就一直积极开展工作,不断地在线上组织民众与官员间的亲密互动,仅 2021 年接手处理的案情就超过 200 万件。通过该中心的平台,可以快速发现该地区贫困人口对各个领域的诉求,根据各地区的情况形成反映

① 俄联邦社会院在 2021 年 9—10 月进行了"家庭政策:家庭和儿童眼中的支持措施"社会调查。调查结果显示,家长和儿童认为最有效的措施是向有学生的家庭支付 10000 卢布的补贴(59%),其次是设立针对第二个孩子的母亲基金(материскийкапитал)(44%)。
② 续继. 国内外数字经济规模测算方法总结 [J]. 信息通信技术与政策,2019,303(9):78-81.

社会经济状况和贫困治理状况的分析报告。2020 年,《2024 年以前数字转型战略》陆续在全国各地获得批准,数字化优化了贫困治理的流程,提高了国家公共服务的质量和效率,改善了该国民众福祉和生活质量。数字化平台作为与民众直接交往的渠道,成为其促进贫困治理的重要保障。

此外,为了应对互联网空间的网络欺诈、网络谣言、社会排斥等现象,普京总统于 2020 年底指示俄罗斯政府和公民社会发展与人权委员会制定在数字空间保护人权的草案;2021 年 9 月,俄罗斯的互联网公司、媒体、电信公司签署了《互联网儿童安全宪章》①;2021 年前 9 个月,俄罗斯通信监察局(Роскомнадзор)封锁或删除了 4 万多个违禁链接,该值是 2020 年的 1.5 倍;2021 年,追究行政责任的案件数量有所增加。俄罗斯促进社会数字化稳定转型的措施推动了政府进一步为贫困人口提供线上服务,促进了贫困群体生活问题的解决与诉求的满足,提高了贫困群体的生活满意度与幸福感,有力地提升了国家贫困治理的效率。

(四)完善社会保障体系,为贫困人口保驾护航

作为现代国家最重要的基本制度之一,社会保障体系在保障全体社会成员的基本生存与生活需要上发挥着不可替代的作用,同时更满足了弱势群体在面临生活困境时的特殊需要。国家通过收入分配和再分配实现社会保障,通过不同性质、形式和作用的社会保险、社会福利、社会救助、社会优抚和安置等社会保障制度构成社会保障体系。社会保障体系在贫困治理中的作用巨大,现代国家的贫困治理必须制定社会保障法制规范,确保其真正得到贯彻实施。俄罗斯的社会保障体系包括失业保障制度、医疗保险制度、养老保障制度、社会福利及社会救济制度四大板块。②

一是失业保障制度。大范围、深层次的失业问题长期影响着俄罗斯的经济发展和社会稳定。20 世纪 90 年代末,全俄罗斯有 600 余万人失业,一直到 20 多年后的 2020 年,俄罗斯失业人数仍占 15~64 岁劳动力人口的 5.59%,是 2012 年以来失业率的峰值。为了解决就业问题,俄罗斯政府制定并实施了失业保障制度。失业保障制度的补助群体包含 16~59 岁的男性、

---

① Российские интернет-компании подписали хартию по безопасности детей в Сети, https://ria.ru/2021/09/01/bezopasnost-1748150721.html.

② 丁奕宁,魏云娜. 俄罗斯社会保障体系发展的研究与启示 [J]. 当代经济,2019,494(2):139-141.

16~54岁的女性，以及非自愿失业的劳动者。此外，俄罗斯在全国各地设立各种培训机构，并规定不参加培训就无就业补贴，或者向一些失业者发放以助学金为名义的失业救济金，推动失业人口尽快再就业。俄罗斯失业保障制度的完善与实施促进了贫困人口的就业与再就业，提高了贫困人口的生活水平，缩小了国家的贫富差距。

二是医疗保险制度。1991年7月，俄罗斯通过并实施了《俄罗斯联邦公民医疗保险法》，实行强制医疗保险和自愿医疗保险。20世纪以来，俄罗斯公共医疗服务比过去有了明显改善，主要表现在：一是显著增加了医疗支出，减少了人民的医疗费用；二是精简了医疗机构和医务人员，提高了医务人员的工资水平和医疗服务效率；三是改善了医疗基础设施。俄罗斯强制医疗保险和自愿医疗保险的完善与实施大大改善了贫困人口的健康状况，减轻了相当大比例的患病贫困群体的医药费用负担，在提高贫困人口身体素质的同时，也促进了贫困人口脱贫。

三是养老保障制度。俄罗斯把养老保障制度当作社保制度改革的关键环节，十分重视养老保障制度对贫困治理的影响。1991年12月，俄罗斯国家议会审议通过了《俄罗斯联邦养老基金法》，规定养老保险基金的来源由苏联时期的完全依赖国家和企业模式过渡到由国家、企业、劳动者共同负担，使其脱离预算而独立运行，各责任主体按比例上缴保险费用，现代俄罗斯的养老保障制度由此开始建立起来。近30年来，俄罗斯的养老保障制度经过了一系列切中要点的改革，建立了养老保险基金、扩大了养老保险覆盖范围、健全了基本养老金增长机制，以及提高了养老保险统筹层次，实现了由国家统包向市场调节与国家调控相结合、以保险为原则的新型养老保障制度的过渡。面对国家不断加深的人口老龄化进程，俄罗斯政府不仅把养老金缴费扩大到企业和职工个人，建立独立于国家预算的养老金制度，还设置了针对退休人员的平价商店。俄罗斯养老保障制度的完善与实施为贫困人口中的老年群体提供了生活助力，也减轻了贫困家庭的抚养负担。

四是社会福利及社会救济制度。除了失业保障制度、医疗保险制度与养老保障制度之外，俄罗斯联邦政府为保障人民的基本生存权益和维护社会的稳定和谐发展，还专门为社会弱势群体建立了各种福利设施，包括专门为残疾人、老年人和孤儿建立的各种类型的福利院，专门为孤寡老人建立的住房，部分具有收费性质的服务机构，等等。另外，政府还为社会弱势群体发放各种形式的救济与补助费，如丧失劳动能力或暂时失去劳动能力补助费、困难家庭子女补助费、孕妇补助费等。作为社会保障体系的补充，俄罗斯的社会福利及社会救济制度对贫困群体而言是最直接而高效的扶贫办法。

（五）发挥社会组织的作用，形成贫困治理合力

社会组织是公共关系的主体，是人们为了特定目标按照一定的宗旨与系统建立起来的共同活动集体。俄罗斯加入“一带一路”倡议共建以来，社会组织的发展速度非常迅猛，2020 年该国各类社会组织的最高增长率达 16.7%，每年增量达 1 万个以上。面对严峻的社会贫困问题，俄罗斯政府陆续出台了一系列政策，联合各类社会组织开展有效合作，在政府的有效监管和大力支持下共同朝实现反贫事业的目标迈进。[①] 可见，俄罗斯社会组织在国家贫困治理进程中的作用功不可没。

第一，社会组织为贫困群体提供生活保障与公共服务。一方面，俄罗斯社会组织在反贫事业中着眼于贫困群体的最底层，为贫困群体提供力所能及的帮助，为他们提供最基本的生存物资；同时，俄罗斯社会组织积极帮扶失业贫困人口，使他们能够摆脱生存危机。另一方面，俄罗斯的社会组织积极投入社会保障类公共服务的反贫困实践中。例如，新冠疫情期间接种新冠病毒疫苗已经成为社会保障的一个重要组成部分，社会组织为没有固定经济来源的流浪人员提供新冠病毒疫苗接种服务，既减轻了政府负担，又提升了接种效率。社会组织参与提供社会保障类公共服务，能以自身的优势弥补政府单一主体实施社会保障过程中的局限性，从而发挥助力扶贫、遏制返贫的作用。同时，社会组织能够提供的社会保障产品比政府的基础保障产品要丰富得多，且因为社会组织根植于社会基层，提供扶贫服务的效率较高，能快速对贫困群体的需求做出反应，实现高效扶贫。

第二，社会组织与贫困群体签订社会契约进行精准帮扶。俄罗斯充分发挥社会组织的作用，鼓励和支持社会组织与贫困主体签订社会契约，以实现对贫困群体较精准的帮扶。反贫困社会契约是指社会组织与贫困主体签订帮扶契约，双方明晰责任与义务。自 2018 年开始，社会契约逐步在俄

---

① 丁媛. 俄罗斯社会组织反贫困实践的主要路径及对我国的启示 [J]. 西伯利亚研究，2021，48（3）：41-49.

罗斯国内八个区域进行试点，俄罗斯官方预测，到 2024 年有 900 万来自低收入家庭的居民和单身贫困公民可通过签订社会契约的方式脱贫。老人、儿童、妇女和残疾失能等群体既是贫困人群的主要组成部分，又是贫困治理的重点人群。对这一群体而言，社会契约的签订无疑为其提供了一个强有力的保障。相较于政府直接进行利益分配的扶贫方式，这种扶贫方式更有利于激发贫困主体的内生动力，从而促进脱贫减困的可持续性。

第三，社会组织为贫困群体带来外部援助。贫困治理是一项长期而复杂艰巨的工作，不仅需要国家政策的统筹规划，还需要雄厚的资金支持。2020 年新冠疫情的暴发与 2022 年俄乌冲突的出现，使得俄罗斯本就捉襟见肘的扶贫资金更加匮乏，争取国际援助成为其实现减贫的重要途径。一方面，近年来，俄罗斯社会组织积极地多方争取国际非政府组织和以联合国和世界银行为代表的多边国际性开发组织的扶贫资金项目援助，从而集聚国际资本助力解决本国的社会贫困治理问题。另一方面，俄罗斯社会组织积极参与国际反贫合作。例如，2019 年，莫斯科华侨华人联合会和俄罗斯胜利继承者国际联盟共同主办了关爱俄罗斯"二战"老兵的活动，客观上对陷入贫困的"二战"老兵起到了救助作用。

四、俄罗斯贫困治理面临的挑战

贫困治理实践的成效、国家经济社会发展状况与国家贫困治理能力息息相关。贫困治理需要高效的政府，需要完善的市场机制，更需要社会力量的充分发展。[①] 在"一带一路"倡议的合作实践，以及与俄罗斯政府和社会力量的共同作用下，当前俄罗斯贫困治理已取得了一定进展，但由于其农村地区呈现低水平发展、社会保障体系缺陷明显及国内外政治经济环境的影响，俄罗斯贫困治理还面临着一系列挑战。

（一）农村地区发展滞后阻碍了贫困治理全面推进

俄罗斯由于贫富分化十分严重，社会不平等现象较为明显，落后的农村地区集聚着大部分的贫困人口，也是国家减贫工作的重点区域。为推动农村地区的贫困治理，俄罗斯政府推出了一系列战略规划，比如实施《2030 年前俄联邦农村地区稳定发展战略》等。相关战略规划的实施一定程

---

① 雷明，姚昕言，等. 贫困与贫困治理：来自中国的实践（1978~2018）[M]. 北京：经济科学出版社，2019：82.

度上促进了俄罗斯减贫事业的发展，但由于人口结构失衡、住房和公共服务水平与城市相距甚远、农村地区产业结构单一等诸多问题并未得到根本性解决，低发展水平的农村地区阻碍了国家整体贫困治理的进程。

从住房条件看，俄罗斯农民的住房中自建房占 80% 以上。存量住房平均房龄为 50 多年，最老的甚至建于 19 世纪中期，其中尤其以莫斯科州农村贫困地区的住房最为老旧。从公共服务水平看，不发达地区的农村居民难以享受诸如交通、通信等应有的社会服务，文化设施大幅减少且陈旧，大量贫困农村未与硬面公路相连，尤其是人口不足 50 人的农村更为严峻。此外，根据世界银行的数据，从 1993 年开始俄罗斯农村人口年增长率一直为负数，农村劳动力不断减少。在所有的农村人口中，60 岁及以上人口占比超过 1/4，老龄化现象非常明显，人口结构失衡使得农村地区的贫困现象较为严重。最后，俄罗斯的农村地区产业结构单一，农业是农村人口的主业，而俄罗斯的农业部门因投资和技术水平较低，其劳动生产率与发达国家相比具有较大差距。截至 2023 年上半年，在农业总产值中，俄罗斯的克拉斯诺达尔边疆区、阿尔泰边疆区、沃罗涅日州和库尔干州的副业经济所占比重依旧偏高，迫于贫困的压力，许多农户不得不靠增加自产农产品的销售收入提高生活水平。在某种程度上，贫困问题成为侵蚀俄罗斯农村劳动力潜力的主要因素，而低劳动力潜力的农村地区又反过来加深了国家贫困的程度。

（二）新冠疫情与战争的强影响力延缓了贫困治理进程

新冠疫情与俄乌冲突是俄罗斯贫困治理在经济及政治上面临的两大挑战，政治局势与社会环境的不稳定状态直接作用于生产及消费，加剧了社会的贫困状况。

2020 年，新冠疫情冲击导致的停工停产、生产停滞与油价暴跌，俄罗斯经济发展陷入收缩和衰退之中。虽然其经济在 2021 年开始出现了"V"形反弹，但造成的损失已经明显影响到贫困治理的进程。新冠疫情的冲击给俄罗斯经济增长带来的短期影响是经济停顿，同时也改变了人们的消费和储蓄习惯。人们对生活必需品、高档耐用品等消费的态度正在发生改变。另外，全球新冠疫情控制的不确定性也促使经济全球化在内容和形式上发生了重大变化，经济安全和经济主权重回世界舞台中央，全球贸易和投资处于低活跃度水平上。① 这些因素使得俄罗斯的经济增长陷入长期的低活跃期，在经济滞胀压力下居民的收入得不到有效增长，贫困治理受到明显遏制。

2022 年 2 月爆发的乌克兰危机是美俄两国争夺欧亚地区领导权的必然结果，也是美西方与俄罗斯对彼此的拖延与消耗。美西方对俄发动了史上最大规模的制裁，包含但不限于次级制裁、"聪明制裁"等形式，覆盖经济、科技、外交等多个领域，企图将俄罗斯排除在全球资源与公共产品获取平台之外，以求最大限度地降低其可获取的资源，以此降低俄罗斯的国内凝聚力、破坏俄罗斯的社会稳定乃至威胁其政权存续。乌克兰危机带来的对俄制裁引起了大宗商品价格暴涨、通胀与经济衰退、逆全球化等全球经济混乱状况，进一步导致了俄罗斯财富分配极化现象的加剧，为此低收入阶层受到了巨大冲击，贫困治理进程受到一定程度的减缓。

（三）社会保障体系缺陷给贫困治理带来了挑战

经过多年的不断发展与完善，俄罗斯已建立起较为完整的社会保障体系。但由于贫困问题的复杂性与艰巨性，其社会保障体系依然存在某些制度缺陷，这些缺陷给俄罗斯的进一步贫困治理带来了巨大挑战。

以公共医疗服务与养老保障制度为例。俄罗斯医疗资源设施不均衡、不充足的问题突出。一是医疗资源短缺。至 2019 年底，俄罗斯的中级医务人员与医生总数分别为 131.4 万人与 70.4 万人，分别比上一年年初下降了9.3% 与 2.0%，医务人员不增反降，医疗资源供应不足的问题依然突出。二是医疗设施建设落后。根据俄罗斯联邦审计署的报告，截至 2019 年初，俄罗斯国家医疗机构中近 40% 没有中央供暖系统，超过 30% 的医疗机构缺乏供水系统，公共医疗卫生基础设施建设滞后，需要进一步改善。三是医疗资源分布严重失衡。俄罗斯医护人员与设备分配地区差异巨大，城乡与州市之间存在明显的失衡现象，而且各类医护人员薪酬差距较大，医疗人员的薪酬分配存在不合理现象。四是医疗救治能力有待提升。当发生重大突发公共卫生事件时，俄罗斯的许多地方面临着医疗机构防护及治疗设备、医护人员与传染病专用床位等多方面的短缺，应急医疗救治能力严重不足。另外，俄罗斯面临财政负担沉重、支出可持续化难以保障与养老保障支出

---

① 徐坡岭 . 新冠肺炎疫情对俄罗斯经济的影响：抗疫反危机措施、经济运行状况与增长前景[J] . 新疆财经，2020，225（4）：57-68.

效益低下的问题。据俄罗斯联邦统计局预测，2031 年俄罗斯的退休人口数量将增加至 900 万人，占总人口的比重将由 22% 上升至 28.8%。这就意味着每 100 名劳动年龄人口要负担的老年人将由 36 人上升到 53 人，抚养负担率将提高 47.2%。[①] 老龄或高龄人口的急剧增长使得现有的养老保险融资模式难以维系。此外，俄罗斯的养老保险费率水平、国家预算补贴规模和养老金的支出负担居于世界前列，养老金的替代率居于世界中下游水平，可见其养老保障支出效益较为低下。

俄罗斯社会保障制度的实施在一定阶段与一定程度上极大地促进了其贫困治理的进程。但其社会保障制度的缺陷决定了其作用的局限性，贫困治理的推进需要进一步完善国家社会保障体系，从就业保障制度、医疗保障制度、养老保障制度与社会救济和社会福利等方面共同着力，以克服相关制度与体系中存在的缺陷与不足。

在 2018 年 3 月的国情咨文中，普京提出到 2024 年将贫困率减少一半的目标（相对于 2017 年），将贫困率降低至 6.6%。2023 年是苏联解体 32 周年，也是俄罗斯社会转型 32 周年，距 2024 年减贫目标的完成仅剩一年。虽然近年来俄罗斯贫困率不断下降，但 2022 年仍高达 10.5%，距离 2024 年俄罗斯减贫目标任务的实现还有一定的距离。

五、结语

贫困问题是俄罗斯社会亟待解决的问题，它不但关系着俄罗斯居民个体的生存与发展，更关系着国家与社会的稳定与繁荣。[②] 在新冠疫情与国际争端等错综复杂的国际大环境背景下，俄罗斯只有充分把握住"一带一路"发展与合作机遇，同时不断完善该国社会保障体系、团结各种社会力量，在向外寻求帮助的同时大力发展其内生动力，才能实现贫困率不断下降，获得贫困治理成效的进一步发展。

基于美国与西方国家发动前所未有制裁的事实，俄罗斯经济在 2022 年 3 月至 6 月经历了极为困难时期。俄罗斯社会意见基金会 2022 年底公布的一项民调结果显示，45% 的俄罗斯人认为即将到来的 2023 年会更好；28%

---

① Предположительная численность населения РФ до 2030 года，Росстат，2010.

② 刘博玲．俄罗斯贫困问题：现状、特点与治理［J］．俄罗斯东欧中亚研究，2020，237（6）：72-88，157-158.

的人认为 2023 年将和 2022 年相差无几；9% 的人认为 2023 年会更糟糕。虽然俄罗斯仍然面临着由社会贫富差距过大和区域发展不均衡等因素导致的社会公正丢失与低收入循环等相关问题，但民调结果显示，民众十分期待俄罗斯仍是一个社会公正的国家，强国意识、民主和法治理念、融入世界仍是团结俄罗斯社会的最基本要素。虽然贫困现象无法在短时间内完全消除、贫困治理的道路任重而道远，但从长远来看，随着俄罗斯与"一带一路"成员国合作程度的不断深化发展，我们有理由相信，该国贫困治理的能力将不断得到提升、治理效率将不断提高，贫困问题能得到更好的解决。

参考文献

[1] 马蔚云. 俄罗斯贫困线：基本概念与测定方法 [J]. 俄罗斯中亚东欧研究，2008，164（5）：26-32，95.

[2] 丁建军. 多维贫困的理论基础、测度方法及实践进展 [J]. 西部论坛，2014，24（1）：61-70.

[3] 刘春怡. 俄罗斯贫困阶层的特征与分布 [J]. 人民论坛，2017，553（11）：110-111.

[4] 王冠男. 俄罗斯对"一带一路"倡议的认知与外交政策研究 [D]. 长春：吉林大学，2020.

[5] 续继. 国内外数字经济规模测算方法总结 [J]. 信息通信技术与政策，2019，303（9）：78-81.

[6] 丁奕宁，魏云娜. 俄罗斯社会保障体系发展的研究与启示 [J]. 当代经济，2019，494（2）：139-141.

[7] 丁媛. 俄罗斯社会组织反贫困实践的主要路径及对我国的启示 [J]. 西伯利亚研究，2021，48（3）：41-49.

[8] 徐坡岭. 新冠肺炎疫情对俄罗斯经济的影响：抗疫反危机措施、经济运行状况与增长前景 [J]. 新疆财经，2020，225（4）：57-68.

[9] 刘博玲. 俄罗斯贫困问题：现状、特点与治理 [J]. 俄罗斯东欧中亚研究，2020，237（6）：72-88，157-158.

基于共同富裕视角的
社会保障体系构建研究

王利军　弓慧洁[*]

摘　要：社会保障是保障与改善民生、维护社会公平、实现国民共享国家发展成果的基本制度保障，共同富裕是社会主义的本质要求和中国式现代化的重要特征。社会保障是实现社会"富裕"的制度保障，也是实现社会"共享"的制度安排，在扎实推进共同富裕的过程中发挥着重要的作用。基于此，本研究从社会保障已取得的显著成就出发，深入剖析在实现共同富裕目标过程中所面临的人口老龄化问题、城镇化趋势下的社会保障公平性与衔接性挑战，以及社会保障再分配功能发挥不足等关键问题。为应对这些挑战，本文提出应持续扩大社会保障体系的物质基础，构建一个以共同富裕为目标，同时适应人口老龄化、快速城镇化等社会变革需求的社会保障体系。

关键词：共同富裕；社会保障；体系构建

一、导言

共同富裕是社会主义的本质要求，是中国式现代化的重要特征。随着2020年全面小康社会的建成，绝对贫困已经成为历史。扎实推动共同富裕成为我国目前发展的重大主题，党中央进一步明确提出，到"十四五"末，全体居民收入和实际消费水平差距逐步缩小，向共同富裕迈出坚实的步伐；到2035年，全体人民共同富裕取得更为明显的实质性进展，基本公共服务

＊ 王利军，河南财经政法大学公共管理学院教授，主要研究方向为社会保障理论与政策；弓慧洁，河南财经政法大学公共管理学院硕士研究生，主要研究方向为社会保障。

实现均等化。为了促进共同富裕，党中央采取有力措施保障和改善民生。在党的二十大报告中，习近平总书记明确提出"健全覆盖全民、统筹城乡、公平统一、安全规范、可持续的多层次社会保障体系"。① 健全的社会保障体系能够进一步发挥其再分配功能，对推进共同富裕的实现具有重要作用。本文探析我国共同富裕的本质和内涵，阐述社会保障与共同富裕的内在逻辑关系及社会保障建设已经取得的成果，剖析我国社会保障体系发展中的问题，并结合共同富裕的目标探索如何更好地发展社会保障体系，以期进一步完善我国社会保障体系建设，推动共同富裕向前发展。

二、共同富裕的本质与内涵

无论是西方提到的《理想国》《乌托邦》，还是东方话语一直认同的"大同思想""皆以有养"，都体现了人类希望社会有一种美好的状态。自新中国成立以来党中央一直在带领人民探索共同富裕是什么、怎么实现共同富裕。改革开放前，共同富裕在计划经济体制下被理解为"平均主义""同等富裕"。1993 年邓小平提出"消除贫困""先富带动后富"，最终实现共同富裕的发展思想，极大地解放了生产力，使人民生活水平得到了提高。2021 年习近平总书记对共同富裕做出最为全面、系统、科学的概括和阐释，认为"共同富裕是全体人民共同富裕，是人民群众物质生活和精神生活都富裕，不是少数人的富裕，也不是整齐划一的平均主义"。② 研究结合国家对共同富裕的不断探索，从政府、社会和个人三个层面把握其具体内涵。

（一）政府视角下共同富裕的内涵

从政府的角度出发，新时代现代化建设新征程中着力推进的共同富裕通过激发全体人民的能动性和创造性，充分解放社会生产力，从而让全体人民共享发展成果。马克思和恩格斯曾指出"以所有人的富裕为目的，社会生产力将迅速发展，所有人可以自由支配的时间将不断增长"。在马克思主义的指导下，党带领人民不断探索奋斗，在取得民族独立后的短时间内，提高了社会生产力水平、国家综合实力，促进人的全面发展。③ 在不同的社

---

① 习近平. 高举中国特色社会主义伟大旗帜为全面建设社会主义现代化国家而团结奋斗：在中国共产党第二十次全国代表大会上的报告 [M]. 北京：人民出版社，2022.

② 习近平. 扎实推动共同富裕 [J]. 求是，2021（20）：4-8.

③ 李锐，刘明合. 马克思社会保障思想下推进共同富裕的路径 [J]. 现代交际，2023（2）：27-34，121-122.

会制度形态下，我党旗帜鲜明地指出要实现全体人民共同富裕，让全体人民共同过上美好生活，实现社会公平正义，这充分展示了中国特色社会主义制度的优越性。共同富裕是中国特色社会主义的根本原则，实现共同富裕是关系党的执政基础的重大政治问题。中国共产党的初心和使命就是为人民谋幸福，为民族谋复兴。共同富裕是党的初心，党对人民的期盼。中国共产党始终坚持以人民为中心的发展思想，坚持人民至上，坚持发展为了人民、发展依靠人民、发展成果由人民共享。

（二）社会视角下共同富裕的内涵

从社会的角度来看，习近平新时代中国特色社会主义思想下的共同富裕是公平与效率的统一。公平体现了社会参与机会、过程、结果的公平性和合理性，能够给每个人特别是弱势群体带来收益；效率则是整个社会处于帕累托最优状态，最优化地配置社会资源，最大限度地提高投入产出水平来满足社会群众的需求。进入新时代以来，我国社会生产力快速提升，整个社会富裕程度不断提高，但是只有一部分富起来并不是共同富裕。当前，我国发展不平衡不充分的问题依然突出，社会保障与基本公共服务仍不能满足人民日益增长的美好生活需要。共同富裕意味着全体社会成员共享发展成果，中等收入阶层占主体，个人的经济增长与整体的经济增长保持同步，各社会成员之间的收入差距保持在较低水平，城乡区域等差距不断消失。从发达国家的发展经验来看，收入越高的国家形成了更加成熟的收入再分配制度，社会成员之间的收入差距越小，在经济发展过程中最大程度地保障公平，形成一种和谐而稳定的橄榄型社会。

（三）个人视角下共同富裕的内涵

从个人福祉的角度来看，共同富裕包含以下三个方面：第一，家庭和个人收入都达到富裕水平的最低标准，和一般富裕做出明确区分；第二，家庭和个人财产差距不断缩小，整个社会的收入和财产差距相比于现在明显缩小，不合理的收入和财产差距基本消除；第三，家庭和个人能够及时享受足够的公共服务，实现高水平的公共服务。这三个方面决定了家庭和个人的福祉。而从个人视角下的社会发展出发，收入、财产、公共服务水平也反映了社会的富裕程度，它们的差距又反映了社会的共享程度。因此，共同富裕并不等同于平均富裕或者财富均等。

三、社会保障推进共同富裕实现的内在机理

社会保障作为保民生、安社会、护国运的重要举措,自古以来就发挥着重要作用。1601 年英国《济贫法》的颁布成为现代社会保障制度的萌芽,随着德国社会保险制度的实施、美国社会保障法的颁布,社会保障制度逐渐完善。我国根据国情也已建立起社会保障制度。习近平总书记明确指出:"社会保障是保障和改善民生、维护社会公平、增进人民福祉的基本制度保障,是促进经济社会发展、实现广大人民群众共享改革发展成果的重要制度安排,发挥着民生保障安全网、收入分配调节器、经济运行减震器的作用,是治国安邦的大问题。"我国已经开启全面建设社会主义现代化强国的新征途,2035 年基本实现现代化是已经明确的既定目标,扎实推动共同富裕已经成为国家发展的重大主题,社会保障将承担更大的责任与使命。

(一) 社会保障是实现社会"富裕"的制度保障

"富裕"以一定社会生产为前提,持续做大蛋糕是实现共同富裕的前提条件。新中国成立以来的种种实践结果表明,社会保障对于反贫困和促进社会平等均发挥了至关重要的制度支撑作用。首先,社会保障是提高社会生产发展的重要举措,极大地维护了广大劳动者的利益,为社会生产注入了活力。如社会保障中的社会保险等提高了家庭及劳动者应对重大风险的能力,避免家庭因疾病等造成灾难性支出,从而提升劳动生产率。[1] 其次,社会保障为扩大再生产提供动力。通过提升人力资本投资,保证劳动者受教育的权利。教育技能培训或者教育福利又提高了劳动者的技能,满足更高层次社会生产的需要,促进生产力的发展。而且在接受教育、提高自身素质的同时,将会促进新的发明和改良出现,从而使自己摆脱沉重的体力劳动,进一步推动生产力的发展,为实现社会富裕创造条件。同时,有助于我国从"人口数量红利"向"人口质量红利"转变。最后,社会保障可以从供给和需求两个方面促进消费,扩大社会再生产。从需求侧出发,低收入群体的边际消费倾向大于中高收入群体,社会保障通过转移支付等手段直接转变为居民消费。从供给侧出发,社会保障为劳动者提供可靠的风险保障,满足劳动者在养老、医疗等多方面的需求,解决后顾之忧,高质

---

[1] 郑伟.理解中国式现代化对社会保障的新要求 [J].社会保障评论,2022,6 (6):21-39.

量的养老服务促进经济社会的平稳健康发展，为社会主义扩大再生产增添动力。

（二）社会保障是实现社会"共享"的制度安排

共同富裕是全体人民的富裕，"一个都不能掉队"。在社会富裕的基础上使全体人民共享发展，是扎实推进共同富裕的关键。社会保障把共享发展的理念转化成具体行动，其在现实生活中发挥着兜底性作用，确保全体社会成员共享发展。首先，社会保障从人民群众的切实利益出发，建立可靠、持续的社会保障体系，在保障全体无产阶级劳动者都能受益的同时，最大限度地将全体社会成员纳入其中，为全体社会成员织密社会保障安全网。为因老龄化、伤残等原因不能参与社会劳动获得基本生活需求的社会成员提供必要的物资或者资金救助，满足他们的基本生活需求和发展需求，消灭贫困，走向共同富裕。其次，社会保障是全体社会成员有效应对风险的重要途径。当劳动者在现实生活中面临各种疾病、自然灾害和失业等使家庭陷入困境的风险时，社会保障通过互助共济的方式，分散社会成员面临的风险，使受困者得到更多的帮扶，帮助受困者走出困境，防止这部分社会成员因困"致贫"或"返贫"，为推进共同富裕提供保障。最后，社会保障发挥着收入分配调节器的作用。① 在目前已经形成的社会保障体系中，其主体社会保险发挥着初次分配和再分配的作用。社会保险的缴纳和劳动者创造的劳动价值密切相关。社会救助实现了贫富之间的再分配。社会福利通过再分配使社会财富在不同收入者之间实现合理流动，同时提高公共服务的均等化水平。整个社会保障体系缓和了按劳分配造成的收入差距，维护社会公平正义，促进社会共享发展。

四、我国社会保障体系建设取得的成效

我国社会保障经历了从无到有、从覆盖少数人到覆盖全民、从低水平的初级保障走向高质量社会保障的发展进程。中国社会保障体系建设与发展的成就主要表现在以下几个方面：

（一）建立了新型社会保障体系框架

建立了与社会主义市场经济和社会发展相适应的新型社会保障体系。

---

① 郑功成. 促进全体人民共同富裕的战略部署与实践路径 [J]. 中国党政干部论坛，2022（11）：87-94. 郑功成. 共同富裕的理论认识与实践路径 [J]. 前线，2022，507（12）：17-21.

新中国成立后，建立了与计划经济体制相适应的社会保障制度；改革开放后，与中国特色社会主义市场经济体制相适应的新型社会保障体系逐渐建立。完成了由国家主导，政府、企业或者集体单方负责向多方主体共同承担责任的转变，由单一层次走向多元层次。迄今为止，该体系由政府主导的法定保障和市场或社会主导的补充保障共同组成。法定保障包含各种社会保险、社会救助、社会福利和军人保障项目，其中养老保险、医疗保障、最低生活保障等制度是重点项目。补充保障包括补充保险、慈善事业等。这一体系框架的建成，标志着社会保障制度已成为维系国家长治久安和人民世代福祉的重要制度保障。

（二）社会保障管理体制发展成熟

理顺了管理体制，建成了覆盖城乡的经办服务网络。改革开放后，社会保障制度整体转型，已经从只覆盖城镇居民发展为全民共享。具体表现为以下两个方面：一方面，改变了城乡分割、群体分治的社会保障制度。特别是2018年通过机构改革重建了社会保障管理体制，扫除了长期制约社会保障改革与制度建设的体制性障碍，实现了管理体制的优化，进而为社会保障体系建设的顺利推进提供有力的组织保障。形成了人力资源和社会保障部主管养老、工伤和失业保险，民政部主管社会救助、慈善事业等，国家医疗保障局主管医疗保险等，退役军人事务部主管军人优抚和安置等，国家税务总局和财政局主管征收、预算等，应急管理部负责灾害救助的管理格局。另一方面，围绕记录一生、保障一生、服务一生，不断加强服务能力建设，建成了从中央到省、市、县、乡镇（街道）的五级社会保障服务网络，社保信息化建设得到明显加强，服务模式不断创新，为人民群众依法参与和享受相应的保障待遇提供便捷服务。社会保险公共服务平台的建设实现了省内就医直接结算，跨省异地就医结算全面推行，网上参保缴费全面开通。电子社保卡发行量超过13亿张，电子医保卡用户量超4.5亿张，给养老金的领取、看病报销、异地住院等带来了极大的便利。

（三）社会保障覆盖面不断扩大

社会保障的覆盖面不断扩大，惠及全民，其已经成为全体人民共享国家发展成果的基本途径。首先，基本养老保险已实现制度全覆盖，企业职工、机关单位和城乡居民分别建立起不同的养老保险制度。2020年，通过财政补贴为6098万建档立卡贫困人口代缴基本养老保险费用，到2022年，全国参保人数已达 10.53 亿人，约 3 亿人按时足额领到基本养老金。其次，全民医保目标基本实现，在 2018—2020 年的医保扶贫专项行动中，资助贫困人口参与基本医疗保险 2.3 亿人次，截至目前，基本医疗保险参保人数为 13.4 亿人，参保率达 96.9%，人民群众的疾病医疗后顾之忧持续大幅减轻；然后，失业、工伤保险也不断发展，到 2022 年参保人数增加至 2.3 亿、2.9 亿人次。最后，社会救助和社会福利事业也蓬勃发展，援助对象不断扩展，建成了以最低生活保障、特困人员救助供养、专项救助、临时救助为主体内容的综合型社会救助体系。养老服务也逐步向社区与居家老人延伸，儿童福利从孤残儿童向困境儿童扩展，贫困的重度残疾人有了生活与护理补贴。可见，社会保障已不同程度地惠及全体人民，这意味着占世界总人口近 20% 的 14 亿多中国人民被现代社会保障制度所覆盖，这是人类发展史上的奇迹。

（四）社会保障水平持续提高

社会保障水平持续提高，人民福祉得到极大提升。首先，养老金水平得到持续提升。自 2005 年以来我国连续 17 年提高企业退休人员基本养老金水平，2020 年企业退休人员人均养老金达到 2900 元；此后两年连续增长，退休人员依靠养老金也能过上小康生活；与此同时，城乡居民养老保险从无到有，自 2012 年实现制度全覆盖后也逐步开始领取养老金，由最初的月人均 50 元经过三次提升增至 170 元左右。其次，医疗保障水平不断提升。近年来，国家医保药品目录实施动态调整、药品和医疗耗材等集中采购、支付方式深化改革，职工和居民在医保政策范围内的住院报销比例分别达到 80% 和 70% 左右，人民群众的医疗负担持续减轻。再次，城乡低保标准不断提高。目前低保标准已达到人月均 665 元和人年均 5842 元；残疾人"两项补贴"与孤儿基本生活保障标准也不断提高。最后，慈善募捐事业不断发展，每年募集约 1500 亿元资金，增强了社会保障制度的再分配功能。社会保障水平的持续提高，为全面建成小康社会作出了重要贡献，人民群众的获得感、幸福感、安全感明显增强。

（五）社会保障功能有效发挥

社会保障调节经济发展和再分配的功能得到了有效发挥。例如，1998 年通过强力推进"两个确保、三条保障线"，为应对东南亚金融风暴和顺利推进世纪之交的经济改革创造了有利条件；2008 年遭遇国际金融危机时，通过迅速实施社保缴费"五缓四减三补贴"政策，直接减轻了企业负担；2009 年实施医保计划，启动农民养老保险试点，开展大规模保障性住房建设，迅速提振了居民消费，为我国率先走出低谷并实现经济高速增长作出了直接贡献。2020 年面对新冠疫情的严重冲击，国家及时出台减免企业社保费政策，及时出台确保患者不因费用问题影响就医、收治医院不因支付政策影响救治的医保新政并落实疫苗接种经费保障，及时提高救助标准、增加临时救助及相关服务，为打赢疫情防控阻击战和促进经济社会恢复发展提供了有力支持。另外，李实等的研究发现社会保障通过再分配功能能够在一定程度上降低基尼系数。①

五、共同富裕视角下我国社会保障体系构建中存在的问题

"十四五"规划指出，要加快健全多层次社会保障体系，不断增强社会保障待遇与服务的公平性、可及性。这就需要更高质量的社会保障制度以有效应对新形势下人口老龄化、城镇化等带来的挑战，立足发展质量、提升制度质量、优化服务质量，打造更具充分性、公平性和可持续性的社会保障制度。

（一）人口老龄化趋势下的社会保障可持续性问题

2021 年第七次全国人口普查数据显示，我国 60 岁以上的老年人口占全国总人口的 18.7%。由《中国人口老龄化发展趋势预测研究报告》可知，2001—2020 年，我国处于快速老龄化阶段，2021—2050 年是加速老龄化阶段。系列数据充分表明人口老龄化已成为社会发展的重要趋势与基本国情，我国社会保障制度的运行将受到重大影响。社会保障基金收支压力随着人口老龄化将不断增大。一方面，养老金等社保基金收入随着适龄劳动人口的持续下降而不断减少。同时，退休人口的增多将导致社保基金支出不断增加，收支严重不平衡，将进一步扩大社保基金缺口。自 2013 年起，我国社保基金首次出现了收支赤字，并且缺口规模逐年扩大，于 2020 年达到历史最大值。社保基金对财政补贴的依赖日益提高，单纯依赖中央调剂难以持续弥补支出缺口。另一方面，人口老龄化孕育了庞大的养老服务需求。老年人对日常照料、医疗照护、精神慰藉等多层次、多样化的养老需求日

---

① 李实，朱梦冰. 推进收入分配制度改革促进共同富裕实现［J］. 管理世界，2022，38（1）：52-61，76+62.

益增多，必须提升我国现有的养老保障水平以满足其需求。从第二、第三支柱养老保障的发展程度来看，我国与发达国家在资产规模、覆盖率等方面仍有较大差距。总之，如何保证社会保障基金充裕以满足更高水平的养老需求，已成为未来面向人口老龄化的社会保障制度的改革重点。

（二）快速城镇化趋势下的社会保障衔接性与公平性问题

"十四五"时期，我国仍处于新型城镇化的快速发展期。促进农业转移人口市民化是推动新型城镇化的首要任务，而城镇化的本质在于提升整体人民的生活质量，缩小城乡之间的差距，让农村人口共享发展。2020年，我国城镇人口突破9亿，乡村人口70年来首次跌破5亿，人户分离现象十分显著。进入新时代以来，农业的现代化使得农村人口大量外流，新生代农民工已经脱离了和农业的关系，在城市中不再只是单纯的务工，他们是不可逆转的"城市移民"，做好了融入城市生活的准备。因此，他们对获得社会保障比任何人都迫切。然而，由于城乡户籍的限制，新生代农民工始终无法享受完整的社会保障。他们依然被排除在城市居民之外，导致其及子女无法和城市中的"原著居民"一样享受到医疗、教育等公共服务。在社会保障制度的公平性上，针对新生代农民工的社会保障制度尚不健全，长期忽视了新生代农民工的社会福利与救助。一方面，由于农民工并不符合各大城市的人才引进政策要求等原因，他们未能享受到城市福利政策，如他们很难享受到廉租房、经济适用房等住房福利，其子女也不能享受当地的教育资源等；另一方面，失去劳动能力、无固定单位、无法定赡养人的农民工群体并未得到社会救助制度的关注。在社会保障制度的衔接性上，针对新生代农民工的社会保障制度不强。新生代农民工的流动性较强，但各个地方政府的社会保险缴纳手续、费率、待遇等规定各不相同，增加了劳动力的流动成本。

（三）社会保障再分配功能发挥不足问题

我国虽然已经建立起世界上规模最大的社会保障体系，但是其再分配功能仍存在发挥不足的问题。一方面，由于社会保障制度统一性不足，影响到其公平性。如现行的养老金制度分为机关事业单位、企业职工和居民养老金制度，缴纳类型不同其养老金待遇的计发也有所不同；医保也是如此，分为职工医保和居民医保。其中居民医保的筹资标准较低，待遇水平也较低，筹资机制也不公平。目前我国有10多亿人是以居民身份参加医保，但是由于收入不同出现了逆向调节现象。这是因为低收入群体相比高收入群体来说其对健康的重视程度较低，导致低收入者筹集的医保资金可能用到了高收入群体。另外，其互助共济性不强，再分配力度不够。像长三角、珠三角等经济发达地区年轻人较多，社会保障基金可能大量结余；而一些地方年轻人流出，退休老人也不再缴费，出现社会保障基金不充足现象。另一方面，社会保障再分配制度的效率较低。由经济合作与发展组织 2018年的统计数据库可知，全球范围内大部分国家的基尼系数均超过 0.4，但是在收入再分配的作用下，特别是社会保障的转移支付作用下，大部分国家的基尼系数显著降低，再分配效果显著，而我国相比于高收入国家，其再分配作用功能仍然处于较弱状态。

六、以共同富裕为目标对我国社会保障体系构建的探索

从上述分析中可以发现，社会保障在实现共同富裕的过程中承担着重大使命。虽然我国社会保障体系建设已小有成就，但是面对新时代下我国老龄化问题、城镇化问题和社会保障再分配作用发挥有限的问题，需要在做大"蛋糕"的同时分好"蛋糕"，建立起以共同富裕为目标的社会保障体系。

第一，构建面向老龄化的社会保障体系。首先，共同富裕的实现离不开人民群众的奋斗，老年人口虽然在身体技能方面处于弱势，但在社会阅历、知识技能等方面远超社会其他群体。因此，在应对老龄化的路上应推动高质量发展，提升人民群众的受教育水平，提高个人的专业技能，增加致富本领。其次，建立满足个性化、多元化需求的多层次社会保障体系。增加养老服务项目，满足老年人的多样化需求。加大对养老服务的公共服务投入，提升社会养老服务资源，确保老年人的健康服务公平可及。同时打造与养老服务供给相匹配的社会治理，减少社会矛盾，为推进共同富裕创造与老龄化相匹配的社会环境。最后，加速推进"三支柱"养老保障制度建设。目前的养老金只能起到保证基本生活的作用，想要进一步提高养老保障水平，就必须发展另外两个支柱，制定更为多元化的养老保障制度。

第二，构建面向城乡一体化的社会保障体系。习近平总书记强调："促进共同富裕，最艰巨最繁重的任务仍然在农村。"由于城乡二元结构的差异，我国社会保障在发展过程中经历了从城镇到农村的进程。目前，应从

实际出发，逐步解决农村社会保障中存在的问题。① 一方面，推进社会保障项目的城乡一体化。淡化社会保险的"城镇"区域概念，推进最低生活保障制度和医疗保险制度的城乡统一，做好城镇化进程中进城农民的社会保障衔接性问题，让进城的农民也能获得基本的社会保障。另一方面，建立起包括乡村养老服务、托育服务等在内的社会保障体系，加强精神文明建设，吸引高素质人才扎根一线，振兴乡村经济，确保让每一位社会成员共享发展成果。

第三，持续壮大社会保障体系的物质基础，让共享份额在整个国民财富分配中占比达到中等发达国家的平均水平。② 首先，进一步调整财政支出结构，加大财政对社会保障的投入。2018—2021 年我国社会保障支出占全国财政支出的比重从 14.9% 提高到 16.6%，但是与欧盟成员国的社会保障支出比重相比仍有一定的差距。因此，应提高社会保障支出占比，争取到 2035 年能够达到欧盟国家的现有水平。其次，全面推进社会保险基金投资运营，确保基金保值增值。目前一些地方采取委托投资方式，由全国社会保障基金理事会进行投资运营，效果很好，值得全面推广。因此，在提高统筹层次的同时，有必要明确规定留足够支付 3 个月的基金后必须对剩余部分悉数进行有效投资，以此避免基金贬值并能够稳步增长。然后，切实调动市场主体、社会力量和个人及家庭分担责任的积极性，扩大社会保障体系的资金来源。③ 最后，提供差别小或者无差别的社会保障服务。站在最小受惠者的视角下去平衡社会保障再分配制度，让弱势群体共享社会份额，使经济增长惠及每一个人。

参考文献

[1] 习近平.高举中国特色社会主义伟大旗帜　为全面建设社会主义现代化国家而团结奋斗：在中国共产党第二十次全国代表大会上的报告[M].北京：人民出版社，2022.

① 陈旭辉.促进共同富裕的社会保障制度改革研究[J].南方金融：1-12.
② 杨穗，赵小漫.走向共同富裕：中国社会保障再分配的实践、成效与启示[J].管理世界，2022，38（11）：43-56.
③ 李青嵩.面向中国式现代化：扎实推进共同富裕面临的结构性失衡及破解路径[J].新疆社会科学，2023（3）：1-15.

[2] 习近平.扎实推动共同富裕 [J].求是,2021 (20):4-8.

[3] 李锐,刘明合.马克思社会保障思想下推进共同富裕的路径 [J].现代交际,2023 (2):27-34,121-122.

[4] 郑伟.理解中国式现代化对社会保障的新要求 [J].社会保障评论,2022,6 (6):21-39.

[5] 郑功成.促进全体人民共同富裕的战略部署与实践路径 [J].中国党政干部论坛,2022 (11):87-94.

[6] 郑功成.共同富裕的理论认识与实践路径 [J].前线,2022,507 (12):17-21.

[7] 李实,朱梦冰.推进收入分配制度改革促进共同富裕实现 [J].管理世界,2022,38 (1):52-61,76,62.

[8] 陈旭辉.促进共同富裕的社会保障制度改革研究 [J].南方金融:1-12.

[9] 杨穗,赵小漫.走向共同富裕:中国社会保障再分配的实践、成效与启示 [J].管理世界,2022,38 (11):43-56.

[10] 李青嵩.面向中国式现代化:扎实推进共同富裕面临的结构性失衡及破解路径 [J].新疆社会科学,2023 (3):1-15.

我国"一带一路"海外
劳工的社会保障风险及其化解路径[*]

谢勇才^{**}

摘　要： 我国海外劳工作为"一带一路"倡议的重要建设者，在规模日益扩大的同时也面临着诸多社会保障风险，主要包括社会保障双重缴费、社会保障待遇支付障碍和社会保障双重缺失三个方面。这三种社会保障风险不仅严重损害了我国"一带一路"海外劳工的社会保障权益，还显著影响了我国跨国企业的国际竞争力，导致我国社会保障基金财务不平衡，不利于"一带一路"倡议的深入推进。为此，应当确立政府主导与多方参与的基本思路，并采取开展社会保障国际合作、建立自愿性社会保险计划、积极参与海外劳工的全球治理及发挥跨国企业和海外劳工的主观能动性等措施，以有效化解我国"一带一路"海外劳工面临的社会保障风险，推动"一带一路"倡议高质量发展。

关键词： "一带一路"；海外劳工；社会保障风险；政府主导

＊ 国家社会科学基金青年项目"中国跨国劳动者的社会保障风险及其化解机制研究"（20CSH084）；中央高校基本科研业务费资助项目（2022WKYXZX005）。
＊＊ 谢勇才，华中科技大学社会学院副教授，研究方向为社会保障国际化。

　　"一带一路"倡议作为党和政府统筹国内国际两个大局、畅通国内国际双循坏的一项重要战略决策，在致力于开创我国对外开放新体制和全球治理体系新格局的同时，也为我国对外投资和对外劳务合作事业的可持续发展构筑了更加广阔的舞台，带动着越来越多的我国劳动者涌向其他国家就业。据统计，我国"一带一路"海外劳工数量从 2013 年的 284256 人快速增加至 2019 年的 366320 人①，已初具规模且逐年递增，日益成为"一带一路"倡议不可或缺的重要元素，在我国与其他国家实现互联互通和共建共享的过程中发挥着重要作用。然而，伟大的事业往往需要直面各种风险的挑战与威胁。由于跨越了民族国家的界限，各国的法律制度和社会政策奉行属地原则、自成一体，加之我国企业对"一带一路"国家的投资主要分布在东南亚、西亚和北非等中高风险地区②，在成员国家就业的我国海外劳工不可避免地面临着诸多风险，不仅给海外劳工及其雇主带来了巨大的困扰，还不利于"一带一路"倡议的高质量发展，迫切需要引起关注与重视。

　　对于我国"一带一路"海外劳工面临的风险问题，已有部分学者进行了探讨。从现有文献来看，学者们的研究主要集中在两个方面：一是我国"一带一路"海外劳工面临的主要风险。虽然在这一问题上学者们的观点存在一定的分歧，但是许多学者指出我国"一带一路"海外劳工主要面临人身安全、劳务纠纷、工伤事故、非法雇佣及恐怖袭击等严重风险③，也有学者注意到就业国民众的排华倾向和反华情绪正在成为新的严重风险。④ 二是我国"一带一路"海外劳工主要风险的应对策略。对于这一问题，学者们主要从完善海外劳工权益保护法律法规⑤、充分利用外交保护和领事保护等

① 由《中国统计年鉴》(2014—2020) 整理计算所得。
② 邸玉娜，由林青 . 中国对"一带一路"国家的投资动因、距离因素与区位选择 [J]. 中国软科学，2018 (2)：168-176.
③ 章雅荻 . "一带一路"倡议与中国海外劳工保护 [J]. 国际展望，2016 (3)：90-106.；花勇 . "一带一路"建设中海外劳工权益的法律保护 [J]. 江淮论坛，2016 (4)：114-119.；李刚 . "一带一路"建设中跨国工伤保险问题的国际私法解决方法 [J]. 陕西师范大学学报 (哲学社会科学版)，2019 (2)：82-91.；韩喜平，张嘉昕 . "一带一路"国家劳动关系协调分类研究 [J]. 管理世界，2019 (4)：70-76.
④ 潘玥 . "一带一路"背景下印尼的中国劳工问题 [J]. 东南亚研究，2017 (3)：123-137.
⑤ 李文沛 . "一带一路"战略下我国境外劳动者权益保护中的政府作用研究 [J]. 行政法学研究，2017 (4)：109-117.

应急性保护措施①及构建海外劳工权益保护机制②等方面提出解决策略，从而有效化解"一带一路"海外劳工面临的各类风险。

显然，一些视角敏锐的学者较早关注了我国"一带一路"海外劳工面临的风险问题，并提出了许多洞见。遗憾的是，虽然学者们的研究涉及我国"一带一路"海外劳工面临的多种风险，但是鲜有学者问津海外劳工遭遇的社会保障风险。事实上，作为"一带一路"倡议的积极参与者和重要建设者，我国海外劳工在其他国家就业期间面临诸多社会保障风险，不仅使海外劳工和跨国企业遭受了巨大的经济损失，还给我国社会保障基金的财务平衡带来了严峻挑战，也会给"一带一路"倡议的高质量发展埋下重大隐患。有鉴于此，本文将充分利用相关文献和数据资料，重点剖析我国"一带一路"海外劳工面临的主要社会保障风险、严重危害及其化解路径，以期在丰富学术界现有研究的基础上，对管控我国海外劳工的社会保障风险和推动"一带一路"倡议高质量发展有所裨益。

一、我国"一带一路"海外劳工面临的主要社会保障风险

从现代社会保障制度的基本原理与运行机制来看，海外劳工的社会保障只要同时满足两个基本条件，即社会保障可及和已经或者正在获得的社会保障权益具有便携性，那么就不会存在风险。反之，只要这两个条件中的任何一个出现不确定性，那么海外劳工的社会保障就会问题频出。然而，高度的流动性与不确定性是海外劳工的显著特征，加之各国的社会政策和相应的法律自成一体，使得许多海外劳工的社会保障无法同时满足这些基本条件。因此，根据社会保障是否可及和社会保障权益是否便携两个维度，可以将我国"一带一路"海外劳工遭遇的主要社会保障风险概括为以下三种（见图1）：

---

① 李先波，李娜."一带一路"倡议下境外务工人员权利之保护［J］.湖南师范大学社会科学学报，2017（5）：91-98.

② 王辉.我国海外劳工权益立法保护与国际协调机制研究［J］.江苏社会科学，2016（3）：156-164.

可及

Ⅱ　社会保障双重缴费

Ⅲ　社会保障待遇支付障碍　　　　　Ⅰ　无风险

不便携 ←　　　　　　　　　　　　　　　　　　→ 便携

Ⅳ　社会保障双重缺失　　　　　Ⅴ　无意义

不可及

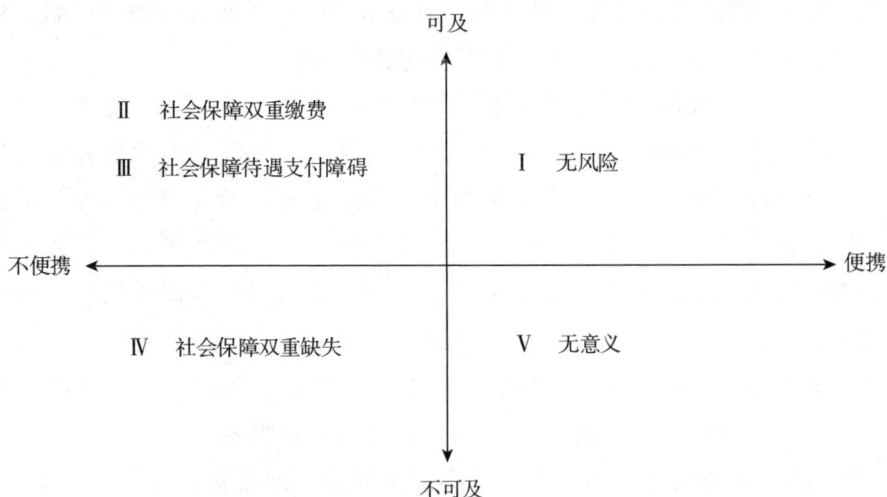

图1　我国"一带一路"海外劳工面临的三种社会保障风险

资料来源：笔者自制。

（一）社会保障双重缴费风险

在我国"一带一路"海外劳工群体中，有相当一部分是由我国跨国企业派遣至"一带一路"国家完成公司业务或者中标项目的外派员工。随着"一带一路"倡议的不断推进，我国跨国企业派遣至其他国家就业的劳动者日渐增多。对于大部分外派员工来讲，外派期间往往在国内母公司保留着相应的岗位，必须依法缴纳养老保险和医疗保险等社会保险费用。同时，根据全球大多数国家的社会保障法律法规，外籍劳动者在本国境内谋生期间必须参加社会保障，依法按时足额缴纳社会保障税（费），有些国家甚至将缴纳社会保障税（费）与发放劳工签证相捆绑。[①] 与此相对应的是，在"一带一路"国家中，马来西亚和埃及等许多国家的社会保障法律明确规定将外籍劳工纳入覆盖范围，外籍劳工必须按时足额缴纳社会保障税（费）。虽然部分国家社会保障制度的雇员缴费率不超过其工资总额的10%，但是也有一些国家的雇员缴费率高达其工资总额的20%以上，再加上雇主缴费的话，其缴费率高达雇员工资总额的30%甚至40%（见表1），实际缴费金额不容小觑。换言之，我国以外派员工为代表的部分"一带一路"海外劳

[①]　王延中，魏岸岸 . 国际双边合作与我国社会保障国际化 [J]. 经济管理，2010（1）：147-156.

工很可能会遭遇社会保障双重缴费风险,在其他国家就业期间同时被两个国家纳入社会保障计划,被迫以同一份工资待遇为缴费基数,同时向母国和就业国的社会保障制度供款,给海外劳工及其雇主造成了巨大的缴费压力和经济损失。

表1 明确规定社会保障制度覆盖外籍人员的部分共建"一带一路"国家及其缴费率

单位:%

国家	雇员	雇主	合计	国家	雇员	雇主	合计
以色列	0.39	3.43	3.82	土耳其	10.0	15.0	25.0
格鲁吉亚	2.0	2.0	4.0	俄罗斯	0	25.1	25.1
缅甸	2.0	3.0	5.0	吉尔吉斯斯坦	10.0	15.25	25.25
印度尼西亚	3.0	6.24	9.24	阿塞拜疆	3.5	22.5	26.0
哈萨克斯坦	10.0	3.5	13.5	马来西亚	11.7	14.95	26.65
黎巴嫩	0	14.5	14.5	越南	9.0	18.5	27.5
文莱	8.5	8.5	17.0	捷克	6.5	25.28	31.78
尼泊尔	10.0	10.0	20.0	克罗地亚	20.0	17.2	37.2
也门	6.0	16.0	22.0	斯洛文尼亚	22.1	16.1	38.2
伊朗	5.0	17.0	22.0	埃及	14.0	26.0	40.0

注:这里的社会保障包括老年、残障和遗属保险、疾病和生育保险、工伤保险、失业保险及家庭津贴5项福利项目。

资料来源:①SSA. Social Security Programs Throughout the World:Asia and the Pacific, 2018 [R]. Washington:SSA Publication No. 13-11802, 2019;②SSA. Social Security Programs Throughout the World:Europe, 2018 [R]. Washington:SSA Publication No. 13-11801, 2019;③SSA. Social Security Programs Throughout the World:Africa, 2018 [R]. Washington:SSA Publication No. 13-11803, 2019.

(二)社会保障待遇支付障碍风险

如前所述,依法将在本国领土范围内谋生的外籍劳动者强制纳入社会保障计划,是许多共建"一带一路"国家的一贯做法。对于在共建"一带一路"国家就业的我国海外劳工来讲,许多国家的社会保障制度是可及的,众多海外劳工被就业国的社会保障制度所覆盖,必须依法合规缴纳社会保障税(费)。与之相伴的是,按照全球大多数国家社会保障法律法规的规定,参保者要想获得社会保障待遇的领取资格,一项关键指标是达到法定的最低参保年限。然而,不论是蓄意为之还是巧合使然,许多共建"一带一路"国家社会保障项目的法定最低参保年限要远远大于其发放给外籍劳工的工作签证的最长有效期限。以养老保险为例，老挝和白俄罗斯等国家养老保险的法定最低缴费年限皆在 5 年以上，有些国家的法定最低缴费年限甚至长达 25 年，但是这些国家发放给外籍劳动者的工作签证最长有效期限仅有 1~5 年（见表 2），这就势必造成许多海外劳工即使多年依法合规缴纳社会保障税（费），在为就业国社会保障制度作出了巨大贡献的情况下，也难以在就业国获得相应的社会保障待遇领取资格。进而言之，我国"一带一路"海外劳工在就业国已经或者正在获得的社会保障权益很可能缺乏便携性，多年的社会保障缴费贡献会付诸东流，无法转换为现实的社会保障权益，不可避免地遭遇社会保障待遇支付障碍风险，给他们带来了巨大的经济损失。

表 2　部分共建"一带一路"国家工作签证的有效期限与养老保险的最低参保年限

单位：年

国家	工作签证名称	工作签证的最长有效期限	养老保险的最低参保年限
老挝	LA-B2 签证	4	15
印度尼西亚	工作准证	1	5
俄罗斯	劳务许可证	2	9
白俄罗斯	劳务许可证	2	16
立陶宛	工作许可证		15
乌兹别克斯坦	劳动许可证	1	男性 25，女性 20
土库曼斯坦	劳动许可证	2	5
阿塞拜疆	个人工作准证	5	12

资料来源：①SSA. Social Security Programs Throughout the World：Asia and the Pacific, 2018 ［R］. Washington：SSA Publication No. 13 - 11802, 2019；② SSA. Social Security Programs Throughout the World：Europe, 2018 ［R］. Washington：SSA Publication No. 13-11801, 2019；③贵州省商务厅 . 部分国家引进劳务和工作签证政策汇总 ［EB/OL］. (2011-12-16)［2020-05-25］. http：//swt. guizhou. gov. cn/xwzx/tzgg/201612/t20161229_ 63764600. html.

（三）社会保障双重缺失风险

对于在共建"一带一路"国家就业的我国海外劳工群体而言，除外派人员外，其余大多数海外劳工并未也不可能在母国保留职位或者劳动关系，其就业事项和劳动关系主要发生在就业国。综观世界各国社会保障制度的发展历程不难发现，各国的社会保障制度往往建构在公民权和贡献的双重基础之上。① 一方面，各国政府在公民权的基础上为国民提供基本的社会保护和福利服务；另一方面，各国社会保障制度还建立在贡献尤其是合规缴费的基础之上，讲究权利与义务相对应，主要体现在先缴费后受益。我国社会保障制度也概莫能外，众多海外劳工在共建"一带一路"国家就业期间的劳动关系主要发生在就业国，割裂了与国内社会保障制度的联系，无法向国内社会保障制度作出缴费贡献，也就难以被我国的社会保障制度所覆盖。同时，在共建"一带一路"国家中，有部分国家如海湾合作委员会国家②比较特殊，它们的社会保障制度只与公民资格挂钩，仅覆盖本国国民③，即使是在本国境内长期就业的外籍劳动者也被拒之门外。进而言之，对于在海湾合作委员会国家就业的我国"一带一路"海外劳工来讲，他们很可能会遭遇社会保障双重缺失风险，既不能被母国的社会保障制度所覆盖，也无法在就业国享有基本的社会保障，处于没有任何社会保障的"真空"状态，难以抵御各种社会风险的侵袭。

由上述分析不难看出，在规模日益扩大的我国"一带一路"海外劳工群体中，包括外派劳工在内的大部分人主要遭遇的是社会保障双重缴费风险或者社会保障待遇支付障碍风险，只有主要分布在海湾合作委员会国家的少部分人面临的是社会保障双重缺失风险。这种差异化的社会保障风险不但会给海外劳工、跨国企业和我国政府带来不同程度的危害，而且这些风险的有效化解离不开多点发力的治理策略。

二、我国"一带一路"海外劳工社会保障风险的主要危害

从微观到宏观的层面来看，"一带一路"海外劳工的社会保障风险主要涉及海外劳工、跨国企业和我国政府三个责任主体，其引发的危害也主要集中在这三个层面，不仅给海外劳工和跨国企业造成了重大损失，还给我国政府带来了较大困扰。

（一）对海外劳工的主要危害——社会保障权益严重受损

出于对美好生活的向往，一批又一批的我国劳动者奔赴"一带一路"

① 谢勇才. 中国社会保障国际合作研究 [M]. 北京：社会科学文献出版社，2018：2.
② 海湾合作委员会国家主要包括：巴林、科威特、阿曼、卡特尔、沙特阿拉伯和阿联酋。
③ SABATES W R, KOETTL J. Social protection for migrants: the challenges of delivery in the context of changing migration flows [J]. International Social Security Review, 2010, 63 (3): 115-144.

国家寻找就业机会，谋求更好的发展前景，为其他共建国家的经济建设和社会发展作出了重要贡献。然而，我国海外劳工在"一带一路"国家就业期间往往会遭遇前述多种社会保障风险，导致其社会保障权益严重受损。具而言之，主要体现在两个方面：一是给我国"一带一路"海外劳工带来了巨大的经济损失。无论是外派劳工遭遇的社会保障双重缴费风险，还是其他类型海外劳工面临的社会保障待遇支付障碍风险，都意味着他们向就业国社会保障制度作出了多年的缴费贡献，但是他们正在或者已经获得的社会保障权益缺乏便携性，可望而不可即，几乎无偿地贡献给了就业国的社会保障基金，给我国"一带一路"海外劳工尤其是职业生涯分散在两国乃至多国的海外劳工造成了巨大的经济损失。二是严重影响我国"一带一路"海外劳工的生存与发展。在现代社会中，社会保障作为化解社会风险、保障国民基本生活和增进民众福祉的一项重要制度安排，关乎人们的生老病死等重大问题，享有全面的社会保障是个人和家庭实现生存与发展的重要保证。对于我国部分"一带一路"海外劳工而言，在其他共建国家就业期间遭遇社会保障双重缺失风险，就意味着海外劳工在此期间乃至未来的养老、医疗和工伤等重大问题缺乏正式的制度安排、社会支持与物质保障，只能依靠自己和家庭独立承担，给海外劳工及其家属的生存与发展带来了严峻挑战。

（二）对跨国企业的主要危害——国际竞争力严重弱化

随着"一带一路"倡议的不断推进，越来越多的我国企业开始改变发展战略，从偏隅国内市场走向放眼世界，积极向国际市场进军，在与全球同行的竞争与合作过程中谋求自身国际竞争力的不断增强，以获得更多的利润和更大的发展空间。2013—2019年，我国在共建"一带一路"国家的对外直接投资流量与存量规模逐年扩大，从126.5亿美元和720.2亿美元快速增加至186.9亿美元和1794.7亿美元（见表3），分别增长了47.7%和149.2%，与之相伴的是，越来越多的我国劳动者被派遣至其他共建国家就业。如前所述，外派劳工往往会遭遇社会保障双重缴费风险，被迫以一份薪酬待遇为基数缴纳双份社会保障税（费）。而且，对于许多劳动者而言，被雇主外派至异国他乡就业与其说是一份美差，不如说是一份苦差事，不仅要远涉重洋、阔别亲友和故土，还要面对诸多不可预知的风险与挑战，需要克服重重障碍，因此跨国企业起码要保证其税后收入不会有所缩减。

为此，我国跨国企业既要在国内为"一带一路"外派员工缴纳社会保障费，也要为其在其他国家的社会保障缴费买单，这些海外社会保障成本往往高达雇员工资总额的20%以上（见表1），甚至有学者研究发现，在税收"金字塔"效应的作用下，部分跨国企业的海外社会保障缴费支出可能高达雇员工资总额的65%~70%[1]，这必然会大幅度增加跨国企业的用工费用和投资成本，大为压缩跨国企业的利润规模和发展空间，严重影响其在国际市场上的竞争与发展。

表3 2013—2019年我国在共建"一带一路"国家的对外直接投资情况

年份	对外直接投资流量/亿美元	对外直接投资存量/亿美元	占我国对外直接投资流量的比例/%	占我国对外直接投资存量的比例/%
2013	126.5	720.2	11.7	11.7
2014	136.6	924.6	11.1	12.7
2015	189.4	1156.8	14.8	11.5
2016	153.5	1294.1	8.4	10.1
2017	201.8	1544.0	16.2	10.4
2018	178.9	1727.7	13.8	8.9
2019	186.9	1794.7	13.7	8.2

资料来源：①商务部，国际统计局，国家外汇管理局.历年对外投资直接统计公报 [EB/OL].（2020-09-16）[2021-06-25]. http：//hzs. mofcom. gov. cn/article/date/201512/20151201223578. shtml；②UNCTAD. World Investment Report（2014-2020）[EB/OL].（2020-06-16）[2021-06-25]. https：//worldinvestmentreport. unctad. org/.

（三）对我国政府的主要危害——社会保障基金财务不平衡

参照以往的国际经验，包括跨国劳动者在内的国际移民的回流率相对较高。20世纪上半期，巴尔干国家的海外移民回流率接近50%，部分国家的海外移民回流率甚至达到惊人的90%。[2] 换言之，许多海外劳工的最终归宿是回流母国。对于千百年来信奉安土重迁、落叶归根观念的中华民族来

---

[1] CHILDERS J. Touching the third rail：an analysis of social security and the recently revealed U. S. - Mexico Social Security Totalization Agreement [J]. Penn State International Law Review, 2007, 26（1）：227-250.

[2] ALEXANDER S, GERMENJI E, MARKOVA E. Balkan migration：an assessment of past trends and policies and the way ahead [M]. Washington：World Bank, 2004：1-71.

讲，我国海外劳工的回流率自然不低。在 "一带一路" 国家就业期间，众多海外劳工割裂了与我国社会保障制度的联系，并未向我国社会保障制度缴费，给我国社会保障基金造成了较大的损失。然而，当这些 "一带一路" 海外劳工在就业期满或者达到退休年龄回流我国后，其遭遇的社会风险和社会保障需求在很大程度上仍需我国社会保障制度来化解和满足。虽然我国 "一带一路" 海外劳工在境外就业期间，其社会保障需求主要发生在国外，我国社会保障制度的负担略有降低，但是这一负担量的略减背后的代价异常高昂，因为暂时减少的负担量远远小于未来递增的供给量。从人口生命周期的角度来说，社会保障制度的参保者在年轻时主要是贡献者，而在年老时主要是消耗者，其养老和医疗等社会保障需求随着年龄的增加而逐年递增，一般在退休后达到高峰期。在其他国家就业期间，我国许多海外劳工参加的是就业国社会保障制度，此时海外劳工的社会保障需求较小，他们往往成为就业国社会保障基金的净贡献者。部分学者的研究指出，海外劳工是就业国社会保障制度的净贡献者，譬如李（Lee）和米勒（Miller）运用生命周期方法研究发现，一个合法海外劳工对美国税收和社会保障基金的净贡献价值约为 9.9 万美元[1]，奥尔巴赫（Auerbach）和奥伦普洛斯（Oreopoulos）[2] 及斯多尔斯莱顿（Storesletten）[3] 的研究也得出了类似的结论。反之，在达到退休年龄回流我国后，这些海外劳工复杂多样的社会保障需求将持续增加，而且需要我国社会保障制度来供给和满足（见图 2）。于是，我国社会保障负担量的暂时减少与社会保障供给量的未来递增之间就会出现明显的鸿沟，并且这一鸿沟随着海外劳工数量的与日俱增而不断加深，导致我国社会保障基金出现隐性损失，进而给我国社会保障基金的财务平衡带来严峻挑战。

---

① LEE R, MILLER T. Immigration, social security, and broader fiscal impacts [J]. American Economic Review, 2000, 90 (2): 350-354.

② AUERBACH A, OREOPOULOS P. Analyzing the fiscal impact of U. S. immigration [J]. American Economic Review, 1999, 89 (2): 176-180.

③ STORESLETTEN K. Sustaining fiscal policy through immigration [J]. Journal of Political Economy, 2000, 108 (2): 1-25.

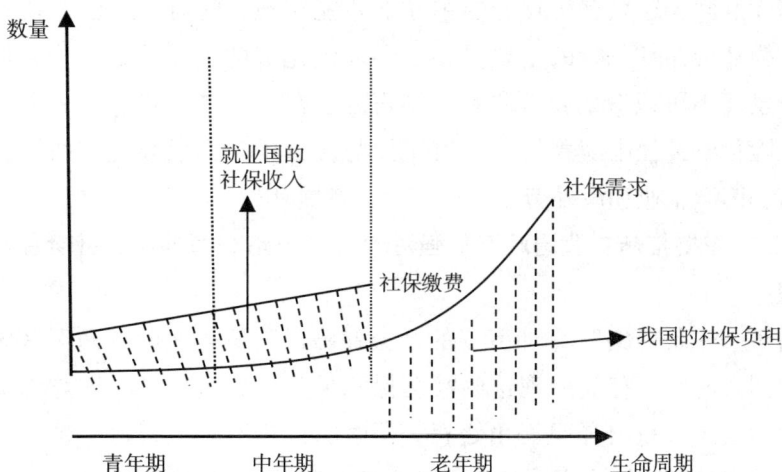

图2　我国海外劳工从青年期到老年期的社会保障缴费与需求

资料来源：笔者自制。

三、我国"一带一路"海外劳工社会保障风险的化解路径

如前所述，我国"一带一路"海外劳工遭遇的三种社会保障风险引致了一系列负面效应，涉及主体较多、影响范围甚广。这些社会保障风险的化解，需要缜密谋划和统筹安排，可以考虑从我国政府、跨国企业和海外劳工三个层面出发，构建政府主导、跨国企业和海外劳工共同参与的"一带一路"海外劳工社会保障风险化解机制，以有效地维护我国"一带一路"海外劳工的社会保障权益。

（一）基本思路：政府主导与多方参与

虽然现代社会保障制度经过百余年的发展已经形成了比较成熟的制度规范和运行机制，但是世界各国社会保障制度主要考虑的仍然是本国国民的利益，即使许多国家的社会保障法律明确规定覆盖境内就业的外籍劳动者，也难以改变这一显而易见的事实。显然，我国"一带一路"海外劳工社会保障风险的产生主要是因为在跨越了传统的民族国家疆域藩篱的情况下，母国与就业国的社会保障制度模式和法律法规存在一定的甚至较大的矛盾与冲突，使得海外劳工在母国和就业国已经或者正在获得的社会保障权益无法有效衔接。要想有效地化解我国"一带一路"海外劳工遭遇的社会保障风险，就必须有效协调我国与就业国的社会保障制度模式和法律法规，毫无疑问，这只有在政府的主导下才能实现。同时，跨国企业和海外劳工作为社会保障风险的主要受害者和风险化解的重要受益者，它们也能在其中发挥不可或缺的重要作用。换言之，在"一带一路"海外劳工社会保障风险化解过程中应当构建政府主导与多方参与的风险化解机制，使我国政府、跨国企业和海外劳工各履其责、各展其长。

（二）主要措施：我国政府加强对"一带一路"海外劳工社会保障风险的治理

由于"一带一路"海外劳工的社会保障风险发生在两国乃至多国范围内，我国政府要想有效治理这些社会保障风险，那么积极寻求与当事国政府和国际组织进行合作是必由之路。同时，针对不同类型"一带一路"海外劳工遭遇的不同社会保障风险，有必要采取差异化的治理策略。

1. 大力开展社会保障国际合作

不论是从发达国家还是部分发展中国家（如菲律宾和印度）的实践经验来看，社会保障国际合作都是有效化解海外劳工社会保障风险的重要路径[①]。海外劳工的母国和就业国在平等互利的前提下进行谈判或磋商，签订具有法律约束力的社会保障国际协定，在缔约国之间构建灵活高效的海外劳工社会保障权益协调机制，可以有效化解缔约国海外劳工遭遇的社会保障双重缴费风险和社会保障待遇支付障碍风险。虽然当前我国政府与12个国家签署了社会保障双边协定，但是这些缔约国中仅有塞尔维亚是"一带一路"国家（见表4）。换言之，在"一带一路"倡议如火如荼地推进7年多后，我国政府仍未与大多数其他共建"一带一路"国家开展社会保障国际合作，显然无法有效化解我国"一带一路"海外劳工遭遇的社会保障风险。故而，我国政府应当在平等且互惠的基础上与其他共建"一带一路"国家大力开展社会保障国际合作。具体说来，可以从两个方面着手：一是开展社会保障双边合作。为了提高社会保障双边合作的效率，鉴于70%以上的我国"一带一路"海外劳工聚集在新加坡、越南、老挝和沙特等东南

---

① ILO. Coordination of social security systems in the European Union [R]. Budapest：ILO DWT and Country Office for Central and Eastern Europe，2010：1–41.；ILO. Strengthening social protection for ASEAN migrant workers through Social Security Agreements [R]. Bangkok：International Labour Office，2008：1-120.；谢勇才，丁建定. 印度海外劳工社会保障权益国际协调的实践与启示 [J]. 中国人口科学，2018（1）：107-119.

亚和西亚国家①，我国政府在寻求与共建"一带一路"国家进行社会保障双边谈判过程中应当着重瞄准东南亚和西亚国家，力争早日与它们签署社会保障双边协定，尽可能化解大多数"一带一路"海外劳工面临的社会保障风险。二是开展社会保障多边合作。我国政府可以借助上海合作组织、中国—东盟"10+1"对话会和中阿合作论坛等国际组织或者多边对话平台，积极寻求与东盟国家和中亚国家等进行社会保障多边谈判，通过缔结社会保障多边协定来构建灵活高效的社会保障多边合作机制，以有效维护"一带一路"海外劳工的社会保障权益。

表 4　我国现有的 12 份社会保障双边协定(截至 2021 年 6 月)

国家	缔结时间	是否共建"一带一路"国家	国家	缔结时间	是否共建"一带一路"国家
德国	2001.07.12	×	荷兰	2016.09.12	×
韩国	2012.10.29	×	法国	2016.10.31	×
丹麦	2013.12.09	×	西班牙	2017.05.19	×
芬兰	2014.09.22	×	卢森堡	2017.11.27	×
加拿大	2015.04.02	×	日本	2018.05.09	×
瑞士	2015.09.30	×	塞尔维亚	2018.06.09	√

资料来源：人力资源和社会保障部网站，http：//www.mohrss.gov.cn/。

2. 尽快建立自愿性社会保险计划

从本质上讲，社会保障国际合作是缔约国政府之间通过双边或者多边合作来化解海外劳工的社会保障风险②，其中一个重要的潜在条件是海外劳工在就业国能够获得社会保障。换言之，虽然社会保障国际合作对于化解海外劳工遭遇的社会保障双重缴费风险和社会保障待遇支付障碍风险具有立竿见影之效，但是对于社会保障双重缺失风险则鞭长莫及。要想有效化解这一社会保障风险，当事国政府必须转变思路、另辟蹊径，从寻求就业国共同担责到采取单方面措施。为此，我国政府可以通过建立自愿性社会

---

① 由《中国统计年鉴》(2014—2020) 整理计算所得。

② 谢勇才. 中国社会保障国际合作：何以可能？何以可为？[J]. 华中科技大学学报（社会科学版），2018（5）：107-114.

保险计划来化解部分海外劳工遭遇的社会保障双重缺失风险，这对于在海湾合作委员会国家就业的我国"一带一路"海外劳工尤为有效。概要而言，我国政府可以通过修订《社会保险法》增加自愿性社会保险条款，将社会保险制度的覆盖人群由国内劳动者拓展至跨国劳动者，让海外劳工在跨国就业期间可以自愿选择是否继续参保国内社会保险制度，从而使无法加入就业国社会保障计划的海外劳工获得一定的社会保护。事实上，包括菲律宾和孟加拉国在内的一些劳务输出大国都为海外劳工设立了自愿性保险计划①，最大限度地化解了海外劳工遭遇的社会保障风险。

3. 积极参与海外劳工的全球治理

海外劳工的社会保障风险是一个全球性难题，这一问题的有效治理离不开各国政府和国际组织的通力协作。自20世纪初以来，国际社会开始积极关注并努力维护海外劳工的社会保障权益②。联合国、国际劳工组织和国际社会保障协会等国际组织高度重视海外劳工及其家属的社会保障问题，它们不仅督促各成员国政府关注和重视海外劳工及其家属的社会保障权益损害问题，而且先后推出了《维护移民的年金权利公约》和《社会保障最低标准公约》等一系列国际公约来缓解这一问题。自20世纪90年代以来，关于海外劳工全球治理的政治对话逐步兴起，如移民与发展全球论坛、国际移民和发展问题高级别对话会议等，并取得了一定的进展。为了有效化解我国"一带一路"海外劳工面临的社会保障风险，我国政府应当积极参与海外劳工的全球治理，不仅应在统筹考虑基本国情的前提下批准更多海外劳工社会保护方面的国际公约，增强我国政府与其他国家进行社会保障双边谈判的底气，还要积极参与重要国际组织以海外劳工全球治理为主题发起的政治对话，充分利用国际法律规则和多边协商机制保护我国"一带一路"海外劳工的社会保障权益，并争取一定的国际话语权。

（三）配套措施：充分发挥跨国企业和海外劳工的作用

如何有效化解"一带一路"海外劳工遭遇的社会保障风险，与跨国企

---

① SABATES W R, WAITE M. Migration and social protection：a concept paper［J］. Development Research Centre on Migration, Globalization and Poverty, University of Sussex Working Paper T2, 2003：1-62.；RUIZ N G. Managing migration：lessons from the Philippines［R］. Washington：World Bank, 2008：1-5.

② FORNALÉ E. Global - regional interaction to extend access to social protection for migrant workers：insights from ASEAN and MERCOSUR［J］. International Social Security Review, 2017, 70（3）：31-52.

业和海外劳工的经济利益与发展前景高度相关。跨国企业和海外劳工作为这一事项的重要责任主体，既不能一味被动地等着政府解决，也不能完全依赖政府保护，而应当主动谋发展，充分发挥自身的积极性、主动性和创造性。

1. 跨国企业应协助"一带一路"海外劳工化解社会保障风险

在化解我国"一带一路"海外劳工社会保障风险方面，跨国企业作为海外劳工的雇主和社会保障风险的主要受害者之一，亦能发挥不可或缺的作用。具体说来，一是协助"一带一路"海外劳工维护社会保障权益。虽然跨国企业千方百计拓展海外业务的主要目的在于获取尽可能多的利润，但是海外劳工的社会保障风险问题也不容忽视，而且维护海外劳工的社会保障权益有助于降低其海外投资成本。因此，我国跨国企业应当逐步改变重利润而轻劳工权益保护的现状，努力为"一带一路"海外劳工维护社会保障权益提供帮助，例如协助海外劳工办理社会保险费用互免证明，使其顺利享有我国现有社会保障双边协定带来的红利。二是加强"一带一路"海外劳工输出前的教育培训。众所周知，劳动者在正式上岗之前需要经过一段时间的岗前教育或者技能培训，这对于跨国就业的海外劳工而言尤为重要。我国跨国企业应高度重视"一带一路"海外劳工输出前的教育培训，不仅要开展工作职责和工作内容等基本内容方面的教育，还要加强就业国社会保障法律、社会保障权益损害情形及应对方式等权益保护方面的培训，让他们掌握一些基本的法律知识和自我保护措施，使其在遭遇社会保障权益损害情况时能够从容应对。

2. "一带一路"海外劳工应充分发挥主观能动性

综观国内外各种社会风险的防控历程不难发现，任何一项社会风险的有效化解都离不开目标群体发挥主观能动性。[①] 作为社会保障风险的主要受害者和风险化解的主要受益者，我国"一带一路"海外劳工无疑可以在社会保障风险化解过程中发挥重要作用。具体说来：一是充分利用我国现有的社会保障双边协定。虽然社会保障国际协定是有效化解海外劳工社会保障风险的重要工具，但是其发挥作用的重要前提是海外劳工主动知悉并充分利用它。换言之，"一带一路"海外劳工应当时刻关注我国政府的社会保

---

① 谢勇才，王茂福. 我国社会保障双边合作的主要困境及对策研究 [J]. 中国软科学，2018(7)：49-62.

障国际合作政策，充分利用各种社会保障国际协定化解其社会保障风险。二是增强自身的社会保障法律知识。我国"一带一路"海外劳工应充分利用岗前培训等机会了解东道国的劳动与社会保障法律，熟悉自己在海外就业期间主要享有哪些社会保障权益，主要有哪些因素或者情况导致社会保障风险，如何有效规避和灵活应对这些社会保障风险。三是提高自身的权益保护意识。当社会保障风险发生时，我国"一带一路"海外劳工应当在第一时间向当地工会组织或者政府部门抑或我国驻外使领馆寻求帮助，变被动忍受为主动回击，充分利用各种合法手段维护自身的合法权益，从而有效化解各类社会保障风险。

参考文献

[1] 邸玉娜，由林青．中国对"一带一路"国家的投资动因、距离因素与区位选择［J］．中国软科学，2018（2）：168-176.

[2] 章雅荻．"一带一路"倡议与中国海外劳工保护［J］．国际展望，2016（3）：90-106.

[3] 花勇．"一带一路"建设中海外劳工权益的法律保护［J］．江淮论坛，2016（4）：114-119.

[4] 李刚．"一带一路"建设中跨国工伤保险问题的国际私法解决方法［J］．陕西师范大学学报（哲学社会科学版），2019（2）：82-91.

[5] 韩喜平，张嘉昕．"一带一路"国家劳动关系协调分类研究［J］．管理世界，2019（4）：70-76.

[6] 潘玥．"一带一路"背景下印度尼西亚的中国劳工问题［J］．东南亚研究，2017（3）：123-137.

[7] 李文沛．"一带一路"战略下我国境外劳动者权益保护中的政府作用研究［J］．行政法学研究，2017（4）：109-117.

[8] 李先波，李娜．"一带一路"倡议下境外务工人员权利之保护［J］．湖南师范大学社会科学学报，2017（5）：91-98.

[9] 王辉．我国海外劳工权益立法保护与国际协调机制研究［J］．江苏社会科学，2016（3）：156-164.

[10] 王延中，魏岸岸．国际双边合作与我国社会保障国际化［J］．经济管

理, 2010 (1): 147-156.

[11] 谢勇才. 中国社会保障国际合作研究 [M]. 北京: 社会科学文献出版社, 2018: 2.

[12] 谢勇才, 丁建定. 印度海外劳工社会保障权益国际协调的实践与启示 [J]. 中国人口科学, 2018 (1): 107-119.

[13] 谢勇才. 中国社会保障国际合作: 何以可能? 何以可为? [J]. 华中科技大学学报 (社会科学版), 2018 (5): 107-114.

[14] 谢勇才, 王茂福. 我国社会保障双边合作的主要困境及对策研究 [J]. 中国软科学, 2018 (7): 49-62.

[15] SABATES W R, KOETTL J. Social protection for migrants: the challenges of delivery in the context of changing migration flows [J]. International Social Security Review, 2010, 63 (3): 115-144.

[16] CHILDERS J. Touching the third rail: an analysis of social security and the recently revealed U. S. -Mexico Social Security Totalization Agreement [J]. Penn State International Law Review, 2007, 26 (1): 227-250.

[17] ALEXANDER S, GERMENJI E, MARKOVA E. Balkan migration: an assessment of past trends and policies and the way ahead [M]. Washington: World Bank, 2004: 1-71.

[18] LEE R, MILLER T. Immigration, social security, and broader fiscal impacts [J]. American Economic Review, 2000, 90 (2): 350-354.

[19] AUERBACH A, OREOPOULOS P. Analyzing the fiscal impact of U. S. immigration [J]. American Economic Review, 1999, 89 (2): 176-180.

[20] STORESLETTEN K. Sustaining fiscal policy through immigration [J]. Journal of Political Economy, 2000, 108 (2): 1-25.

[21] ILO. Coordination of social security systems in the European Union [R]. Budapest: ILO DWT and Country Office for Central and Eastern Europe, 2010: 1-41.

[22] ILO. Strengthening social protection for ASEAN migrant workers through Social Security Agreements [R]. Bangkok: International Labour Office, 2008: 1-120.

[23] SABATES W R, WAITE M. Migration and social protection: a concept pa-

per ［J］. Development Research Centre on Migration, Globalization and Poverty, University of Sussex Working Paper T2, 2003: 1-62.

［24］ RUIZ N G. Managing migration: lessons from the Philippines ［R］. Washington: World Bank, 2008: 1-5.

［25］ FORNALÉ E. Global - regional interaction to extend access to social protection for migrant workers: insights from ASEAN and MERCOSUR ［J］. International Social Security Review, 2017, 70 （3）: 31-52.

撤侨行动中的华侨华人参与研究

——以乌克兰撤侨为例

张赛群*

摘　要：华侨华人参与撤侨具有"地利""人和""物博"等优势，在联络侨胞、提供物资、接待安置等方面具有独特作用。在乌克兰撤侨行动中，华侨华人广泛、积极参与，成为中国政府撤侨的有益帮手。一系列主客观因素促成其撤侨行为，其中，使领馆和侨联的发动是直接推动因素，侨领的号召与率先垂范起到了组织和激励的作用，同胞情谊和公益传统是内在诱因，前者使华侨华人产生一种帮扶责任感，后者使华侨华人扶危救困成为一种习惯。由于种种原因，华侨华人参与撤侨仍存在安全和应对上的不足，需要完善现行海外撤侨多元应对机制。

关键词：乌克兰撤侨；华侨华人参与；动因

一、研究源起和研究现状

一般意义上，"撤侨"指紧急情况下一个国家将侨居他国的本国公民撤至本国或其他安全区域的外交行为。华侨华人①是我国在海外的重要资源，他们分布广泛，人口众多，熟悉侨居国情形和当地侨情，拥有一定的社会资源和社会影响，既可能是撤侨的对象（如华侨），也可能是政府实施撤侨的有益帮手。

＊ 张赛群，华侨大学政治与公共管理学院教授、博士生导师，主要研究方向为华侨华人公益、侨务政策。

① 华侨是定居在国外的中国公民，华人是加入当地国籍但具有中华民族血统的外国公民。文中，撤侨的"侨"主要指华侨、中资企业员工、留学生等中国公民，而参与撤侨的"华侨华人"则不加严格区分，同时将中资企业员工、留学生等算入其内，是一种广义的界定。

对于华侨华人协助撤侨，政界和媒体宣传较多，学者研究偏少，相关成果主要体现在以下三个方面：（1）撤离当事人的感恩记忆，即当事人对协助其撤离的华侨华人组织和个体的陈述，如阿睡、印柏同（2022）① 以涉事留学生的口吻讲述了协助其撤离的华侨华人组织和个体事迹。相关研究虽难以了解华侨华人参与撤侨的全貌，但有助于我们了解华侨华人参与的具体情形。（2）参与个案分析，即对某一华侨华人组织的参与实况和贡献进行分析，如宋磊（2022）② 考察了海外统促会助力乌克兰撤侨的情形，深化了我们对单个组织参与撤侨的认识。（3）参与群体分析，如兰孝程（2011）③ 对希腊华侨华人助力利比亚撤侨行动进行观察，戴任平（2016）④ 对海外应急救援中侨胞侨社作用的研究等。上述成果为我们研究华侨华人参与撤侨问题提供了重要的理论启示和实践佐证，但同时也存在个案偏多、整体性研究偏少，描述居多、理论分析较少等不足，尤其是对华侨华人参与撤侨的动因和制约因素等涉及较少，值得进一步研究。

本文先行探讨华侨华人参与撤侨的优势和传统，再以 2022 年 2—3 月乌克兰撤侨行动为例，对华侨华人在此次撤侨行动中的参与表现、动因及制约因素等进行分析。

二、华侨华人参与撤侨的优势和传统

当前，海外华侨华人多达 6000 余万人，分布在全世界 198 个国家和地区。他们在协助侨居国中国公民或中国公民借道侨居国撤离的过程中有着独特的优势：（1）相比中国国内政府和民众，他们有地利之便，且熟悉侨居国情形和当地侨情。（2）相比当地中国使领馆成员，他们不仅人数众多、分布广泛、组织化程度高，而且扎根基层，拥有一定的经济实力和社会网络。如当前海外华社组织化程度较高，约有 2.5 万个海外华人社团、2 万多

---

① 阿睡，印柏同.留学生口述——31 小时，横跨三国，我所经历的撤侨 [J].三联生活周刊，2022，（11）：62-70.

② 宋磊.祖国是你们的后盾——海外统促会助力乌克兰撤侨访谈录 [J].统一论坛，2022（3）：71-76.

③ ［希腊］兰孝程.希腊华侨华人助力利比亚撤侨行动侧记 [J].统一论坛，2011（2）：39-40.

④ 戴任平.海外突发事件应急救援中侨胞侨社的作用研究——以泉籍侨胞侨社为例 [D].泉州：华侨大学，2016.

所华文学校①、超过 1000 家海外华文媒体②，各组织均拥有一定的社会资源和社会影响。在撤侨行动中，华社组织化有利于华社内部的联络与华侨华人资源的动员和集中。（3）华侨华人的互助传统。异乡打拼，更需要抱团发展，华侨华人也因此养成了互助互救的传统，众多华侨华人社团的成立初衷也在于此。如 2014 年起国务院侨办开始联同海外华侨华人社团建设"华助中心"，为海外华侨华人的生存与发展提供实际帮助。其中，吉尔吉斯斯坦比什凯克华助中心自 2015 年成立以来为侨胞提供各种帮助，包括成立救助站，接纳暂时无处容身的侨胞，为侨胞提供法律援助，协助侨胞处理各种突发应急事件等。③（4）华社协助使领馆开展工作成为常态。尤其是 2017 年领事协助志愿者制度实施之后，近千名华侨华人及留学生志愿者协助使领馆为有需要的海外同胞提供紧急协助和服务。总体来看，华侨华人在收集撤侨预警信息和人员信息、沟通协调、提供撤侨物资、就地救援等方面具有独特的优势。

华侨华人的特有优势使得中国政府在撤侨过程中通常对之有所作为，而当海外同胞身处危难之时，华侨华人往往也能挺身而出，伸出援手，成为中国驻外使领馆撤侨的得力助手。大体上，他们参与撤侨的形式可分为两种：（1）配合中国政府的撤侨安排，做好自身（或本组织）的撤离工作。这是一种最基本的参与，参与面最广，内容既包括前期人员信息统计和证件、物资等准备工作，也包括自身撤离过程中配合安排和内部协调等。（2）为其他同胞提供撤侨支持。这种参与属于志愿服务性质，也是本文讨论的重点。从参与的主动性和协同性来看，又可以分为自发参与和配合参与两种。前者既可以是个体参与，也可以是组织参与，他们自发、自愿协助撤侨，实践中通常为零散的自主撤离人员提供帮助；后者指协助当地使领馆或中国国内相关部门做好撤侨相关事宜。使领馆是撤侨的引领者和组织者，一些华侨华人在使领馆发动下协助其开展工作，一些先行自发参与、后在使领馆引领下协助参与。他们可以以个体或组织形式参与，主要为同胞撤离提供信息、交通服务及多种生活帮助。

---

① 张钟鑫. 发挥华侨华人在民间外交中的独特作用［N］. 中国社会科学报，2020-04-30.
② 关于发挥华侨华人优势服务"一带一路"交汇点建设的建议［EB/OL］.（2019-01-19）［2022-08-08］. 中国人民政治协商会议江苏省委员会，http：//www.jszx.gov.cn/zxta/2019ta/201901/t20190119_27906.html.
③ 严瑜. 聚成一团火，散作满天星（侨界关注）［N］. 人民日报海外版，2019-05-29（06）.

近年来,华侨华人的身影出现在我国多次撤侨行动当中。如 1998 年非洲莱索托突发针对中国企业的骚乱,中国驻莱索托大使馆将侨胞撤至南非边境小镇莱迪布兰德。南非华侨华人在这次撤侨行动中发挥了很大的作用,他们提供了车辆、食物,还到小镇协助安置撤离的侨胞①。2000 年 6 月所罗门暴乱发生后,当地中资企业负责人石中琴第一时间联系了时任中国驻巴布亚新几内亚大使②赵振宇,告之其相关信息,之后她也继续承担协调、联系侨胞的使命。③ 在此次撤侨行动中,巴布亚新几内亚的华侨华人也配合使馆接待所罗门侨胞,为他们捐赠物资。2010 年 6 月吉尔吉斯斯坦撤侨,由于不少华侨商人未在使领馆登记,当地华商组织在协助联络这部分中国公民方面发挥了重要作用。一些大规模的撤侨行动,华侨华人更是广泛参与,从多个方面提供协助。如 2011 年利比亚撤侨,希腊、马耳他、埃及等各个撤离中转国的华侨华人均积极参与其中。在希腊,希腊中国和平统一促进会、希腊华商总会、希腊华人华侨总会、希腊华人华侨联合会、青田同乡会、希腊妇女会等华人社团派出近 70 名志愿者(含华侨华人、留学生、中资机构人员)分 4 批参与协助工作④,他们为撤离人员捐赠食物和药品,协助其入住酒店、统计入住信息、发放食物,提供翻译服务等,全程任劳任怨。

总之,华侨华人参与撤侨具有"地利""人和""物博"等优势,实践中也踊跃参与到中国政府历次撤侨行动中,在联络侨胞、捐赠物资、接侨安置等方面发挥了重要作用,是中国政府撤侨行动的有益帮手。

三、华侨华人参与乌克兰撤侨的情形

1991 年乌克兰独立,次年 1 月中国与乌克兰正式建交。但华人移居乌克兰是在 19 世纪末 20 世纪初,其时一些华人开始定居乌克兰境内,他们主

---

① 中国海外领事保护与华侨华人 [EB/OL].(2019-11-06)[2022-08-08].深圳市侨商智库研究院,http://www.octt.cn/nd.jsp? id=25.

② 其时所罗门与中国没有建交,由中国时任驻巴布亚新几内亚大使赵振宇负责管理所罗门群岛的中国公民海外事务。

③ 张兵,梁宝山.紧急护侨 中国外交官领事保护纪实 [M].北京:新华出版社,2010:114-120.

④ [希腊] 兰孝程.希腊华侨华人助力利比亚撤侨行动侧记 [J].统一论坛,2011(2):39-40.

要是小商业者、手工业者和劳工。① 至 2016 年，根据当年乌克兰国家统计局的统计数据，乌克兰有华人约 1.2 万人，主要集中在敖德萨、基辅和哈尔科夫，② 多从事进出口贸易、餐饮、旅游等行业。同时，乌克兰的中国公民约 6000 人，包括留学生、中资企业员工和华侨，主要分布在基辅、利沃夫、哈尔科夫、敖德萨和苏梅等地。③

2022 年 2 月 24 日④，俄罗斯对乌克兰发动"特殊军事行动"，乌克兰华侨陷入危险当中。次日凌晨，中国驻乌克兰大使馆发布《关于请拟自乌克兰撤离中国公民进行登记的紧急通知》，启动撤侨应急机制。基于安全方面的考虑，此次撤侨先从陆路撤至乌克兰邻国，再从邻国乘坐包机回国。至 3 月 28 日，共有 5200 多名在乌中国公民安全撤至罗马尼亚、波兰等乌克兰周边国家，其中有 4600 多名搭乘中国政府安排的临时航班回到祖国。⑤ 与以往撤侨相比，此次撤侨过程复杂，涉及的主体多元，是一场艰难的"接力"行动。在此过程中，乌克兰及周边国家的华侨华人予以积极协助，接应、安置侨胞，协助其安全返回国内。其中华侨华人参与的具体情形，可从主体、内容、方式等方面进行分析。

（一）参与主体

协助乌克兰撤侨的华侨华人十分广泛，涉及乌克兰境内及其邻国的华侨华人社团、留学生团体、中资企业及志愿者个体等多元主体，其中华侨华人社团包括同乡会、商会和其他行业协会、统促组织等各类非营利性组织，以下统称华人社团。

乌克兰本国华人社团、留学生团体、中资企业在组织和协助华侨、留学生和中资企业员工撤出乌克兰的过程中发挥了重要作用。乌克兰华人社团以同乡会和商会为主，也有一些留学生组织，较具影响力的是乌克兰华人华侨协会、乌克兰华人总会、乌克兰华商会、乌克兰华侨华人联谊会等 10 余个华人社团，其中 2016 年 11 月成立的乌克兰华人华侨协会曾在乌克兰司法部正式注册。这些华人社团的功能主要是联谊互助，与中国驻乌克

① 刘柏威，李睿思．乌克兰［M］．大连：大连海事大学出版社，2018：103-104.
② 宋慧中．"一带一路"国家贸易投融资环境：第 2 册［M］．北京：中国金融出版社，2017：477.
③ 乌克兰华人安危牵人心 使馆已包机撤侨［N］．南美侨报，2022-02-26（A8）.
④ 由于此次撤侨时间均在 2022 年，以下时间表达均省掉年份。
⑤ 高乔．"有同胞的地方就有家"（侨界关注）［N］．人民日报海外版，2022-03-30（06）.

兰使领馆、国内侨务部门保持着经常性联系。乌克兰形势恶化后，使领馆联合乌克兰华人华侨协会、留学生协会、华商会等组织开展撤离工作。而基辅、哈尔科夫、苏梅、敖德萨及乌克兰西部地区的华侨和中国留学生也自发成立了互助组，共享信息，互通有无，相互鼓励和提醒。一些中资企业为其他撤离同胞提供了交通和住宿便利。

乌克兰境内也涌现出一批无私无畏的志愿者个体，如敖德萨留学生小周主动把撤离名额让给他人，每日协助大家撤离，直至最后一批离开；边境侨胞易永成，用私家车免费将数百名抵达乌日哥罗德火车站的留学生送达边境口岸；[1] 一些接受过他人援助的留学生也加入志愿服务队伍中来。如在乌克兰老师协助下顺利撤至波兰的留学生小张，积极协助波兰浙江商会帮助更多的乌克兰同胞转道波兰撤离。

罗马尼亚、匈牙利、波兰、斯洛伐克和摩尔多瓦等乌克兰邻国华人社团和志愿者在乌克兰侨胞借道他国撤离的过程中发挥了重要作用，他们出钱、出力、出策，积极协助乌克兰侨胞撤离。2月27日，欧洲华侨华人社团联合会发出公告，表示联合会驻波兰、白俄罗斯、罗马尼亚、匈牙利、斯洛伐克等各国联络处将为需要援助的乌克兰侨胞提供免费交通和生活帮助。[2] 2月28日，波兰浙江商会、匈牙利丽水商会、波兰华侨华人协会、斯洛伐克华人青年联合商会、罗马尼亚青田同乡会、罗马尼亚华侨华人联合会等13家浙籍华人社团公布了求助电话，做好协助准备。如罗马尼亚浙籍侨团联合成立"助乌工作组"，由9个侨团的17位侨领共同组成服务团队；波兰浙江商会在波兰和乌克兰交界的几个城市先期设立了5个接待点；[3] 3月1日，斯洛伐克华社成立"斯洛伐克华侨华人援助旅乌华侨华人及留学生协调小组"。撤侨行动正式启动之后，参与社团十分广泛，如波兰华侨华人协会所在中国商城附近的10个侨团，每个侨团的人数从几十到几百人不等，所有人自发投入其中。各国之中，罗马尼亚接受撤离的同胞过半，罗马尼亚青田同乡会、华人商贸总会、台州商会等20个旅罗华人社团积极参与，他们或捐资赠物，或组织志愿者参与撤离安置，在协助乌克兰撤侨行

① 王春晓，陈威敬. 去留乌克兰 [J]. 中国新闻周刊，2022（9）：34-38.
② 高乔. "有同胞的地方就有家"（侨界关注）[N]. 人民日报海外版，2022-03-30（06）.
③ 张煜欢，张雨滴. 浙江侨联指导海外浙籍侨团援助在乌华侨 [EB/OL]. （2022-02-28）[2022-08-28]. 中国新闻网，http://www.chinanews.com.cn/hr/2022/02-28/9688440.shtml.

动中作出了突出的贡献。

　　除所经国家外，他国华侨华人也献上自己的爱心。一些为撤侨援助做好准备，如全德华侨华人联合总会倡议旅德华侨华人向乌克兰同胞提供帮助，德国福建同乡联合总会自发组织全德"守望相助"服务团队，随时准备援助撤离至德的同胞。一些还参与实际的救援工作中，如捷克中国和平统一促进会发挥了联络员的功能，第一时间联系乌克兰周边国家侨团及国内侨联组织，协助乌克兰内蒙古籍留学生确定安全的撤离路线等；英国温州籍侨胞向波兰浙江商会慈善公益部捐款撤侨等。值得一提的是，这次撤侨还有不少线上志愿者，如一些安全撤离后的留学生志愿者继续在微信群协助统计撤离人员信息，一些在国内的侨领坚持线上指导华人社团撤侨事宜等。

　　（二）参与内容

　　华侨华人参与撤侨涉及多个方面，最基本的是车辆接送和生活帮助。俄乌冲突升级后，乌克兰境内华商和中资企业为撤离同胞提供交通和住宿便利，如基辅华商腾空自家厂房，为滞留华人提供住宿；[①] 当地商会联系车辆，协助大使馆撤离留学生。当侨胞从哈尔科夫市撤至敖德萨后，敖德萨侨社和商会为同胞提供食宿便利。[②] 而波兰、匈牙利、罗马尼亚、斯洛伐克等周边国家的华人社团或自行驱车、或雇车赶至边境协助乌克兰同胞安全撤离。如波兰浙江商会以会员在边境的连锁商场超市作为临时服务点，租车将同胞从边境口岸、火车站等地先行接到边境服务点安置，再将其送到华沙总部；罗马尼亚青田同乡会用旅游大巴将撤离同胞从海关送往首都布加勒斯特等。从各国边境到安置点多需长途跋涉，日夜兼程，"接人到半夜，困了就打个盹，然后继续起来干活，24 小时待命成为大家工作的常态。"[③] 由于战时交通、通信不畅，长时间等待也成为常态。如斯洛伐克侨胞从接到人员即将抵达信息到人员过境会合，在边境足足等了 3 天。[④] 除接侨外，华侨华人还负责将撤离同胞从安置点送往机场，返回中国。罗马尼

---

　　① 刘俏言，陈馨懿. 撤离乌克兰：首批留学生撤出境，基辅华商腾厂房安置华人，旅罗浙商将接待 500 名同胞 [N]. 钱江晚报，2022-03-01.

　　② 谢奕秋. 华人撤离乌克兰 [J]. 党员生活（中），2022（3）：17.

　　③ 欧洲闽籍侨团助力乌克兰撤侨 [N]. 鹭风报，2022-04-01（03）.

　　④ 王春晓，陈威敬. 去留乌克兰 [J]. 中国新闻周刊，2022（9）：34-38.

亚侨界最多的一次送侨，出动了 30 多辆私家车、40 多名志愿者。①

在邻国停留期间，周边国家的华侨华人为撤离同胞提供吃、住、用等各类生活帮助。由于此时乌克兰邻国难民云集，住宿问题较难解决。撤离侨胞的住宿一些由邻国中国使领馆提供，华人社团协助安排；一些完全由华人社团解决。为安置同胞，各华人社团或预订宾馆、民宿，或将会馆、体育场馆、厂房等临时改造，或腾出自家房子予以安置。如为了安置撤离的中国留学生，罗马尼亚福建同乡会和世界福建青年联会罗马尼亚分会腾出 7 套房子和福建会馆两层进行临时安置。② 整个撤侨期间，罗马尼亚福建同乡会共协助中国驻罗马尼亚大使馆接应近 900 人，免费安排食宿，并每天派车护送同胞到机场③；罗马尼亚台州商会为撤侨乡亲提前预定了多个酒店房间，并准备了矿泉水、生活用品、手机卡、水果、餐食等，且住宿和餐饮费用均由商会承担。一些华侨华人不仅为撤离同胞安排食宿，提供常用生活物资，还为婴儿、孕妇等特殊人群准备其所用生活物资。多数情况下，这些均是免费的。

在乌克兰境内，一些华人社团参与了撤侨决策、安全保障等事项。如敖德萨华商总会积极协助中国驻敖德萨总领馆撤侨，和领馆协商安排撤离顺序，协助使领馆进行撤侨登记，协同争取当地警察机构的护送等。一些华侨华人还为撤离同胞提供信息咨询、心理安慰、代办回国事宜等多项服务。如乌克兰形势恶化后，当地留学生会成立了互助志愿者组织，帮助汇总校内中国留学生的信息，一些学医的留学生则协助进行心理干预，缓解大家的焦虑和恐惧心理。④ 邻国的华人社团也为撤离侨胞提供信息指引，如波中侨商联合会和乌克兰留学生负责人联合组建"转移波兰微信群"，波兰哪些口岸开放，哪条线路相对安全、畅通，如何联系志愿者……相关信息实时更新，为乌克兰撤离同胞提供参考。⑤ 各国华侨华人在协助同胞撤离的同时，也不忘安抚他们的情绪，给予其情感关怀。如各华人社团通过聚会、聊家常、准备家乡美食等行动努力营造家的感觉，使撤离者尽快走出战争

---

① 高乔. "有同胞的地方就有家"（侨界关注）[N]. 人民日报海外版，2022-03-30（6）.
② 欧洲闽籍侨团助力乌克兰撤侨 [N]. 鹭风报，2022-04-01（03）.
③ 陆秋明. 有华侨的地方就有温暖 [N]. 福建侨报，2022-03-11（08）.
④ 黄驰波，何嘉豪，马璇. 中国驻乌克兰使馆呼吁在乌同胞互助! 已有留学生加入互助组织 [N]. 南方都市报，2022-02-28.
⑤ 高乔. "有同胞的地方就有家"（侨界关注）[N]. 人民日报海外版，2022-03-30（06）.

阴影。必要时，志愿者还联合国内侨联组织安抚个别心理阴影严重的同胞。[①] 从 3 月初开始，中国政府派出 20 架次临时航班撤侨，自乌克兰撤出的同胞大多选择回国。各地华人社团又开始协助他们办理信息收集、核酸检测、机票购买等相关事宜，匈牙利中国和平统一促进会还承担了撤离同胞的核酸检测资金。[②] 华人社团也协助处理一些意外事件，如协助补办旅行证件及协助办理华侨外籍子女回国相关手续等。一些撤离学生选择留居邻国等待时机，各国华侨华人提供其在当地勤工俭学的机会，助其完成学业。

（三）参与方式

华侨华人协助乌克兰撤侨在参与方式上呈现出如下特征：

1. 团体参与

此次撤侨有大量华侨华人个体自发参与，且不提前述周彦君、易永成等个体侨胞的突出表现，整个撤侨行动的顺利开展也离不开多国华侨华人个体的热心捐赠和志愿参与，如在匈牙利，不少中国留学生积极充当志愿者，许多旅匈侨胞热心捐钱赠物，协助侨胞撤离。[③] 但整体而言，由于海外侨界已高度组织化，华人社团众多，一些已成为当地华社的引领者和代言人，成为华社与当地政府、中国驻当地使领馆的联系中介，撤侨时期各国使领馆也广泛发动华人社团参与，因此，团体参与仍是此次华侨华人协助撤侨的主要形式。

综合来看，华人社团在此次撤侨行动中扮演了组织者、引领者和实践者的角色。欧洲华侨华人社团联合会、欧洲福建侨团联合总会等联合性华人社团动员、组织其会员团体为需要援助的侨胞提供免费交通和生活帮助。为协助撤侨，一些华人社团单独或联合成立了专门的救援小组，如罗马尼亚浙籍华人社团联合成立"助乌工作组"，斯洛伐克侨界成立"斯洛伐克华侨华人援助旅乌华侨华人及留学生协调小组"，波兰中国和平统一促进会成立了"守望相助援助小组"，罗马尼亚福建同乡会成立了"帮助撤侨行动小组"等，加强对撤侨工作的领导。实践中，各华人社团通过发动志愿者

① 欧洲闽籍侨团助力乌克兰撤侨［EB/OL］.（2022-03-21）［2022-08-28］. 中国侨网，http://www.chinaqw.com/hqhr/2022/03-21/325096.shtml.

② 宋磊. 祖国是你们的后盾——海外统促会助力乌克兰撤侨访谈录［J］. 统一论坛，2022（3）：72-73.

③ 宋磊. 祖国是你们的后盾——海外统促会助力乌克兰撤侨访谈录［J］. 统一论坛，2022（3）：75.

（包括会员及非会员志愿者）协助撤侨，成效显著。如浙籍华人社团，截至
3月14日，罗马尼亚浙籍侨团共接待安置侨胞及留学人员3600余人，波兰
浙籍侨团接待安置800余人，匈牙利浙籍侨团接待安置650余人，斯洛伐克
浙籍侨团接待安置286人。① 闽籍华人社团也不甘落后，仅罗马尼亚福建同
乡会截至3月8日接待安置近900人。② 各社团为撤侨耗费了大量的人力、
物力和财力。如截至3月18日，仅罗马尼亚青田同乡会、华侨华人联合会、
华人商贸总会、浙江瑞安同乡会、台州商会、丽水同乡会6家组织就有近
200名志愿者参与，支出40余万欧元。③ 其他国家的华人社团也是如此，如
匈牙利中华总商会联合当地慈善机构和部分侨团筹集救助物资55吨，而匈
牙利温州商会、匈牙利青田同乡会等浙籍社团为接侨也筹集大量款项并派
出数十名志愿者④，匈牙利闽籍华人社团组织了50多名志愿者协助撤侨⑤；
旅斯华侨华人援助协调小组有30位志愿者参与，协助了286人，支出15.8
万余欧元⑥；波兰浙江商会先后有40名志愿者参与，接待安置了300余名
同胞。⑦ 可见，为安置乌克兰同胞，各华人社团募集资金、招募志愿者，积
极参与其中，成效显著。

2. 主动、积极参与

主动、积极参与表明相关主体参与其中是心甘情愿的。俄乌冲突升级，
同胞受困，华侨华人没有置身事外。匈牙利统促会、波兰统促会等主动联
系乌克兰同胞，表示愿意提供帮助。而当撤侨决定做出后，匈牙利、罗马

① 章临曦. 守望相助 传递温暖——浙籍侨团援助乌克兰撤侨工作综述 [EB/OL]. (2022-03-18) [2022-08-28]. 浙江省侨联, http：//www.zjsql.com.cn/index.php? m = content&c = index&a = show&catid = 14&id = 50154.

② 陆秋明. 有华侨的地方就有温暖 [N]. 福建侨报, 2022-03-11 (08).

③ 章临曦. 守望相助 传递温暖——浙籍侨团援助乌克兰撤侨工作综述 [EB/OL]. (2022-03-18) [2022-08-28]. 浙江省侨联, http：//www.zjsql.com.cn/index.php? m = content&c = index&a = show&catid = 14&id = 50154.

④ 章临曦. 守望相助 传递温暖——浙籍侨团援助乌克兰撤侨工作综述 [EB/OL]. (2022-03-18) [2022-08-28]. 浙江省侨联, http：//www.zjsql.com.cn/index.php? m = content&c = index&a = show&catid = 14&id = 50154.

⑤ 欧洲闽籍侨团助力乌克兰撤侨 [N]. 鹭风报, 2022-04-01 (03)。

⑥ 章临曦. 守望相助 传递温暖——浙籍侨团援助乌克兰撤侨工作综述 [EB/OL]. (2022-03-18) [2022-08-28]. 浙江省侨联, http：//www.zjsql.com.cn/index.php? m = content&c = index&a = show&catid = 14&id = 50154.

⑦ 章临曦. 守望相助 传递温暖——浙籍侨团援助乌克兰撤侨工作综述 [EB/OL]. (2022-03-18) [2022-08-28]. 浙江省侨联, http：//www.zjsql.com.cn/index.php? m = content&c = index&a = show&catid = 14&id = 50154.

尼亚、波兰、斯洛伐克、塞尔维亚、德国等多国华人社团积极参与协助撤侨的队伍中来。一些华人社团还精心筹划，认真准备，体现了其积极、负责的态度。如波兰浙江商会认真筹划，不仅在华沙总部设立援助服务点，还先后在波兰边境设立 8 个救援站，体现了该组织的积极态度。一些华人社团虽然是在使领馆倡议下参与的，但在此过程中不是被动应付，而是积极制定援助方案，筹备物资，征集志愿者，提前做好协助撤侨的各项准备工作。一些侨胞个体也非常积极，如斯洛伐克侨领周彦君每天将手机音量调到最大，唯恐错过同胞的求助电话；乌克兰侨胞易永成不仅把自己的电话号码贴在个性签名里，还动员家人加入免费接送的行列，全程任劳任怨。总之，在协助乌克兰同胞撤离的行动中，不少华人组织和侨胞个体积极主动，精心准备，认真落实，有效保障了撤侨工作的顺利进行。

3. 协同参与

协同强调多方主体的协作。乌克兰撤侨行动中，这种协作首先是华人社团、当地留学生组织与中国使领馆之间的协作。长期以来，乌克兰的华人社团、留学生组织积极协助乌克兰使领馆开展工作，2017 年协助志愿者制度推广以来更是如此，如敖德萨中华商会会长朱光翔等侨领和一些侨胞本身就是使领馆的协助志愿者，平时他们充当了使领馆与华社之间联系的桥梁，传递信息，协同开展活动。这种常态化的协作关系为紧急撤侨行动奠定了良好的基础。此次撤侨行动中，中国驻敖德萨总领馆与敖德萨华商总会电话沟通百余次，以确定留学生撤离的相关事宜。[①] 其他华人社团、留学生会组织也在使领馆指导下积极开展工作，大家分工合作，优势互补。使领馆利用其外交优势和应急经验，负责撤侨安置的统筹安排和通关协调，华人社团利用其人员优势和成员的社会网络，负责撤侨、接侨和安置的具体事宜。具体而言，乌克兰境内的撤离工作包括组织、派车、跟车护送等主要由乌克兰使领馆负责，当地华人社团、留学生组织予以配合。如 2 月 28 日，中国驻敖德萨总领事馆组织已登记撤离的留学生和华侨在领事馆集合，统一转移，敖德萨中国留学生会和当地华商协会予以协助。中转摩尔多瓦期间，由于摩尔多瓦当地中资企业和侨胞较少，组织、派车等事宜主要由当地使领馆负责。转移至罗马尼亚等邻国之后，各中国使领馆负责统

---

① 中国继续撤侨行动外籍家人同获转移 [N]. 香港文汇报，2022-03-03（A18）.

一指挥和协调,该国华人社团承接具体的接应安置工作。如罗马尼亚青田同乡会在罗马尼亚海关附近 24 小时待命,随时听候大使馆的通知接侨。每发出一辆车,志愿者均会给车辆拍照,标注出发日期、搭载人数,传给大使馆工作人员及在布加勒斯特接应的同乡会成员,确保各个环节顺利衔接。

其次是华人社团之间及华人社团与华人个体之间的协作。如前述浙籍、闽籍华人社团及斯洛伐克侨界之间的联合就是一种华人社团之间的协同。这种协同包括在使领馆安排下分担接侨任务,也包括协同拟定救助方案,如波兰山东商会和波兰统促会就曾一起制定救援方案。一些侨胞个体也携手撤侨,如乌克兰的易永成与斯洛伐克的周彦君素昧平生,但从撤侨开始,两位侨领就主动联系、分工合作,易永成负责将同胞从乌日霍罗德火车站送往乌斯边境,周彦君负责安排志愿者在斯洛伐克边境迎接,[①] 大大提升了撤侨效率。

最后是国内外同胞的协作。此次撤侨不仅涉及中国驻外使领馆,也涉及中国外交部、财政部、海关、卫健委、统战部、侨联、航空公司等台前幕后的众多政府机构和民间组织,海外华侨华人也积极配合相关机构的安排和要求。如华人社团配合中国政府的防疫要求,在登机前协助撤离侨胞做好核酸检测事宜;协助家乡侨联部门联系海外侨胞,做好他们的生活安置和心理安抚工作等。

总之,在乌克兰撤侨行动中,华侨华人广泛、多元参与,参与过程积极、主动,有效地协助了中国政府的撤侨行动。同时,协助的过程也是海内外同胞团结行动、同舟共济的过程,这一过程有益于凝聚侨心,促进侨界团结,并使海内外同胞联系更加紧密。

四、华侨华人参与乌克兰撤侨的动因

华侨华人参与乌克兰撤侨行动由一系列主、客观因素促成,其中,使领馆和侨联的发动是直接推动因素,侨领的号召和率先垂范起到了组织和激励的作用,同胞情谊和公益传统是内在诱因,前者使华侨华人油然而生一种帮扶责任感和使命感,后者使华侨华人扶危救困成为一种习惯。

---

① 帮同胞撤离乌克兰的海外侨领:"我们就是一面旗子。"[EB/OL]. (2022-03-12) [2022-08-28]. 浙江省侨联, http://www.zjsql.com.cn/index.php? m = content&c = index&a = show&catid = 14&id = 50089.

（一）使领馆和侨联的发动

中国驻外使领馆是撤侨行动的"主心骨"，各国华侨华人在乌克兰撤侨中的参与离不开中国驻外使领馆的动员和组织。使领馆不仅及时制定了撤侨应急预案，指导乌克兰同胞有序撤离，而且号召海外中国公民社团和个人行动起来，向有困难的同胞提供力所能及的帮助。① 撤侨应急机制启动后，中国驻外使领馆以电话、视频会议等方式动员各国华人社团、中资企业等予以协助。使领馆还与华人社团磋商撤侨具体事宜，如前述中国驻敖德萨总领馆与敖德萨华商总会协商留学生撤离事宜，中国驻罗马尼亚大使馆电请罗马尼亚华侨华人联合会协助办理撤离人员核酸检测事宜等。在具体撤离工作中，各国华人组织也配合当地中国使领馆的统筹安排，协助其做好撤侨工作。事后，中国驻外使馆也对各华人组织的撤侨表现给予充分肯定和高度赞扬。可见，使领馆在华侨华人参与撤侨过程中起到了动员、组织、协调和激励等作用。

国内侨联组织在其中也发挥了重要的作用。侨联组织平时与海外华人社团联系密切，在此次撤侨行动中，各地侨联组织与各国华人社团联动，在中国驻外使领馆的统一指挥下，协助乌克兰中国公民有序撤离。从来源看，乌克兰华侨华人及留学生涉及东北三省、山东、陕西、江苏、浙江、福建、四川和重庆等多个省（直辖市），近年来闽、浙华商增长较快。据乌克兰福建同乡会不完全统计，乌克兰闽籍乡亲约有1400人②，浙籍侨胞约1000人，以丽水、温州籍居多。③ 乌克兰形势恶化后，浙、闽侨联组织反应迅速。2月25日，浙江省侨联积极联系乌克兰周边国家浙籍华人社团负责人，召开视频会议，指导他们为乌克兰同胞提供援助④；福建省侨联指导乌克兰周边国家闽籍华人社团组建援乌侨胞微信群，还派出6名干部分别联系

① 中国驻乌克兰大使馆对全体在乌公民的呼吁［EB/OL］.（2022-02-28）［2022-08-26］.中国侨网，http：//www.chinaqw.com/qwxs/2022/02-28/323340.shtml.

② 睡梦中被炮弹惊醒、4小时路程花了17个小时……新闻110记者连线旅乌福建人［EB/OL］.（2022-03-02）［2022-08-26］.华人头条，http：//ptyy.52hrtt.com/cn/n/w/info/G1646117607192.

③ 张煜欢，张雨滴.浙江侨联指导海外浙籍侨团援助在乌华侨［EB/OL］.（2022-02-28）［2022-08-26］.中国新闻网，http：//www.chinanews.com.cn/hr/2022/02-28/9688440.shtml.

④ 章临曦.守望相助 传递温暖——浙籍侨团援助乌克兰撤侨工作综述［EB/OL］.（2022-03-18）［2022-08-28］.浙江省侨联，http：//www.zjsql.com.cn/index.php? m=content&c=index&a=show&catid=14&id=50154.

各国闽籍华人社团,指导和协助他们做好相关工作。① 其他各地侨联也行动起来,如内蒙古侨联委派有乌克兰留学经历的人员充当信息联络员,与在乌内蒙古籍留学生取得联系,组建数个微信群,沟通信息,安抚情绪。② 实践中,各华人社团在协助撤侨过程中与原籍地侨联始终保持着密切联系。总之,由于各国华人社团与国内侨联组织的密切联系及国内侨联组织在侨务工作中的重要地位,使得国内侨联组织对华侨华人参与撤侨有一定的动员和指导作用。

(二)侨领的号召和率先垂范

海外华人有互帮互助的传统,帮扶活动也一直为海外华社所提倡。侨领是华社的带头人,他们在此次撤侨行动中动员并组织华社参与撤侨行动。如欧洲华侨华人社团联合会发起帮助旅乌同胞倡议书后,各地侨领主动联系联合会,要求加入救援队伍;波兰山东商会会长郭长柱迅速组织救援队伍,制定救援方案,第一时间在乌克兰互助群发出救援信息。③ 承担协助撤侨的任务后,侨领们利用各自的影响广泛动员,鼓励大家齐心协力,帮助乌克兰同胞渡过难关。如得知波兰边境滞留了不少乌克兰留学生,波兰中国和平统一促进会常务副会长刘东权迅速组建多个微信救助群,号召波兰同胞"有钱的出钱,有力的出力,有车的出车",乌克兰周边国家边境线上随即出现多个救援接待点。④ 撤侨需要车辆和各种物资,侨领们积极响应,率先出车、出房、出钱。如"斯洛伐克华侨华人援助旅乌华侨华人及留学生协调小组"成立之初,斯洛伐克中国和平统一促进会等社团负责人当即捐资购买援助物资。他们的积极响应和广泛动员不仅保证了所在社团积极参与,对其他华侨华人参与也起到了示范和激励的作用。

撤侨过程中,侨领不畏艰辛,率先垂范。如为接应乌克兰撤离同胞,中欧经济文化研究发展中心会长柯海啸频繁往返于布达佩斯和边境之间,

---

① 欧洲闽籍侨团助力乌克兰撤侨 [EB/OL]. (2022-03-21) [2022-08-28]. 中国侨网, http://www.chinaqw.com/hqhr/2022/03-21/325096.shtml.

② 奥蓝. 乌克兰撤侨中的同胞情:一次相识于危难的短暂相遇 [EB/OL]. (2022-04-20) [2022-08-28]. 中国侨网, http://www.chinaqw.com/hqhr/2022/04-20/327557.shtml.

③ 李婵娟, 赵庆华. 郭长柱. 乌克兰撤侨行动中的山东好儿郎 [N]. 山东侨报, 2022-04-22 (02).

④ 王春晓, 陈威敬. 去留乌克兰 [J]. 中国新闻周刊, 2022 (9): 34 38.

每天睡眠不足三小时①；为保证每一位撤离者都能获得妥善安排，斯洛伐克侨领严苏芳坚守在安置点，亲自负责人员登记、物资发放、引导入住等工作，由于任务重，工作时间长，一段时间下来瘦了整整 14 斤②；罗马尼亚福建同乡会秘书长林雄主动请缨，驱车十几个小时赶赴摩乌边境，连续值守 48 小时。③ 他们的率先垂范不仅凝聚了人心，鼓舞了士气，也感染了身边的人。如看到严苏芳及其他志愿者的辛勤付出，度假村的工作人员也自发捐赠了一些生活物资。

（三）同胞情谊

同胞情谊在撤侨中的作用可用心理学的"移情效应"来解释，是一种将对特定对象的情感迁移到与该对象有关的人或事物上的现象。身处异境的海外侨胞普遍有思乡情结，并倾向于将思乡情感转移到同胞身上。正如协助乌克兰撤侨的罗马尼亚侨领蒋建敏表示："每次看到侨胞从大巴车上走下来，和他们对上眼神，都是最让我感动的时刻。……我们都觉得，好像见到了自己的亲人。"④ 这种情感使得华侨华人对同胞在海外的遭遇感同身受，并由此产生了一种救助同胞的责任感和使命感。正如经历过利比亚撤侨的希腊华侨华人总商会会长徐伟春所言："作为一名中国人，我们有责任有义务帮助中国人。"⑤ 正是基于这种责任感和使命感，华侨华人才义无反顾地投入乌克兰撤侨行动中。可见，在特殊时刻，同胞情谊影响着侨胞的选择，推动着他们更加积极地投入协助同胞化险为夷的事业中去。

而当地爱心人士的积极参与反过来也刺激着华侨华人的同胞情谊。如在摩尔多瓦、波兰等乌克兰邻国边境，当地民间组织和爱心人士免费给撤离难民发放物资，罗中之家和红龙商贸集团的罗马尼亚友人也积极投入接待、安置中国同胞的工作中。其他国家的民众尚且如此，作为同胞，华侨华人自然更加义不容辞。

① 帮同胞撤离乌克兰的海外侨领："我们就是一面旗子。" [EB/OL]. (2022-03-12) [2022-08-28]. 浙江省侨联, http：//www. zjsql. com. cn/index. php? m = content&c = index&a = show&catid = 14&id = 50089.

② 紧急救援旅乌同胞——旅斯华人志愿者在行动 [EB/OL]. (2022-03-06) [2022-08-28]. 华人头条, https：//ph. 52hrtt. com/cn/n/w/info/A1646117384024.

③ 同气连枝 守望相助——闽籍侨界全力以赴助力乌克兰成功撤侨 [EB/OL]. (2022-03-19) [2022-08-28]. 福建省侨联网, http：//fjsql. fqworld. org/qlyw/82515. jhtml.

④ 高乔. "有同胞的地方就有家"（侨界关注）[N]. 人民日报海外版, 2022-03-30 (06).

⑤ 吴佩鸿. 我们有责任有义务帮助中国人 [N]. 华声晨报, 2022-06-02 (A4).

（四）公益传统

公益传统使华侨华人扶危救难成为一种习惯和生活方式。这种公益传统首先是中华民族"一方有难，八方支援"的帮扶传统，这种帮扶传统是中华文化的一部分，在海内外炎黄子孙中广为流传。在乌克兰撤侨中同样得以体现，正如时任外交部部长王毅所言："在撤侨行动中，在乌克兰和周边国家的华人华侨、留学生、中资机构全面动员，互施援手，再次体现了中国人患难与共的传统美德。"① 其次是华侨华人在当地的公益传统。近年来，随着华侨华人公民意识、责任意识的提升，也为了更好地融入当地，华人社团、中资企业和华侨华人个体积极参与当地慈善活动中，捐款赠物司空见惯。如 2020 年 3 月乌克兰新冠疫情暴发，各大医院抗疫物资告急，乌克兰华侨华人协会 3 月 20 日发起募捐倡议，在乌华侨华人、中资机构、留学生、使领馆工作人员纷纷响应，首批约 3 万美元抗疫物资从中国国内运抵乌克兰抗疫一线，之后又有第二批共计 1200 余箱抗疫物资运达。② 事实上，此次俄乌冲突发生至我国启动撤侨行动之前，中欧经济文化研究发展中心等华人社团已秉持大爱情怀自发救助乌克兰难民，之后再积极协助中国使领馆撤侨。而旅斯华商严苏芳、波兰华商陈博文等侨领，也向乌克兰难民提供了大量救援物资。对这些慈善人士而言，救助他人是一种习惯，救助同胞更是责无旁贷。同时，长期的公益经验使他们应对突发救援行动时更加得心应手，如波兰浙江商会在此次协助撤侨行动中体现出较强的执行力，与该组织长期从事公益活动有关。自 2020 年疫情发生后，他们一直在为旅波同胞提供义诊和疫苗接种等志愿服务，同时他们也关爱和救助当地困难儿童，这使得他们在动员和组织人力、物力方面具有明显的优势。

当然，华侨华人在乌克兰撤侨行动中的广泛参与还与其他因素有关，如所在国政府的倡导。撤离中的侨胞本质上属于战争难民，据联合国难民署 2022 年 4 月初统计，自 2022 年 2 月末俄罗斯对乌克兰发起"特别军事行动"，已有约 430 万难民逃离乌克兰。③ 乌克兰邻国政府承诺为难民提供临

---

① 王毅谈从乌克兰撤侨：愿用行动告诉每一位海外同胞，你的身边有我们，你的背后是祖国 [EB/OL]. (2022-03-07) [2022-08-28]. 中国侨网，http://www.chinaqw.com/yw/2022/03-07/323987.shtml.

② 乌克兰华侨华人 抗疫在行动 [N]. 南方日报，2020-04-30（A10）.

③ 欧盟批准向成员国拨款 35 亿欧元收容乌克兰难民 [EB/OL]. (2022-04-13) [2022-08-28]. 乌克兰中文网，http://www.cnua1.com/gjyw/32905.html.

时性保护，并倡导民间力量对之进行人道主义援助，这对于身处其中的华侨华人而言也有一定的推动作用。又如跨国华人联合性社团的涌现加强了不同国家海外华人之间的联系，促进了海外华人社团的国际合作进程。

五、华侨华人参与机制的完善

乌克兰撤侨是在战时环境下启动的，撤离行动创下"五个之最"，即"环境最复杂""形势最危险""撤离难度最大""撤离群体最令人牵挂和揪心""参与撤离行动的使领馆数量最多"。[①] 华侨华人的参与对于此次撤侨行动的顺利完成具有重要的意义，他们尽其所能协助侨胞撤离，对其进行安置、抚慰，护送其安全踏上回国之路。截至 3 月 14 日，仅浙籍华人社团接待安置的乌克兰同胞就达 5300 余人。[②] 这表明，绝大多数撤离同胞接受过华侨华人的协助。

当然，由于任务重、时间急、环境险恶，华侨华人对此次撤侨行动的参与仍然有不尽完美之处，典型如安全和应对上的问题，前者包括战时安全、驾驶安全和病毒感染风险问题，后者主要指预案不足。撤侨是在战时环境下进行的，因而在乌克兰境内协助撤侨过程中，也曾经险象环生，好在最后有惊无险。同时，在此次撤侨行动中，一些华人社团规模较大，轮流接侨，安排相对有序。但多数华人社团本身人员不多，车辆有限，加之路程远，任务重，接侨志愿者通常需要长时间驾驶，安全隐患大。曾经有志愿者途中驾驶车辆打滑，险些酿成事故。另外，2022 年春，欧洲新冠疫情仍然严重，战争使得难民云集，防护措施难以周全，无论是撤离同胞还是志愿者均存在较大的感染风险。除安全风险外，应对方面各参与主体参差不齐。一些华人社团组织有序，如波兰浙江商会在华沙总部和波兰边境均设立了救援组织，接应任务由华沙总部统一调度，按照距离远近分配给各边境救援站，工作协调有序。但也有一些华人救援组织因仓促建立，预案不足，后勤保障一时难以接续，救援效率有待提升。

之所以出现上述现象，有以下一些客观因素：（1）乌克兰撤侨的特殊

---

① 白云怡，等. 中国公民撤离乌克兰行动：穿越烽火线送同胞回家 [N]. 环球时报，2022-04-01.

② 章临曦. 守望相助　传递温暖——浙籍侨团援助乌克兰撤侨工作综述 [EB/OL]. (2022-03-18) [2022-08-28]. 浙江省侨联，http：//www.zjsql.com.cn/index.php? m＝content&c＝index&a＝show&catid＝14&id＝50154.

情形使撤侨较难高效实现，如战争环境，安全风险大；撤离群体庞大，集中撤离时超出华人社团的承受能力；撤离者临时改变撤离路线或一些自行撤离人士分散寻求救援，打乱了原有部署，使华人社团应接不暇；战时交通不畅，边境人满为患，各种延误与等待难以避免。加之战争环境下通信受到干扰，难以获得在乌同胞的准确位置、抵达时间等即时信息，不仅增加了志愿者的等待时间，还使其不能根据相关信息及早调整预案。（2）撤侨对于某一特定国家而言，属于突发罕见现象，华人社团和华人社会协助撤侨缺乏足够的经验。（3）协助撤侨的华人社团来自多国各地，较为分散，多数规模有限，作为民间自愿组织，内部管理也相对松散，较难建立起健全的应急管理机制，也较难统筹管理。当然，也有一些主观原因，如于我国而言，社会力量在撤侨中可以起到补充和辅助的作用，但政府毫无疑问是主导力量。相应地，应急预案乃至整个撤侨应急机制主要由以外交部为主的政府机构构建，包括华人社团在内的民间力量主要是在当地使领馆的引领下协助开展工作，独立的撤侨应急能力不强；又如华人社团横向协作仍然不够等。

之后，乌克兰安全形势依然严峻。2022 年 10 月 15 日，外交部和中国驻乌克兰使馆呼吁尚在乌克兰的中国公民务必加强安全防范并撤离转移。[①]这也意味着，乌克兰撤侨可能仍未结束。从长远来看，我们需要进一步完善涵盖华侨华人在内的海外撤侨多元协同应对机制。具体而言，可考虑从以下几个方面加以优化：（1）协同应对制度化。使领馆是海外中国公民的官方保护机构，华侨社团、留学生组织等是海外同胞的民间保护机构，二者在功能上有相通之处，目前也建立了一定的联系。今后，仍应加强二者之间的常态化联系和合作，并就紧急撤侨行动中的分工合作协商一致，形成一种相对制度化的协同撤侨应对机制。（2）进一步整合和统筹民间救援力量。中国人不缺互帮互助的传统，患难之中也尽显同胞情谊，但民间力量如何更好地整合和统筹仍需进一步优化。在海外，华人社团横向互动较少，跨国社团比较有限，不利于高效协同撤侨。在此次撤侨行动中，华人社团虽然被广泛动员起来，但除同籍华人社团联动较多外，各华人社团主要独自负责使领馆安排的任务，内部交流和协同应对较少，不利于应对变

---

① 外交部呼吁在乌克兰中国公民撤离转移［EB/OL］.（2022-10-15）［2022-12-20］. 光明网，https：//m.gmw.cn/2022-10/15/content_ 1303173122.htm.

幻莫测的战时撤侨环境。今后，既要倡导华人社团整合，加强跨国社团建设，也要加强现有华人社团间的良性互动和协同发展，以便在紧急情况下高效协作。（3）应急预案民间化。长期以来，基于对政府撤侨的信任和依赖，海外华社自身应急意识和预案建设还比较滞后。但事实上，在海外撤侨事件中，民间自救互救十分关键，第一时间反应，可以有效降低撤侨的成本和损失，提升撤侨效率。因此，今后使领馆和华人组织仍需引领华侨华人增强忧患意识和应急能力，华人社团尤其是一些在当地有影响的华人社团更应未雨绸缪，牵头拟订或优化撤侨应急预案，以备不时之需。

参考文献

［1］张兵，梁宝山. 紧急护侨 中国外交官领事保护纪实［M］. 北京：新华出版社，2010.

［2］黎海波. 海外中国公民领事保护问题研究（1978-2011）［M］. 广州：暨南大学出版社，2012.

［3］红旗飘飘. 大撤侨 我亲历的利比亚骚乱［M］. 昆明：云南人民出版社，2011.

［4］刘柏威，李睿思. 乌克兰［M］. 大连：大连海事大学出版社，2018.

［5］黄传会. 大国行动：中国海军也门撤侨［J］. 北方人，2020（22）：45-46.

［6］宋磊. 祖国是你们的后盾——海外统促会助力乌克兰撤侨访谈录［J］. 统一论坛，2022（3）：71-76.

［7］兰孝程. 希腊华侨华人助力利比亚撤侨行动侧记［J］. 统一论坛，2011（2）：39-40.

［8］阿睡，印柏同. 留学生口述——31小时，横跨三国，我所经历的撤侨［J］. 三联生活周刊，2022，（11）：62-70.

［9］王厚明. 你的背后是祖国［J］. 中华魂，2022（6）：38-39.

华侨华人参与住在国
社会福利事业建设研究*

田洁玫**

摘　要：社会福利事业需要社会各界共同参与，华侨华人在住在国长期生活的过程中，通过社会组织与个人力量，不断参与住在国的各项社会福利事业建设，且取得了显著成效。本文通过介绍泰国华侨报德善堂、菲律宾改善民生促进会与新加坡善济医社的具体案例，分析了华侨华人参与住在国老年社会福利事业建设不同阶段的功能特点；通过介绍西班牙华人华侨社团联谊总会、澳大利亚特殊儿童服务中心与新加坡红十字会残疾人士之家志愿者李桂鸾的案例事迹，分析了华侨华人参与住在国残疾社会福利事业建设的人群类型特点；通过介绍莫斯科华侨华人联合会、坦桑尼亚中华福建同乡会与新加坡慈善家黄马家兰的实际案例，分析了华侨华人参与住在国儿童社会福利事业建设的慈善捐助特点。华侨华人积极融入住在国的社会发展，为共建"一带一路"国家社会福利事业建设添砖加瓦。

关键词：华侨华人；住在国；老年；残疾；儿童；社会福利事业

一、华侨华人参与住在国社会福利事业建设研究概述

（一）华侨华人参与住在国社会福利事业建设研究的背景

国外有关社会福利事业建设的研究起源较早，可追溯到古希腊的雅典社会。13—14 世纪，欧洲国家的宗教组织和慈善团体开展了一系列社会福利救济活动，推动了西方社会福利研究的发展。工业革命到第二次世界大

---

* 本报告受到福建省社会科学基金（FJ2021C077）资助。
** 田洁玫，华侨大学政治与公共管理学院讲师，主要从事社会保障研究。

战之后，随着经济和政治民主的发展，强调国家责任的福利国家范式在社会福利事业研究中发挥了重要作用，强调政府是社会福利事业投资的主体。20 世纪 70 年代以后，西方国家经历社会转型，这一时期社会投资理论成为研究的重点，转到关注国家如何支持家庭和投资弱势群体。20 世纪 80 年代，伴随国家私有化改革的兴起，福利多元主义理论范式开始出现，主张社会福利来源的多元化，主张政府是社会福利事业投资的主体，但福利筹集的资金渠道可以通过市场带来的多种途径实现，倡导社会各界共同参与社会福利事业建设。

"华侨"一词出现于晚清，泛指移居外国的中国人及其后代。20 世纪 50 年代双重国籍政策被正式取消，原来泛指所有海外中国人及其后裔的"华侨"，从此仅指那些在法律上保留中国国籍者，而加入当地国籍的华侨及其后裔，则被称为"华人"。[①] 作为住在国（指长期居住的国家）重要的社会成员组成部分，早期华侨华人与住在国的融合程度较低，身份相对疏离。华侨华人通过自身力量开展慈善事业，一方面有助于维持生计与发展，另一方面也有利于自立与自助。随着民族融合与全球一体化历史进程的推动，华侨华人与住在国主流社会呈现出更加融洽的相互关系，也对住在国社会经济发展的进步与社会福利事业建设承担了更多义务和责任。

（二）华侨华人参与住在国社会福利事业建设概念的界定

社会福利事业是指为社会孤、老、残、幼和其他有特殊困难的社会成员提供社会服务的事业。通常指为"无劳动能力、无法定抚养人、无生活来源"的人员提供生活保障或者服务的社会事业。其按服务对象划分主要包含三种人群：第一种是老年人；第二种是孤残儿童，孤儿、弃婴或者有残疾的儿童；第三种就是残疾人。[②]

老年社会福利作为现代社会福利事业极为重要的组成部分，伴随人口老龄化的到来而显得越发重要。老年社会福利事业是国家或社会面向老年人建立的包括生活、健康及精神等在内的社会服务体系。[③] 残疾社会福利主要围绕残疾公民的养老、医疗、失业、失学等问题展开，旨在从国家和社

---

① 王辉耀，苗绿. 21 世纪的中国与全球化 [M]. 北京：中信出版社，2022.
② 中华人民共和国民政部. 张明亮：谈发展社会福利事业 促进和谐社会建设 [EB/OL]. (2006-11-28) [2023-03-15]. https://www.mca.gov.cn/article/hd/zxft/200712/20071215008337.shtml.
③ 卫东. 新中国老年福利事业的反思与前瞻 [J]. 社会科学战线，2015 (2)：191-197.

会层面为其提供基本帮助，并依据社会经济文化的发展情况，着力于向残疾公民提供助老、康复、就业、教育、文化娱乐等方面的权益保障。① 儿童社会福利则主要围绕所有儿童普遍开展，包含由政府和社会保障其正常生活和全面发展而开展的支持保护、资金补偿与个体服务等，旨在实现儿童美好幸福的生活状态。②

以下研究将基于社会福利事业的三种类型划分与具体概念界定，运用案例分析方法，通过对具有代表性的慈善案例进行深入挖掘，从而剖析华侨华人参与住在国老年、残疾、儿童社会福利事业建设的情况与特点。

二、华侨华人参与住在国老年社会福利事业建设研究

（一）华侨华人参与住在国老年社会福利事业建设案例

1. 泰国——华侨报德善堂

华侨报德善堂总部位于曼谷得胜县，创立于 1910 年，现任主席兼董事长为胡玉麟先生。华侨报德善堂早期由中国潮州移民所尊奉的宋大峰祖师庙演变拓展而来，历史悠久，作用特殊，最早是以帮助收尸入殓、治疗瘟疫为主的社会救济组织。现在华侨报德善堂多元化发展，体系不断壮大，不但保留了宋大峰祖师庙及华侨报德善堂本身，还包括华侨医院、华侨中医院、华侨崇圣大学、华侨崇圣大学育社学院、泰国华文师范学院、曼谷无线电台、华侨报德善堂紧急救援队、华侨医院紧急救援队、华侨报德善堂龙山墓苑、华侨报德善堂崇庆皇上八秩圣寿公园等组织社团，组成了一个庞大的华侨华人慈善组织，影响着华侨华人社会和当地社会。从某种意义上说，今天的华侨报德善堂不仅是泰国华侨华人慈善组织的代表，更堪称华侨华人世界慈善事业的标志之一。从其发展来看，目前华侨报德善堂已不再将单纯的老年人"收尸善堂"作为业务范畴，而是一个有灾必救、有难即恤的重要慈善机构，而且不分国籍、不分地域、不分宗教、不分阶层，一视同仁，其重大贡献，有口皆碑。华侨报德善堂每年都会循例组团慰问曼谷邻近府治的养老院，旨在弘扬中华民族"敬老爱老"的传统美德，向养老院的全体住院老人表达关怀、输送爱心，分送新春红包礼品及设宴

---

① 姚进忠，陈蓉蓉 . 中国残疾人社会福利 70 年：历史演进和逻辑理路 [J]. 人文杂志，2019（11）：1-10.

② 郑功成 . 中国儿童福利事业发展初论 [J]. 中国民政，2019（11）：51-53.

招待老人。①

2. 菲律宾——改善民生促进会

改善民生促进会是一个华人华侨非政府组织（Non-Governmental Organization, NGO），成立于 2007 年，由一直积极参与慈善事业的崇基医院精神科主任、马尼拉远东医学院客座教授陈祖从博士及其家人建立，并于 2008 年在菲律宾社会福利署注册。改善民生促进会的工作内容主要包括医疗培训、草药制作培训；培训对象包括政府社会福利署及其他公益慈善机构推荐人员、社区中从事保健工作者、老人福利院的工作人员等；培训内容为教授制作老年人常见风湿、腰酸背痛、皮肤药和咳嗽的中草药及制作药用肥皂，药方由改善民生促进会提供。作为少数几个在社会福利署下登记注册的华人华侨 NGO，改善民生促进会与菲律宾政府之间所保持的友好合作关系，为改善菲律宾当地老年人的社会福利提供了很大助益。菲律宾官方机构在日常项目运作与机构未来发展中给予民生促进会很多经验与建议，同时也在技术支持和配套支持上尽量满足培训人员的需求。改善民生促进会可以充分利用政府所提供的信息、技术及管理资源，向老年民众提供更有针对性的医疗培训服务。菲律宾官方的社会福利署与改善民生促进会分别占据合作关系的主导引领地位及主动作用地位，通过社会福利署及其带来的社会资源扩大本组织的服务范围，提供有针对性的深入社会的服务。改善民生促进会与社会福利署这种合作关系，使得前者作为一个小规模的慈善组织便能够开展更广泛的服务工作。②

3. 新加坡——善济医社

善济医社起源于清朝末年（1901 年），南洋气候炎热、潮湿多雨、瘟疫易生，致使患病日增，初到南洋的中国沿海百姓经济拮据，并且贫病交加，处境堪怜。一批善心的华侨华人共襄义举，筹组善济医社，为贫苦病患服务。目前，具有百年历史的善济医社遍布新加坡全岛，共有 15 间分社，每天服务约 1400 人次。4 间由善济医社资助的老年康乐中心，每年也有众多居民到来并进行各种有益身心的康乐活动。善济医社得到了病患和爱心人

① 泰国华人时讯. 泰京 5 大善堂组团慰问曼谷暨邻府各所养老院 [EB/OL]. (2022-02-25) [2023-03-15]. http://www.52hrtt.com/xn/n/w/info/G1677120476637.

② 廖丽丽. 菲华义诊中心免费诊疗 60 万病患 [EB/OL]. (2013-05-14) [2023-03-15]. https://www.chinanews.com/hr/2013/05-14/4817360.shtml.

士的普遍认可和赞许，其为低收入家庭及老人提供免费问诊并规定：60~65 岁的人每日拿药只需要 1.5 新币，60 岁以下的人每天拿药只需要 3 新币，建国前出生的人看诊拿药完全免费，其他特殊情况者也可以申请完全免费。新加坡善济医社不止施医赠药，在母亲节、春节、端午节和中秋节等节庆时段，还举办庆祝活动，邀请高龄人士及居民观看演出。例如，向老人发放 2 万多把拐杖和雨伞，分享 5000 多个粽子和 1 万多盒月饼给看诊老年人及低收入家庭；善济医社会还经常分购物品，曾向老年家庭发放 1 万多份日用品礼包等。善济医社同时关注乐龄（60 岁以上）人士的身心健康，曾邀请近 8000 位年长者出席多场音乐会，专门聘请理发师和义工到分社为老年人修剪头发，邀请知名人士义务到社区为老年群体教授美术课程。善济医社义务执行主席卓顺发先生荣获港澳台慈善基金会颁发的第 17 届 2022 "爱心奖"。①

（二）华侨华人参与住在国老年社会福利事业建设分析

分析可知，以上三个华侨华人参与住在国老年社会福利事业建设的组织均创立时间久远且由华侨华人创建。在不同住在国的主要服务内容都包括医疗方面，这也是老年人社会福利事业的核心组成部分。不同的是，泰国华侨报德善堂在最初被视为"收尸善堂"，即包含老年丧葬业务，其后慢慢演变使得功能更加多元化。而菲律宾改善民生促进会的独特点在于其作为非营利性的、志愿性的公民组织，在加强参与住在国老年社会福利事业建设中，积极与政府沟通合作，增强互信，不断扩大服务范围、服务对象和服务内容。新加坡善济医社利用自身的传统优势，不断扩大中华传统中草药医治的全球影响，更是在参与住在国老年社会福利事业建设中强调，不仅为老人提供身体健康上的医疗服务，更需要在社区服务中注重老人心灵健康的关怀。

由华侨华人主导的各类为住在国老年人提供服务与保障的社会团体与社会组织，其初创、成长与发展的历史过程，同时也是华侨华人对住在国进行社会互助的发展过程，是华侨华人融入住在国社会经济文化建设的过程，是住在国社会认可华侨华人的过程，更是中华社会和共建"一带一路"国家社会相互交融进化的历史。这些参与住在国老年社会福利事业建设的

---

① 狮城攻略 . 新加坡善济医社［EB/OL］.（2023-01-30）［2023-03-15］. https：//www. sohu. com/a/635626587_ 121154382.

华侨华人为住在国老年人提供社会福利的组织蕴含了几千年的文化传统。中华传统文化调节人际关系的主要法则是天然情感和宗法血缘关系，这种人情式的交往模式作为传统文化的遗产至今还强有力地影响着海内外华侨华人的交往行动，并由此影响了社会、政治、经济、文化活动的发展。对华侨华人参与住在国老年社会福利事业建设的发展历史进行梳理，大致可以归纳出不同阶段的五项功能：其一，扩大慈善文化的社会作用；其二，积极融入住在国的社会发展；其三，凝聚族群社会并扩大社交网络；其四，创新社会改革，追求先进；其五，与"文化原乡"中国保持良好关系，推动华侨华人与住在国居民"一家亲"。

三、华侨华人参与住在国残障社会福利事业建设分析

（一）华侨华人参与住在国残障社会福利事业建设案例

1. 西班牙——华人华侨社团联谊总会

西班牙华侨华人社团联谊总会（以下简称"总会"）成立于 2004 年 7 月 13 日，由华侨林传平先生担任主席，具有近 20 年的发展历史。总会平台旗下有 32 个社团组织和众多会员，是西班牙当地最具影响力的实力侨团之一。其组织架构由主席、主席团、名誉主席、顾问团、书记、秘书长、常委会、理事会及会员等组成。自成立以来，总会一直着力引导西班牙华侨华人积极融入当地社会，不仅为推动华人经济成为当地市场经济不可或缺的部分作出了重要贡献，还带领当地华侨华人积极参政议政，与各政党建立友好合作关系。自 2012 年以来，西班牙华侨华人社团联谊总会共发起和组织了十届大型华人新春慈善晚宴，每届都有一个创意主题，且所有收入全部无偿捐助给当地为残疾人服务的慈善基金会，新春慈善晚宴已成为西班牙华人活动的品牌，也是侨界融入当地主流社会的沟通桥梁。2023 年在中西建交 50 周年开年之际，总会举办第十届慈善晚宴，中国驻巴塞罗那代总领事、2 位前大区主席、加泰罗尼亚政府代表、5 位市长、加泰罗尼亚 5 大政党、40 位议员、40 多位政府官员（商会代表）、70 多个华人社团代表等近千人出席。残障人士基金会主席 Albert Campabadal 先生致辞感谢十多年来社团联谊总会将每届慈善晚宴活动的所有收入全部无偿捐助。[①]

---

① 金台资讯. 西班牙华人华侨社团联谊总会 2023 兔年慈善晚宴举办 ［EB/OL］. (2023-02-01) ［2023-03-15］. https：//view. inews. qq. com/a/20230201A08I5Z00.

2. 澳大利亚——特殊儿童服务中心

澳大利亚特殊儿童服务中心（以下简称"中心"）于 2008 年成立，其最初由 20 多名华侨华人志愿者组成，是一家经过澳大利亚政府批准注册的非营利慈善团体。特殊儿童服务中心的目标是对有发育迟缓、语言或智能障碍的儿童和青少年提供支援及训练。发挥和增强特殊儿童和青少年的能力，开发他们的潜能及提升他们独立生活的技能。澳大利亚特殊儿童服务中心为智障及残疾儿童安排了音乐、艺术等疗法，培养他们的认知能力、沟通能力及社交技巧。该中心不但编制了早期干预课程，帮助这些儿童应对一般的生活需要，还编排了舞台表演等课程来训练和发挥他们的潜能，这些活动均由专业导师带领。特殊儿童服务中心同时是一家政府认可的国家残障保险计划（The National Disability Insurance Scheme，NDIS）服务机构，专门为华人家庭提供合适的保险服务。中心自成立以来多次举办文娱康乐活动，帮助智障及残疾儿童家庭成员之间增进联系，以此吸引更多澳大利亚民众关怀智障及残疾儿童，这也受到悉尼当地各族裔社区及主流社会的关注。2022 年以"心系孩童，与爱同行"为主题，澳大利亚社会各界通过拍卖募捐等形式募集善款，为特殊儿童服务中心的弱势孩童群体募集善款共 3 万澳元，为提升特殊儿童的教育素质作出了贡献。特殊儿童服务中心名誉会长王国忠议员表示将继续鼓励智障及残疾儿童参与社区活动，使他们在人生道路上能稳步迈进。①

3. 新加坡——红十字会残疾人士之家志愿者李桂鸾

新加坡红十字会残疾人士之家成立于 1952 年，其前身为红十字会残疾儿童之家，用以照顾患有小儿麻痹症（poliomyelitis）或婴儿瘫痪的儿童。1989 年，坐落在新加坡伊丽莎白村（Princess Elizabeth Estate）的红十字会残疾人士之家正式成立，后又于 2010 年搬迁至现在的新加坡麟谷峇鲁（Lengkok Bahru）。新加坡红十字会残疾人士之家是新加坡唯一一家为重度残疾者提供看护服务的疗养中心，为特需者提供住宿、休息和日间托管服务，让看护者在日间得以休息。在新加坡红十字会残疾人士之家有一位年长的护工李桂鸾，20 世纪 60 年代，16 岁的新加坡华人李桂鸾带着想看世界的梦想，离开新加坡到南丁格尔的故乡英国游学，其后她进入伦敦当地医

---

① 贾翔. 澳大利亚华侨为智障及残疾儿童举办慈善活动 [EB/OL]. (2010-10-21) [2023-03-15]. http：//news. cjn. cn/gjxw/201010/t1236024. htm.

院学习护理。22岁回到新加坡之后，李桂鸾义无反顾地从事护士工作，并到红十字会残疾人士之家进行志愿服务。残疾人士之家的住户多数是脑瘫病患，他们在出生时因缺氧、高烧或后来经历了严重的事故，生活完全不能自理。除了智力受损，不少病患的骨骼生长不良、畸形，四肢翻折弯曲，甚至无法自行翻身。他们通常是因为较难找到看护者才被送来，已经完全联系不上任何亲人。只有约四成住户会有家人偶尔来探望。李桂鸾并非是为了薪水而工作，她平时主要帮助住户清点药物，督促他们服药。她说："我觉得自己的生活不错，身体状况也很好，是时候回馈社会了。"①

（二）华侨华人参与住在国残障社会福利事业建设分析

分析可知，以上三个华侨华人参与住在国残障社会福利事业建设的案例，都是通过慈善活动帮助残疾人，吸引更多人对残疾人的关注；都使华人华侨更好地融入住在国社会。西班牙华人华侨社团联谊总会通过慈善晚会的方法捐款帮助残疾人，慈善晚会捐款是定向捐赠，善款捐赠在组织与组织之间进行。这样长期持久的捐赠活动证明了中国人的毅力和坚持，展示了旅西华侨华人的融入意愿，也尽力帮助了残疾人。澳大利亚特殊儿童服务中心旨在直接帮助残疾儿童，该组织日常开展的活动旨在帮助残疾人康复；慈善活动是为了吸引更多人关注智障及残疾儿童；中心人员都由华人华侨构成，组织人员直接与残疾人接触，通过一些疗法帮助他们生活；注重残疾儿童的早期干预，注重提升他们独立生活的能力。新加坡红十字会残疾人士之家的志愿者李桂鸾，以个人的形式直接帮助照顾残疾人，充满了华侨华人与生俱来的"仁心"与人道主义关怀精神。

华人华侨对住在国的残疾人社会福利贡献更多地通过各种类型的社会组织进行，影响范围较大。有些组织自身的主要业务既是围绕残疾人事业组成的，也有些组织的残疾人慈善活动只是其组织活动的一部分。华侨华人参与住在国残障社会福利事业建设通常也是为了华人华侨更好地融入住在国社会，在一定程度上也促进了华侨华人与共建"一带一路"国家民众的交往。在参与过程中：其一，对于儿童残疾人，应当帮助其康复，注意早期干预及培养其自立能力，注重其学校教育；其二，对于青年残疾人，应当培养其工作能力，落实残疾人就业，以此减轻国家社会福利负

---

① 中国侨网. 新加坡78岁华裔护工：退休后为回馈社会而工作 [EB/OL]. (2020-01-08) [2023-03-15]. https://baijiahao.baidu.com/s? id=1655117026941106200&wfr=spider&for=pc.

担，也有助于残疾人正常生活；其三，对于老年残疾人，由于其年纪较大及身边可以照顾的家人可能不多，所以应当注意其生活保障与健康监控问题。

四、华侨华人参与住在国儿童社会福利事业建设研究

（一）华侨华人参与住在国儿童社会福利事业建设案例

1. 莫斯科——华侨华人联合会

莫斯科华侨华人联合会成立于 1994 年 2 月，由邹厚工、白嗣宏等创建，联合会首届主席是企业家邹厚工先生，并于 1997 年 4 月正式注册，由司法局正式批准，是具有独立法人资格的俄罗斯华侨华人社团。莫斯科华侨华人联合会的最高权力机构为会员大会或其代表大会，大会休会期间理事会代行其职权；理事会推举主席、副主席及秘书长负责日常工作。其宗旨是团结华侨华人，互助互爱；凝聚炎黄情谊，维护华侨华人的合法权益；遵守中俄两国法律，做好自身事业，融入当地社会；为促进中俄两国友谊牵线搭桥作出贡献。莫斯科华侨华人联合会十分重视儿童社会福利工作，曾举行全体理事大会，一致通过了联合会关于支持中国青少年发展基金会和《光明日报》联合推出的为希望小学送"光明"活动的决议。他们对于住在国的儿童福利事业建设也作出了贡献。莫斯科华侨华人联合会认可孩子是社会的未来，而援助中心的孩子作为特殊群体，需要全社会的共同关心，希望可以用一份真情去温暖孩子的心灵。华侨华人在发展自身事业的同时，应该更好地回馈当地社会，用爱搭起一座座"民心相通"的连心桥。

2. 坦桑尼亚——中华福建同乡会

随着福建人越来越多来到坦桑尼亚，2009 年在坦桑尼亚中华总商会（CBCT）的引领下，"坦桑尼亚福建同乡会"（以下简称"同乡会"）成立。坦桑尼亚中华福建同乡会自成立以来一直热心投身社会公益事业，并特别关注住在国的儿童福利问题，把坦桑尼亚看作在坦华侨华人的"第二故乡"。助人为乐、乐善好施是中华民族的传统美德，坦桑尼亚中华福建同乡会通过自己的实际行动回馈当地社会，充分展示了在坦华人热心公益的形象和回馈社会的热情。曾多次向包括 Child in the Sun 孤儿院、龙泉檀华寺孤儿院、New Faraja Orphanage 孤儿院、Makao Ya Watoto 孤儿院和 Msimbazi nyumba ya watoto yatima 孤儿院在内的多家坦桑尼亚孤儿院捐赠食品等生活

物资，价值数千万坦桑尼亚先令，为儿童解决平常的吃饭、穿衣、居住、保暖等问题。不仅为孤儿院的儿童送去温暖，更增强了中坦两国人民之间的相互了解，促进了双方友好往来。坦桑尼亚中华福建同乡会会长陈勇说："活动得到了同乡会成员的鼎力支持，希望这些物资能为孤儿院的儿童带来一些温暖。坦桑尼亚福建同乡会一致认为中华民族秉承尊老爱幼的民族传统，会继续通过关爱与回馈住在国社会的活动来发扬中华民族的品德和情操。"并提出孩子们是祖国的花朵，祖国的未来，希望小朋友们能好好学习，将来做一个有用之才，为中坦两国的发展作出贡献。①

3. 新加坡——慈善家黄马家兰

新加坡慈善家黄马家兰女士是一名祖籍广东的华人。她与年长她 22 岁的丈夫黄国量伉俪情深，经营锡矿场、修船厂、酒店等多年。积累财富后，她积极助学、回馈社会，半个世纪以来捐助的款项达数千万新元，共资助世界各地近千名孩子的生活和学习，被人尊称为"黄妈妈"。从立愿资助 48 个贫困儿童到如今，黄马家兰女士不仅自己扶助贫困儿童成长，还深深地影响了被她帮助的孩子们。在资助孩子期间，她关注着每一个受资助人的德育教育，在解决孩子温饱问题的基础上，鼓励品学兼优的学生。她于 2006 年出资约 500 万元人民币在新加坡管理大学设立奖学金，此后又以丈夫的名义投入约 250 万元人民币设立"黄国量全国小学生优秀奖学金"，鼓励不同年龄段的学生刻苦学习。此后，又进一步把目光转向学生的心理问题。2012 年，她出资约 800 万元人民币帮助新加坡管理大学设立"黄马家兰学生心灵辅导中心"专门为学生解决各类心理上的困扰。从提供生活保障到鼓励刻苦学习，再到关注心理健康，黄马家兰的教育慈善对资助学生的关怀越来越深入，关注的问题也越来越多。不仅如此，她还资助了南洋理工大学孔子学院的"连士升青少年文学基金"，以及新加坡当地及一些国际性的文艺活动，并为莱佛士音乐学院的课程建设提供捐款，希望自己的慈善事业能够进一步帮助学生在人文和艺术方面的发展。②

（二）华侨华人参与住在国儿童社会福利事业建设分析

分析可知，以上三个华侨华人参与住在国儿童社会福利事业建设的案

---

① 人民网. 华侨华人善举暖人心 [EB/OL]. (2023-01-14) [2023-03-15]. https://baijiahao. baidu. com/s? id=1754959363797236758&wfr=spider&for=pc.

② 新华网. 专访黄马家兰：一位华人慈善家独树一帜的"教育慈善战略" [EB/OL]. (2015-03-06) [2023-03-15]. http://sg.xinhuanet.com/2015/03/06/c_127552289.htm.

例，都是切实通过慈善活动帮助了住在国儿童，体现了华侨华人的无私大爱。莫斯科华侨华人协会、坦桑尼亚中华福建同乡会两个组织在住在国尽其所能地组织华侨华人为当地儿童福利院捐赠钱款及物资，弘扬助人为乐的中华传统美德。数年来，华侨华人组织起来共同为当地儿童福利事业的发展作出了卓越贡献，也获得了当地居民及国家的认可和感谢。黄马家兰女士数十年来心怀善念，不断为孩子教育作出无私贡献，始终倡导"教育慈善"中出力要比出钱更重要的理念。她从见到贫困儿童无力读书起就立志要扶助教育，从以一己之力帮助孩童成长到与家族、受益孩童一起建设福利教育事业，尽全力发展新加坡儿童教育福利事业。黄马家兰女士的慈善行为不仅实现了其个人价值，其强烈的社会责任感也使人明白慈善的意义所在，更是促进了共建"一带一路"国家居民对中国普世情怀的认识。

华侨华人对住在国的儿童福利事业捐助有两种较为主要的慈善方式：其一，捐赠钱款，直接由组织或个人筹集善款用以扶持当地儿童福利院等机构，涉及特殊儿童治疗、孤儿及贫困儿童教育成长、特殊疾病研究防治等方面；其二，捐赠物资，由组织或个人筹集或用善款购买所需物资，而所捐物资种类是根据当时的特定情况决定的，多是捐赠口罩、卫生医疗用品、生活用品、食物、教育用品等。当然，华侨华人也会经常性地组织活动，为住在国儿童们带来家长表演及儿童节祝福等欢庆类活动。

五、华侨华人参与住在国社会福利事业建设研究总结

多年来，华侨华人努力在他乡做出一番事业，积极融入住在国的社会发展，努力为共建"一带一路"国家的社会福利事业添砖加瓦。经过持久不懈地努力，华侨华人与住在国民众的融合发展不断完善，相互理解不断增强。身在住在国的华侨华人不仅团结起来组成一个群体壮大自身，还努力充当奉献的桥梁和纽带，帮助住在国各项社会建设发展取得成功。随着华侨华人社团组织的壮大与发展，侨胞们捐赠钱款物资、建设教育事业、发展中医医院、帮助弱势群体，强烈的社会责任感得到了充分展示。

华侨华人参与住在国社会福利事业建设主要有两种渠道类型。第一种是基于同乡会、联合会、基金会等社会组织，往往遵循组织的共同行动纲领，有目的地通过共同筹集资金、物资为住在国作贡献，这种渠道更多的是以组织团体整体形象发起和完成。华侨华人在参与社会福利事业建设的

过程中，一方面有效改善了住在国民众对外来侨胞的态度，促进了华侨华人与当地民众的融合，提高了华侨华人在住在国的地位，为华侨华人发声并促进侨胞更好生活；另一方面这也是华侨华人对作为"第二家乡"的住在国所表现出的一种回馈，包含一种对境外国家与社会的责任感，这种回馈通常也符合该组织的长远发展目标与建立宗旨。总之，华侨华人通过社会组织形式参与住在国社会福利事业建设，为促进中国与住在国良好关系的不断发展作出了贡献，华侨华人社会组织通过慈善行为助力了两国关系的良好持续发展。

华侨华人参与住在国社会福利事业建设的第二种类型是个人慈善行为，这类行为大多是由华侨华人个人发起行动、相对独立存在；也有一些个人慈善行为后期形成社会组织、机构力量，在更大范围内形成了慈善影响。但大多数是个人慈善意愿的表达，是华侨华人个人在生活中有感而立志帮助住在国民众的慈善行为。该行为主要凭借自身努力去行动，不求回报，带有浓厚的个体慈善能量。在参与住在国社会福利事业建设活动之前，多是由于个人生活中遇到的现实感发、家族观念、人身价值、推己及人等原因使得华侨华人将心中的善念传达给需要帮助的住在国民众。这种华侨华人慈善人士的慈善行为不但有助于实现其个人价值与个人目标，更在一定程度上切实为住在国的社会福利事业作出了贡献。

参考文献

[1] 王辉耀，苗绿．21世纪的中国与全球化［M］．北京：中信出版社，2022.

[2] 卫东．新中国老年福利事业的反思与前瞻［J］．社会科学战线，2015（2）：191-197.

[3] 姚进忠，陈蓉蓉．中国残疾人社会福利70年：历史演进和逻辑理路［J］．人文杂志，2019（11）：1-10.

[4] 郑功成．中国儿童福利事业发展初论［J］．中国民政，2019（11）：51-53.

《共建"一带一路"国家社会保障研究报告（2024 年）》征稿启事

经过十年的发展，共建"一带一路"从夯基垒台、立柱架梁到落地生根、持久发展，已成为开放包容、互利互惠、合作共赢的国际合作平台和受到国际社会普遍欢迎的全球公共产品。《共建"一带一路"国家社会保障研究报告》旨在系统研究和报告共建"一带一路"国家社会保障发展水平、发展成就与发展趋势，涵盖了养老保障、医疗保障、就业保障、贫困治理、慈善公益、社会福利等社会保障研究领域，重点突出学术性、现实性和国际性。《共建"一带一路"国家社会保障研究报告》详细辑录了相关国家人口、经济、社会领域统计公报和相关数据资料，以便相关研究领域提供全面、翔实、最新的资讯信息。本编辑部根据当前国际上社会保障改革实践中的热点问题和共性问题，提供一些研究选题建议（见附件一），有关专家学者也可在相关研究领域内自行确定题目。

热诚欢迎相关领域的研究专家学者不吝赐稿。一旦采用，即付薄酬。请有意投稿的专家学者在 2023 年 12 月 15 日前填写征稿回执单（见附件二），将选题反馈给本编辑部的邮箱 ydyl@ hqu. edu. cn。论文写作体例详见附件三。

本编辑部设在华侨大学政治与公共管理学院文种楼 205 室。联系人：梁发超教授，联系方式：15905050467。

附件一：《共建"一带一路"国家社会保障研究报告》（2024）
　　　　　选题建议

一、发展篇

1. 共建"一带一路"国家养老保障的最新发展

2. 共建"一带一路"国家医疗保障的最新发展

3. 共建"一带一路"国家儿童福利的最新发展

4. 共建"一带一路"国家生育政策的最新发展

5. 共建"一带一路"国家慈善事业的最新发展

6. 共建"一带一路"国家社会救助的最新发展

7. 共建"一带一路"国家社会保障领域的财政支出状况

8. 共建"一带一路"国家人口结构的动态

二、合作篇

9. 粤港澳大湾区社会保障领域的发展与合作

10. 我国台湾地区和大陆地区社会保障融合发展

三、华侨华人篇

11. 涉侨援助与保护

12. 华侨华人参与住在国社会福利事业建设

13. 华侨华人和助推共同富裕

附件二：征稿回执单

论文题目	
作者	
作者单位	
联系电话	
邮箱	

附件三：论文写作体例

构建人类命运共同体中的社会保障责任
——"一带一路"国家社会保障发展水平
（黑体小二，居中）

作者（宋体小四）（首页脚注作者简介）

摘要（空两格，楷体，五号）

关键词（空两格，楷体，五号，分号隔开）

导言（空两格，宋体，五号）

一、"一带一路"国家人口概况
（居中，宋体四号）

正文内容：空两格，宋体五号

二、"一带一路"国家经济社会发展概况
（居中，宋体四号）

正文内容：空两格，宋体五号

（一）经济社会发展现状分析（空两格，宋体小四，加粗）

正文内容：空两格，宋体五号

（二）经济社会发展的特点（空两格，宋体小四，加粗）

正文内容：空两格，宋体五号

（三）未来经济社会发展重点领域的预判（空两格，宋体小四，加粗）

正文内容：空两格，宋体五号

三、"一带一路"国家社会保障发展水平评价
（居中，宋体四号）

（一）（空两格，宋体小四，加粗）

正文内容：空两格，宋体五号

（二）（空两格，宋体小四，加粗）

（三）（空两格，宋体小四，加粗）

四、"一带一路"国家社会保障发展趋势
（居中，宋体四号）

（一）（空两格，宋体小四，加粗）

正文内容：空两格，宋体五号

（二）（空两格，宋体小四，加粗）

（三）（空两格，宋体小四，加粗）

参考文献（顶格，宋体小四，加粗）

例：周秋光，曾桂林. 中国慈善简史［M］. 北京：人民出版社，2006.

例：殷杰，郑向敏，李实. 合作态势与权利角色："一带一路"国家旅游合作网络结构［J］. 经济地理，2019，39（07）：216-224.

作者介绍：首页脚注（顶格）

注意：

1. 文章内容一般出现两级标题"一、（一）"，实在有必要时可出现三级标题"一、（一）、1."

2. 全文内容的段落行距为：多倍行距 1.2 倍

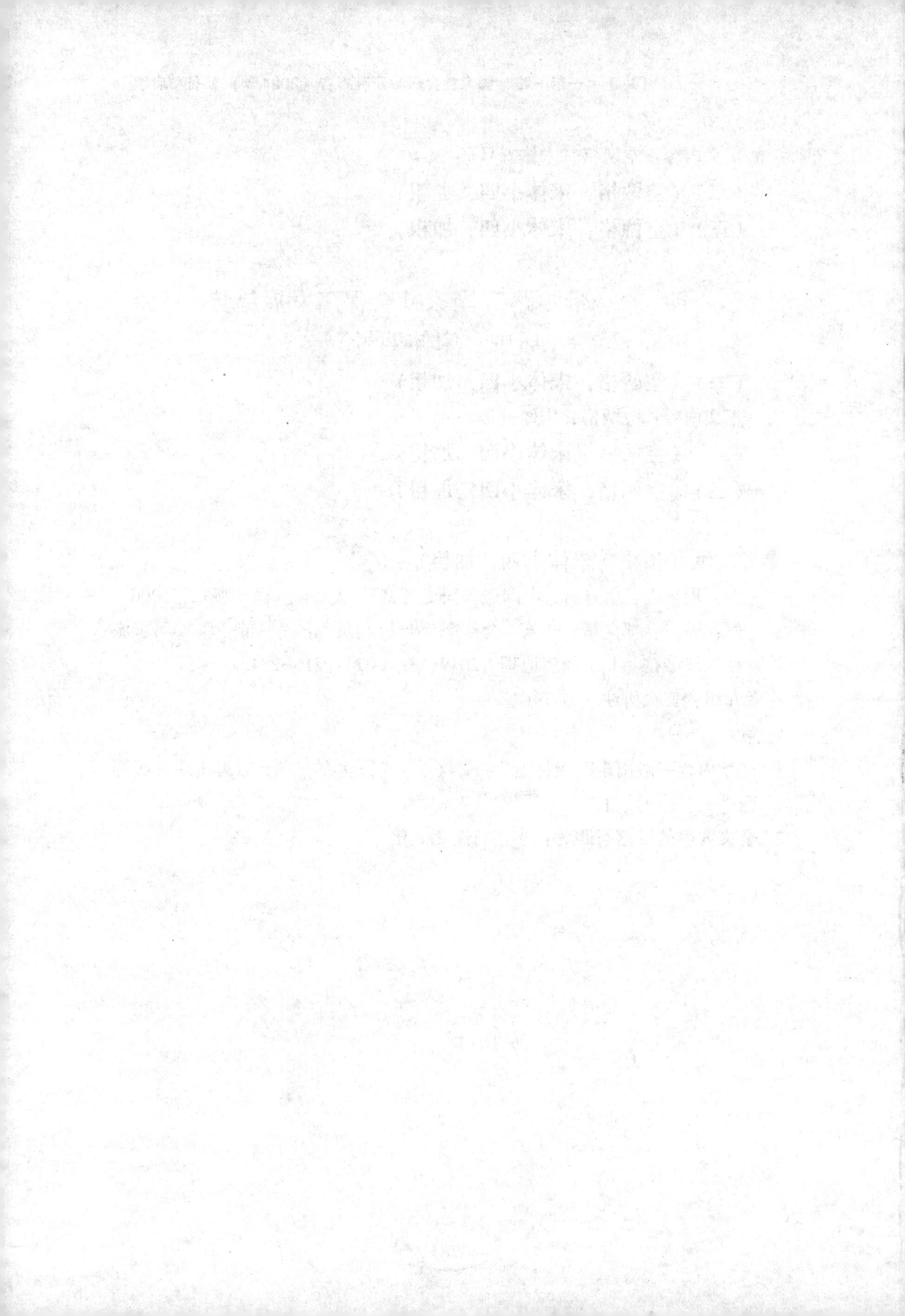